UNE HISTOIRE DES FAMINES AU SAHEL
Étude des grandes crises alimentaires
(XIXe-XXe siècles)

BOUREIMA ALPHA GADO

UNE HISTOIRE DES FAMINES AU SAHEL

Étude des grandes crises alimentaires (XIXe-XXe siècles)

Préface de
Catherine COQUERY-VIDROVITCH

Éditions L'Harmattan
5-7, rue de l'École-Polytechnique
75005 Paris

Collection « Racines du Présent »,
dirigée par Alain Forest

BOUQUET Christian, *Tchad, genèse d'un conflit.*
LAKROUM Monique, *Le travail inégal. Paysans et salariés sénégalais face à la crise des années trente.*
DESCOURS-GATIN Chantal, VILLIERS Hugues, *Guides de recherches sur le Vietnam.* Bibliographies, archives et bibliothèques de France.
LIAUZU Claude, *Aux origines des tiers-mondistes.* Colonisés et anti-colonialistes en France (1919-1939).
AYACHE Albert, *Le mouvement syndical au Maroc* (1919-1942).
PABANEL Jean-Pierre, *Les coups d'État militaires en Afrique Noire.*
LABORATOIRE « Connaissance du Tiers-Monde - Paris VII », *Entreprises et entrepreneurs en Afrique (XIXe-XXe s.)*, 2 vol.
INSEL Ahmet, *La Turquie entre l'ordre et le développement.*
WONDJI Christophe, *La côte ouest-africaine.* Du Sénégal à la Côte d'Ivoire.
OLOUKPONA-YINNON Adjaï Paulin, *« ... Notre place au soleil », ou l'Afrique des pangermanistes (1878-1918).*
BERNARD-DUQUENET Nicole, *Le Sénégal et le front populaire.*
SENEKE-MODY Cissoko, *Contribution à l'Histoire politique du Khasso dans le Haut-Sénégal, des origines à 1854.*
CAHSAI Berhane, E. CAHSAI-WILLIAMSON, *Erythrée : un peuple en marche (XIXe-XXe s.).*
GOERG Odile, *Commerce et colonisation en Guinée (1850-1913).*
CHAGNOLLAUD Jean-Paul, *Israël et les territoires occupés. La confrontation silencieuse.*
RAOUF Walif, *Nouveau regard sur le nationalisme arabe. Ba'th et Nassérisme.*
UM NYOBE Ruben, *Le problème national kamerunais.*
NGANSOP Guy Jérémie, *Tchad, vingt ans de crise.*
DEWITTE Philippe, *Les mouvements nègres en France, 1919-1939.*
NZABAKOMADA-YAKOMA Raphaël, *L'Afrique centrale insurgée.* - La guerre du Kongo-Wara - 1928-1931.

Suite en fin d'ouvrage

ISBN : 2-7384-1642-X

PRÉFACE

Aussi étrange cela puisse-t-il paraître, cet ouvrage est, en français, une "première". Géographes, anthropologues, agronomes se sont, bien sûr, penchés à diverses reprises sur le problème tragique des sécheresses et des famines en Afrique subsaharienne ; mais les projecteurs ont été dirigés sur les phénomènes contemporains, amorcés dans les années 1970 et aggravés dans les années 1980. Le drame de la désertification est désormais connu, sans qu'on ait encore trouvé les moyens d'y remédier. Néanmoins, à la différence des historiens de langue anglaise dont quelques études récentes font désormais autorité (1), les historiens francophones n'avaient guère encore abordé, de façon systématique, les relations entre histoire climatique, évolution de l'environnement et histoire sociale.

J'avais eu, en son temps, un peu de mal à convaincre Gado Boureima de ce qui lui apparaissait alors, à juste titre, comme une aventure dont il allait lui falloir, en définitive, affronter seul les risques. Je rends hommage à son courage d'alors, et à sa réussite d'aujourd'hui. Ce qui fait la nouveauté de cet ouvrage, — et que l'on sentira mieux encore à la lecture des tomes suivants —, c'est le souci de reconstituer en longue durée les inter-relations entre l'histoire du climat et celle des grandes crises de subsistance vécues par les habitants de la zone.

---

(1) Michael J. Watts, *Silent Violence : Food, Famine and Peasantry in Northern Nigeria*, Berkeley, the University of California Press, 1983 ; Megan Vaugham, *The Story of an African Famine. Gender and Famine in Twentieth-Century Malawi*, Cambridge University Press, .987 ; John Iliffe, *Famine in Zimbabwe 1890-1960*, Gweru, Mambo Press, 1990.

Un fait est indéniable : de grandes phases de sécheresses et de crises analogues à celles connues ces dernières années ont déjà existé à plusieurs reprises en Afrique sahélienne : à la fin du 16e siècle, à la fin du 18e siècle et, comme il le précise, tous les dix à vingt ans depuis la fin du 19e siècle : 1870, 1888-94, 1900-1903,, 1913-1914, 1931-32, 1943-44, 1954-55, avant celles de 1972-73 et de 1984-85. Non qu'il s'agisse de "banaliser" les drames récents : car le phénomène a aujourd'hui changé d'échelle en raison du poids d'une démographie galopante ; l'équilibre — si tant est qu'il y ait eu équilibre de la survie — s'est trouvé définitivement rompu entre un milieu très vulnérable et une population, en hommes et en bêtes, que l'écologie ambiante n'est plus en mesure d'assumer.

Ce qu'il faut retenir néanmoins, c'est que des crises meurtrières ont déjà eu lieu à plusieurs reprises. Récemment, les grandes famines se sont en Afrique de l'ouest atténuées grâce aux progrès de la logistique et des techniques de transport, et à la présence d'une aide d'urgence internationale (quoi qu'on puisse en penser par ailleurs). Elles ont été remplacées de façon sans doute plus irréversible par l'accélération de la désertification... Mais les hommes ont déjà vécu des épisodes comparables, ils en ont déjà souffert, ils en sont morts par milliers depuis des siècles — et surtout depuis les débuts de la colonisation : l'analyse des grandes crises alimentaires coloniales (1903, 1913, 1931) conduites à l'appui de sa démonstration soulignent l'âpreté de ces épisodes, qui fut (peut-être ?) atténuée sinon en 1943 — où la guerre ne se prêtait guère aux états d'âmes administratifs —, du moins en 1954-55, au cœur de la phase de pré-décolonisation.

La grande valeur de ce travail, c'est donc d'avoir résolument entrepris une investigation séculaire et pas seulement événementielle, d'avoir tenu le pari de quitter les chemins battus d'une histoire des spoliations coloniales "classique" pour mettre en œuvre, en histoire africaine, les multiples acquis de sa discipline d'appartenance : la méthode d'appréhension est à la fois ample et précise, par la conjonction du maniement précis des outils quantitatifs, d'une connaissance intime du terrain et des hommes (l'auteur est Nigérien) et d'une volonté de compréhension des processus sur la longue durée.

Cette réussite a été soulignée par l'obtention du prix de thèse CNRS 1988 destiné à récompenser un travail de haute qualité sur les pays du tiers-monde, toutes aires et disciplines confondues, accordé à son auteur et, par ricochet, au laboratoire qui l'a accueilli ("Tiers-Monde, Afrique : les sociétés dans leur histoire et leur environnement"). Mais ce travail de spécialiste se lit aussi avec passion, car il est fait des peines et des larmes, de la vie et de la mort des hommes qui ont vécu le drame de la confrontation entre une fragilité climatique aiguë —sur laquelle on ne peut pas grand'chose — et une réalité politique cruelle — dont les responsabilités n'ont pas non plus à être esquivées.

Ce livre est à la fois un exemple et une ouverture.

Catherine Coquery-Vitrovitch
Université Paris-VII /C.N.R.S.

AVANT-PROPOS

Le présent ouvrage est le premier d'une série de trois volumes consacrés aux crises et aux stratégies alimentaires, dans l'histoire du Sahel. Les volumes suivants seront consacrés : aux stratégies alimentaires dans les sociétés traditionnelles du Sahel (vol. 2) ; aux origines des crises alimentaires et à l'équilibre écologique (vol. 3).

Ces ouvrages reprennent pour l'essentiel les principales parties d'une thèse de doctorat préparée et soutenue à l'Université Paris 7 en octobre 1988.

C'est grâce au concours de toute l'équipe de ce Laboratoire que ce travail a pu être effectué. Des chercheurs et enseignants extérieurs à ce Laboratoire m'ont aussi soutenu. Et je remercie particulièrement Mme Françoise Vergneault qui m'a très efficacement aidé pour l'élaboration des cartes.

Ce livre — et ceux qui sont à venir — ne prétendent pas épuiser un sujet aussi vaste, encore moins apporter une solution au problème alimentaire au Sahel. L'ambition de l'auteur est seulement de contribuer à l'approfondissement de la réflexion sur ce thème très controversé, mais en réalité encore mal connu du grand public. Et ceci, de deux façons :

— en procédant, avec un regard neuf, à une nouvelle analyse de points considérés comme acquis par des chercheurs d'horizons divers ;

— en orientant le débat vers des axes de recherche jusqu'ici inexplorés.

INTRODUCTION

Deux idées sont à l'origine du choix de ce sujet. La première découle d'un constat. Beaucoup de travaux sur l'histoire des pays du Sahel portent sur des problèmes politiques, militaires ou religieux (histoire des grands empires pré-coloniaux, histoire des mouvements religieux et des états théocratiques, histoire de la conquête et de l'occupation coloniale, etc...). Cette histoire est utile, elle doit être connue. Une de ses faiblesses est qu'elle attribue une valeur exceptionnelle à la chronologie politique et aux événements diplomatiques (exemples : pèlerinage de Kankan Moussa à la Mecque en 1324, bataille de Tondibi en 1591, conférence de Berlin en 1882, etc.). En fait, cette histoire s'intéresse peu à la vie de tous les jours. Elle privilégie les actions individuelles des grands stratèges de la lutte armée, celles des grands précurseurs des mouvements religieux, des souverains et princes dont les hauts faits et les généalogies sont décrites dans les moindres détails. Bref, pendant longtemps, l'histoire était essentiellement celle des "chefs" : c'est-à-dire,

> ceux qui brillèrent par leur naissance, par leur état, par leur fonction, par leur richesse ou par leur intelligence. (1)

Nous avons senti le besoin de nous intéresser à la vie quotidienne des agriculteurs et des éleveurs, à l'histoire de tous les jours ; car ce sont les événements quotidiens qui déterminent les grands événements historiques :

(1) P. Goubert, *Beauvais et le Beauvaisis*, Ed. E.P.H.E., 1960, p. 7.

> Il faut, derrière l'événement, rechercher le genre de vie, les façons de penser, les sentiments, bref, l'environnement qui donne à l'événement son poids ; déceler le facteur essentiel auquel on peut subordonner tous les autres et qui apparait comme le critère de la conjoncture. (2)

Face à la sécheresse, à la guerre, à la maladie, mais aussi face à la multitude des prélèvements à l'époque coloniale comme à l'époque précoloniale, dans toutes les conditions où la nature et les "chefs" se montrent impropres à satisfaire ses besoins alimentaires, la paysannerie organise sa survie. Dans cette étude, il ne sera question de chefs, de souverains ou de colonisateurs que pour apprécier leur attitude face aux difficultés alimentaires rencontrées par "leurs peuples".

Si, pour les populations sahéliennes, le problème de la faim a toujours été une préoccupation quotidienne, c'est seulement dans les années 1972-73 qu'il a occupé les premiers plans de l'actualité internationale.

C'est un problème extrêmement complexe et très délicat à traiter dans une perspective historique. C'est la deuxième idée force à l'origine du choix de ce sujet.

Lorsqu'en 1949, l'écrivain brésilien J. de Castro publia l'ouvrage qui allait devenir plus tard l'un des plus grands classiques sur le problème alimentaire, la sécheresse et la famine, le livre suscita une profonde émotion dans le monde occidental (3). En effet, le thème traité, que l'auteur lui-même qualifie de délicat et dangereux, était à l'époque un sujet tabou.

> Pour mille publications sur les problèmes soulevés par la guerre, on compte une étude sur la faim. Et cependant, les ravages qu'elle a causés sont plus importants que ceux des guerres et des épidémies réunies, dans la mesure où la comparaison est possible, étant donné le nombre réduit de références existantes. (4)

Depuis, les études se sont multipliées sur le phénomène de la sécheresse et de la famine ; et rarement l'opinion internationale n'a été autant informée sur un problème touchant les pays du Tiers Monde. Rarement aussi un sujet n'a été l'objet de tant de controverses auprès des spécialistes. Depuis le début des années 1970, la situation alimentaire dans la zone sahélienne a été largement discutée, disséquée, analysée à l'occasion de symposiums ou de colloques. On dispose désormais d'un nombre impressionnant de publications de toutes natures et de toutes origines (climat, environnement, alimentation, économie, société, etc.) sur les causes et les effets de la sécheresse et des famines sur les populations (5). Mais l'étude des famines

---

(2) H. Brunschwig, "Une autre conception de l'Histoire", *C.E.A.*, 61-62, XVI, (1-2), 1976, p. 59-65.

(3) J. De Castro, *La géographie de la faim*, Ed. Ouvrières, 1949.

(4) J. De Castro, *La géographie de la faim*, Seuil, 1964, p. 12.

(5) Parmi les bibliographies sélectives sur le Sahel les plus orientées sur le problème de la sécheresse et de la famine, on peut citer :

— F. Beudot, *Eléments de bibliographie sur le Sahel*, O.C.D.E., 1987, vol. 1 à 9.

— F.A.O., *La zone sahélienne : bibliographie sélectionnée pour l'étude du problème*, 1983.

— Institut du Sahel (C.I.L.S.S.), *La sécheresse du Sahel et ses conséquences : bibliographie sélective*, 1985.

— H.-N. Le Houerou, *Contribution à une bibliographie des phénomènes de désertification*, 1973.

— C. Messiant, "Bibliographie", in *Sécheresse et famines au Sahel*, Maspéro, 1975, II., p. 120.

reste toujours un sujet délicat à aborder et le problème de la faim et de la malnutrition n'a jamais été aussi préoccupant.

Comme J. de Castro, au cours de nos enquêtes, nous nous sommes heurtés à l'un des impératifs de l'âme collective qui fait "de la faim un sujet tabou, impur et scabreux et par conséquent indigne d'être abordé" (6).

Ce préjugé d'ordre moral est malheureusement encore très répandu, et ce, dans les catégories socio-professionnelles les plus diverses. Et pourtant, la longue liste des calamités dramatiques (famines, épidémies, etc.) n'est l'apanage d'aucun continent, d'aucune région.

Nous nous permettons ici d'ouvrir une parenthèse pour nous attarder quelque peu sur cet aspect du problème qui mérite d'être souligné. L'histoire de toute l'humanité est dans une large mesure l'histoire de la recherche de la nourriture. Dès l'aube de l'humanité, alors que la densité de la population était faible, les hommes ont souffert de la faim dans la nature où ils n'étaient pas assez nombreux (7). Les problèmes alimentaires du Sahel d'aujourd'hui ne doivent pas faire oublier que le Continent Européen, par exemple, a connu aussi ses siècles obscurs jalonnés de famines et d'épidémies. Citons quelques exemples :

• L'Irlande a connu une des plus grandes calamités de tous les temps, appelée "la maladie des pommes de terre". Un médecin, témoin des événements, raconte :

> J'ai vu des mères arracher la nourriture des mains de leurs enfants. J'ai vu un père lutter à mort avec son fils pour une pomme de terre... J'ai vu des parents regarder les cadavres de leurs fils sans manifester de chagrin. 1,5 million de personnes moururent et 1,5 million émigrèrent au Canada ou aux Etats-Unis. (8)

• A Paris, il a été dénombré en moyenne une famine tous les quatre ans, entre 1789 et 1873 (9). Pendant la famine de 1590 (10), l'une des plus sévères,

> Les gens mangèrent des chiens, des rats, des chats, des feuilles de vignes et d'autres herbes crues (...). Chaque matin, on trouvait dans les rues de Paris cent à deux cents cadavres. (...) On fit une farine avec les ossements de morts qu'on méla avec des vieilles graisses pour composer une pâte qu'on appela après cuisson la "montpensier" : alimentation presque toujours mortelle (...). Une femme qui vit mourir ses enfants, les coupa en morceaux, les sala et s'en nourrit avec sa servante pendant plusieurs jours (...). (11)

---

(6) J. de Castro, *op. cit.*, p. 13.

(7) M. Cepede et al., *La faim*, P.U.F., 1967, p. 67.

(8) G. Kingstom, *Les grands bouleversements mondiaux*, Coland, 1979, p. 82.

(9) F. Vincent, *Histoire des famines à Paris*, Ed. Economiques et Sociales, 1964, p. 9.

(10) Siège de la ville de Paris par Henri IV.

(11) F. Vincent, *op. cit.*, p. 24. Sur les crises des paysanneries en Europe et l'histoire démographique, voir aussi :
— J. Meuvret, "Les crises de subsistance et la démographie de l'ancien régime", *Population*, 1946, I, (4), p. 643-650.
— E. Le Roy Ladurie, *Les paysans du Languedoc*, Flamarion, 1969.
— P. Goubert, *Beauvais et le Beauvaisis*, Ed. E.P.H.E., 1960.

• En Inde, pour la seule année de 1877, quatre millions de personnes sont mortes de faim (12). Un quart des famines de l'humanité aurait sévi en Inde (13).

• Dans le Nord-Est du Brésil, trente-trois sécheresses accompagnées de disettes ou de famines ont été identifiées entre 1700 et 1958 (14).

Pour toutes ces régions, une littérature abondante existe sur ces fléaux. En Inde et au Brésil, des commissions d'enquête furent mises en place et un "code de famine" fut établi dès la fin du siècle dernier (15).

En ce qui concerne les régions sahéliennes, certes, les travaux des géographes et climatologues ont mis en évidence les grandes phases de l'évolution du climat ; mais seules quelques rares études sur l'évolution économique et sociale de l'Afrique noire pré-coloniale font référence à des années de famines et d'épidémies. Pour la période contemporaine, la famine de 1913-14, que les populations du Sahel considèrent comme la plus grande calamité du siècle, n'est mentionnée à travers les travaux que de manière laconique.

Si, s'interroger sur l'avenir pour le préparer, c'est réunir l'expérience vécue des peuples pour en tirer des leçons et déterminer des choix (16), tout programme de lutte contre les pénuries alimentaires et les risques de famine doit commencer par assembler toute la documentation disponible sur les crises du passé. Malheureusement, dans ces pays, les projets présentent la particularité par rapport aux régions évoquées ci-dessus de ne jamais faire état des crises alimentaires antérieures à 1970...

Les famines se succèdent et leurs effets ont de lourdes conséquences sur les économies des pays. Il est unanimement admis que la crise que traverse le Continent Africain en général, et les pays du Sahel en particulier, est d'abord et avant tout une crise des paysanneries. La crise agraire est à l'origine des distorsions du développement économique et social. Cette crise a une histoire, qui n'est pas en elle seule explicative de toute la crise économique, mais elle est à analyser, à expliquer, à comprendre et à faire comprendre.

Cette histoire est celle de la description des liens entre déterminismes naturels (climat, reproduction humaine) et sociaux (conditions de production) (17). C'est pourquoi une étude des crises alimentaires du Sahel et des contextes économiques et sociaux qui leur correspondent est plus qu'une nécessité. Une telle étude permet non seulement de dégager les grandes périodes de crise, mais aussi de savoir si leur ampleur est comparable à celles d'aujourd'hui. Elle permet aussi de situer la crise d'aujourd'hui dans le contexte général de l'évolution économique et sociale de la région. Elle permet de comprendre le comportement de l'homme face aux phénomènes de sécheresse et de famine. Elle permet d'estimer à leur juste valeur les rôles

(12) R. Lardinois, "Une conjoncture de crise démographique en Inde du Sud au XIXe siècle, la famine de 1876-78", *Population*, 1982, XXXVII, (2), p. 371-404.

(13) M. Cepede, *op. cit.*, p. 70.

(14) J. Egg et al., *La famine de 1931 au Niger*, I.N.R.A., p. 11.

(15) *Idem.*

(16) J. Copans, *Sécheresse et famines au Sahel*, vol. I, Maspéro, 1975, p. 28.

(17) *Idem*, p. 3.

respectifs de la nature et de l'homme dans le déclenchement d'une crise alimentaire. On oublie trop souvent que les famines sont des problèmes sociaux et qu'elles ne soivent pas être essentiellement considérées comme des problèmes purement techniques ou comme une conséquence inévitable des accidents climatiques.

Ce volume comporte trois parties.

• La première partie est consacrée à une étude chronologique des crises du passé et un essai de périodisation des grandes phases de l'évolution économique et sociale du Sahel au cours des siècles derniers. Un accent particulier est mis sur les concepts et les conceptions traditionnels sur les famines et épidémies.

• La deuxième partie est une étude approfondie des grandes famines du XXe siècle. Nous aurions bien voulu analyser dans ses moindres détails une famine "pré-coloniale", mais les sources disponibles (annales et chroniques locales, relations de voyages, sources orales) sont très limitées. Pour la période coloniale, les rapports rédigés par les administrateurs sont riches d'enseignements. Confrontés aux témoignages oraux et aux données pluviométriques, ils permettent d'analyser les sécheresses et les famines depuis le début du siècle. Pour analyser chacun de ces fléaux, nous commençons d'abord par présenter, pour chaque cas, les conditions écologiques (environnement, climat, démographie) et socio-politiques générales préalables à la crise. Nous évoquons par la suite la perception et l'explication des phénomènes selon les catégories de sources. Dans une troisième étape, nous exposons notre appréciation et nos propositions relatives aux différentes problématiques du sujet :

* la situation alimentaire pendant la période considérée,
* la durée, l'extension et l'intensité de chaque crise,
* l'impact réel des facteurs extérieurs,
* les conséquences socio-démographiques (surmortalité, migrations, comportements sociaux, etc.).

Sur ce dernier point, nous nous efforcerons d'évaluer le "recul démographique" consécutif à chaque crise. Les famines ayant sévi dans des contextes historiques différents, nous avons délibérément choisi d'approfondir un thème particulier pour chaque conjoncture. Cela nous évitera de reprendre les mêmes thèmes pour chaque famine. Cette analyse thématique permet également de mettre en évidence la spécificité de chaque crise. Nous avons retenu comme crises alimentaires majeures, les famines qui ont frappé l'ensemble de la zone sahélienne, pendant au moins deux saisons agricoles consécutives.

Du point de vue climatique, ces années apparaissent comme des sécheresses de type zonal, à travers l'analyse et l'interprétation des statistiques pluviométriques. Ce sont les années pour lesquelles la plupart de nos postes d'observation ont enregistré un déficit pluviométrique important à l'échelle de deux à cinq années consécutives.

Du point de vue socio-démographique, il s'agit de famines pour lesquelles les témoignages concordent pour considérer qu'elles ont non seulement occasionné des dizaines de milliers de morts, mais aussi draîné un nombre encore plus important d'agriculteurs et d'éleveurs hors de leurs zones d'habitation traditionnelles.

Nos sources permettent d'affirmer que ce fut le cas dans les années 1900-1903, 1913-14, 1972-73. Les années 1931-32, 1941-44 et 1984-85 (qui furent également des années de crises alimentaires majeures) présentent des nuances au niveau de l'impact des conditions climatiques ou des conséquences démographiques. Si l'on considère que la famine des années 1984-85 n'est qu'un des points culminants de la crise alimentaire chronique que connaissent les populations du Sahel depuis la fin des années 1960, le XXe siècle a été marqué par cinq grandes sécheresses et/ou famines, généralisées, d'inégale durée.

• La troisième partie porte sur les sources et leur utilisation.

La zone sahélienne a connu un grand nombre de fléaux dont il importe non seulement de restituer le déroulement chronologique mais aussi d'analyser les mécanismes et les conséquences démographiques (au moins pour les plus catastrophiques d'entre eux).

Les calamités les plus fréquemment citées sont, dans l'ordre : les famines, les disettes, les épidémies et les épizooties. Les terminologies utilisées pour désigner les famines renseignent souvent beaucoup plus qu'un texte oral sur le contexte économique et social et les mentalités des époques concernées.

Première Partie

FAMINES ET ÉPIDÉMIES DANS L'HISTOIRE DU SAHEL

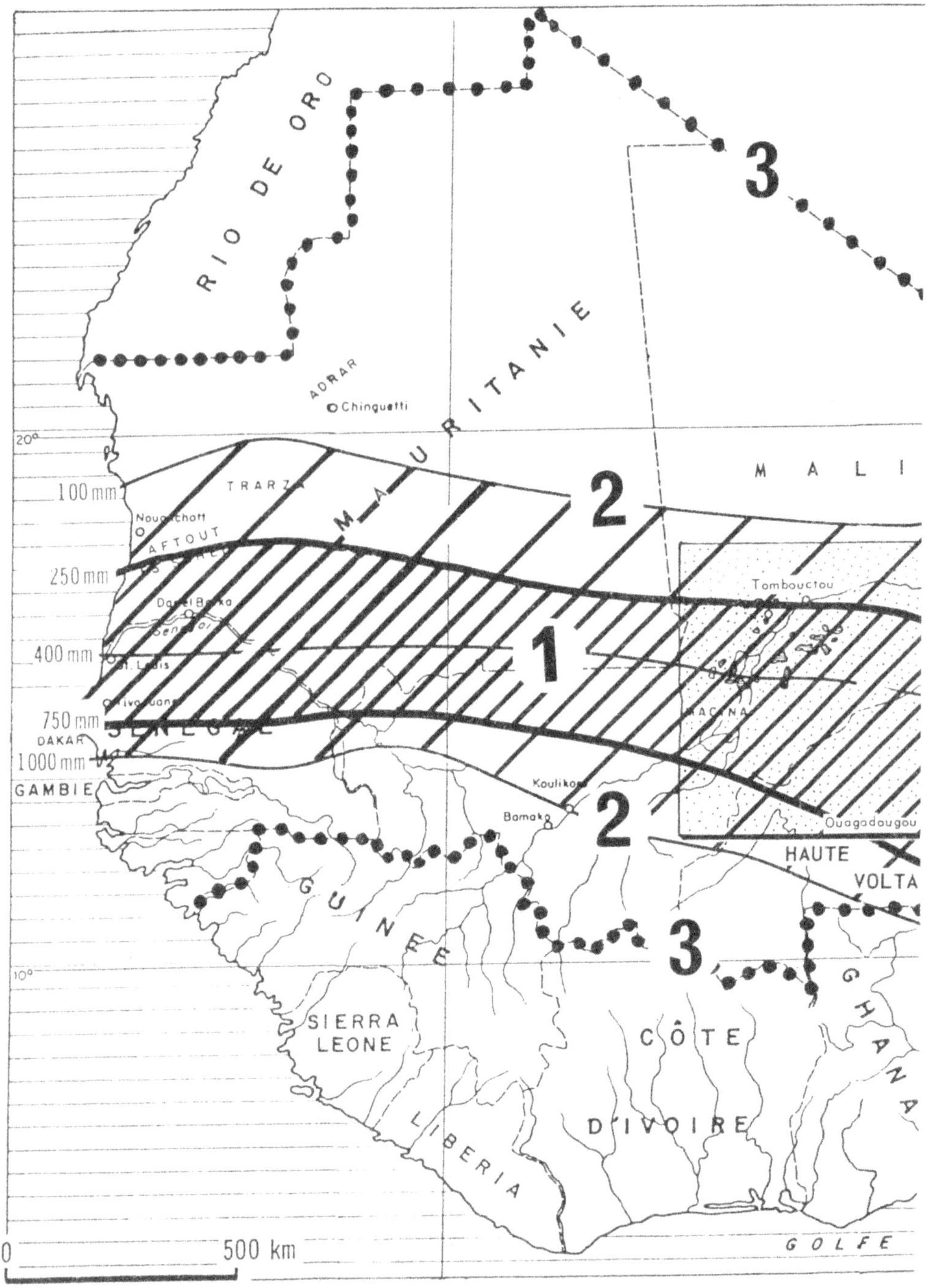

FOND DE CARTE TIRÉ DE PLOTE . OP. CIT .

Figure 1 : Situation de la zone étudiée dans le Sahel

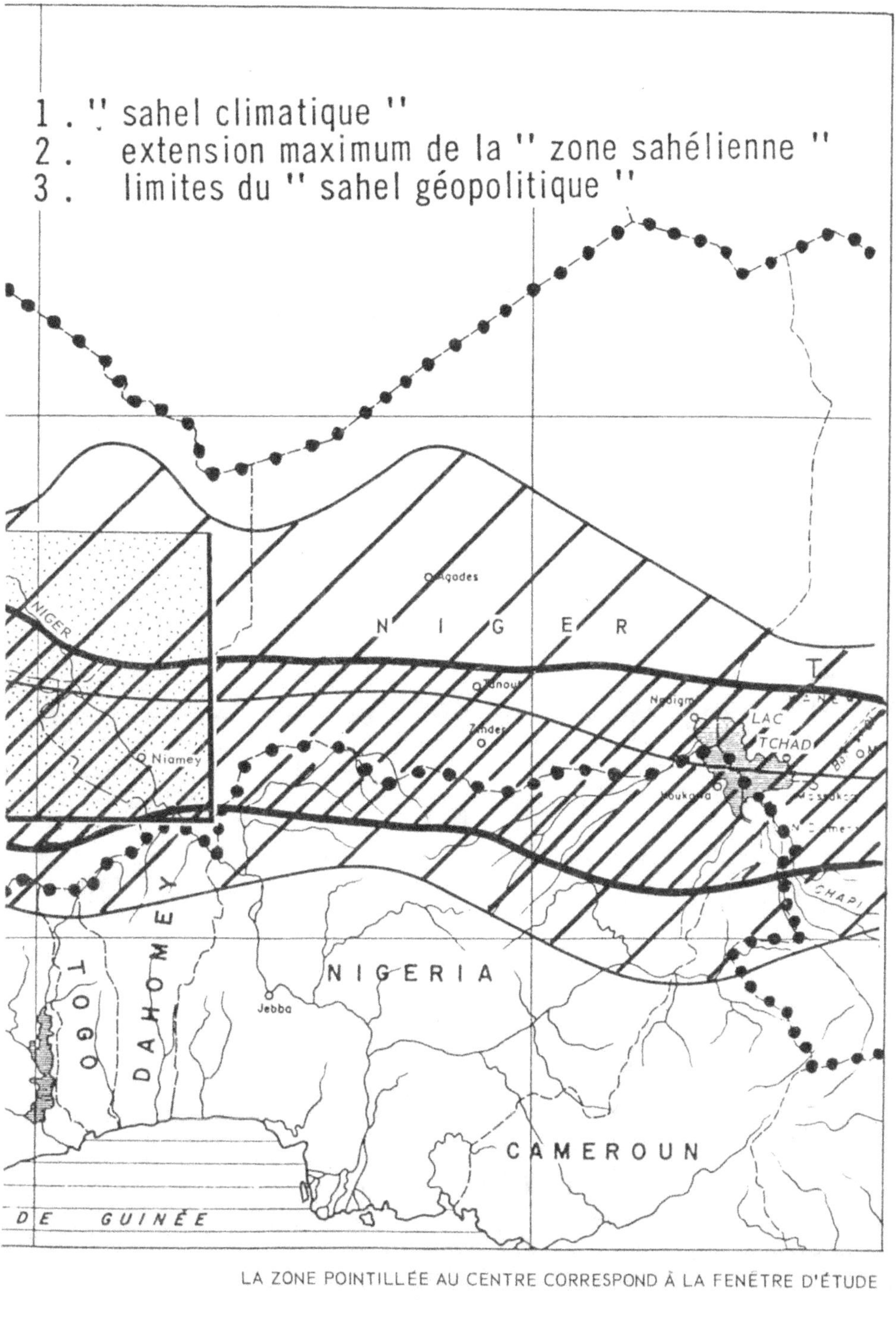

LA ZONE POINTILLÉE AU CENTRE CORRESPOND À LA FENÊTRE D'ÉTUDE

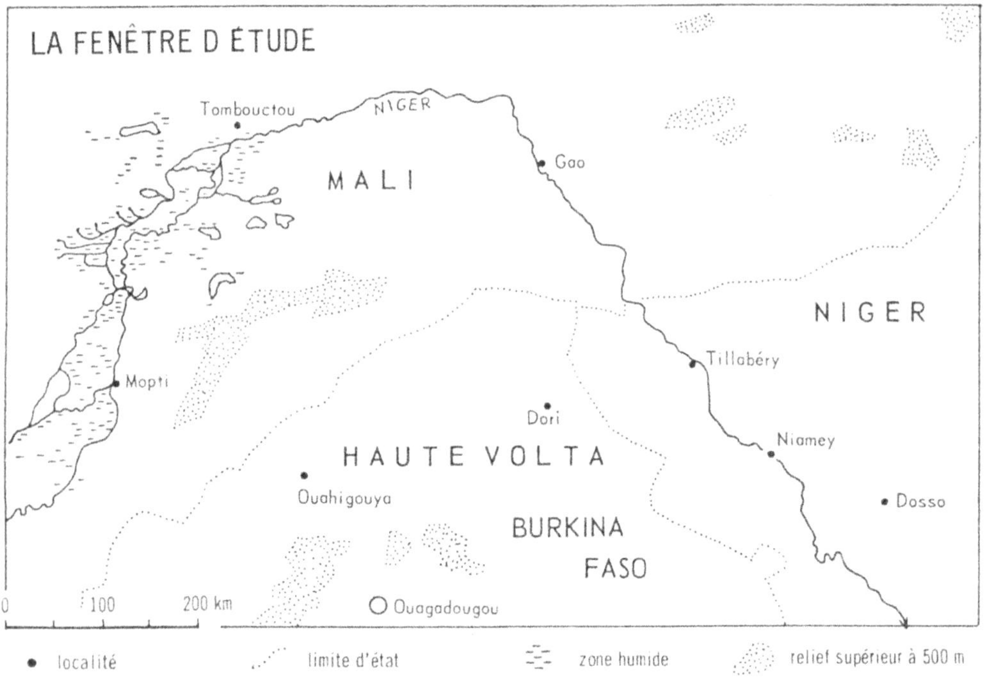

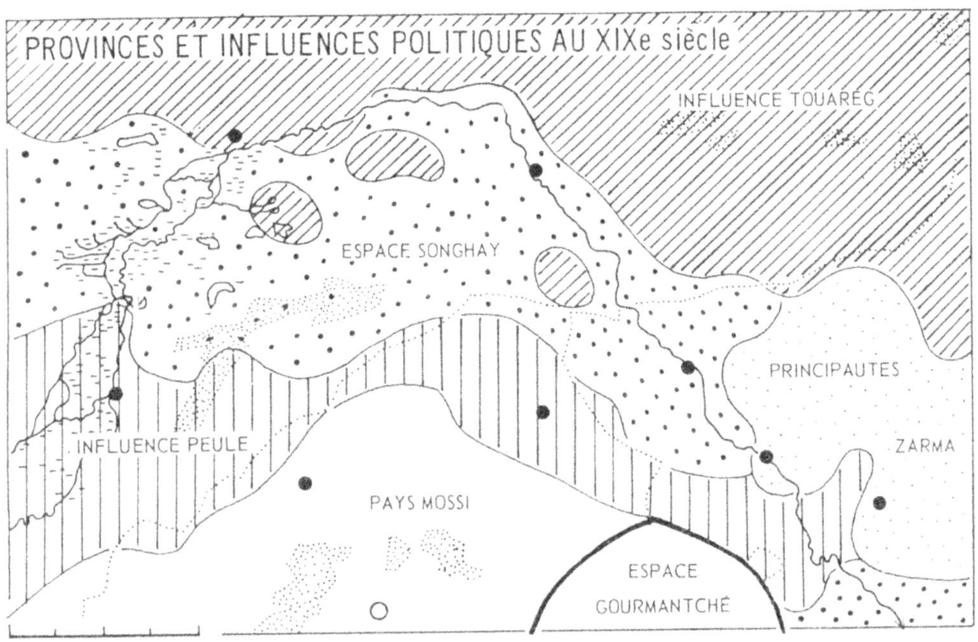

AB GADO FB VERGNEAULT EHESS 1991

Figure 2 : La boucle du Niger :
les espaces historiques et géographiques

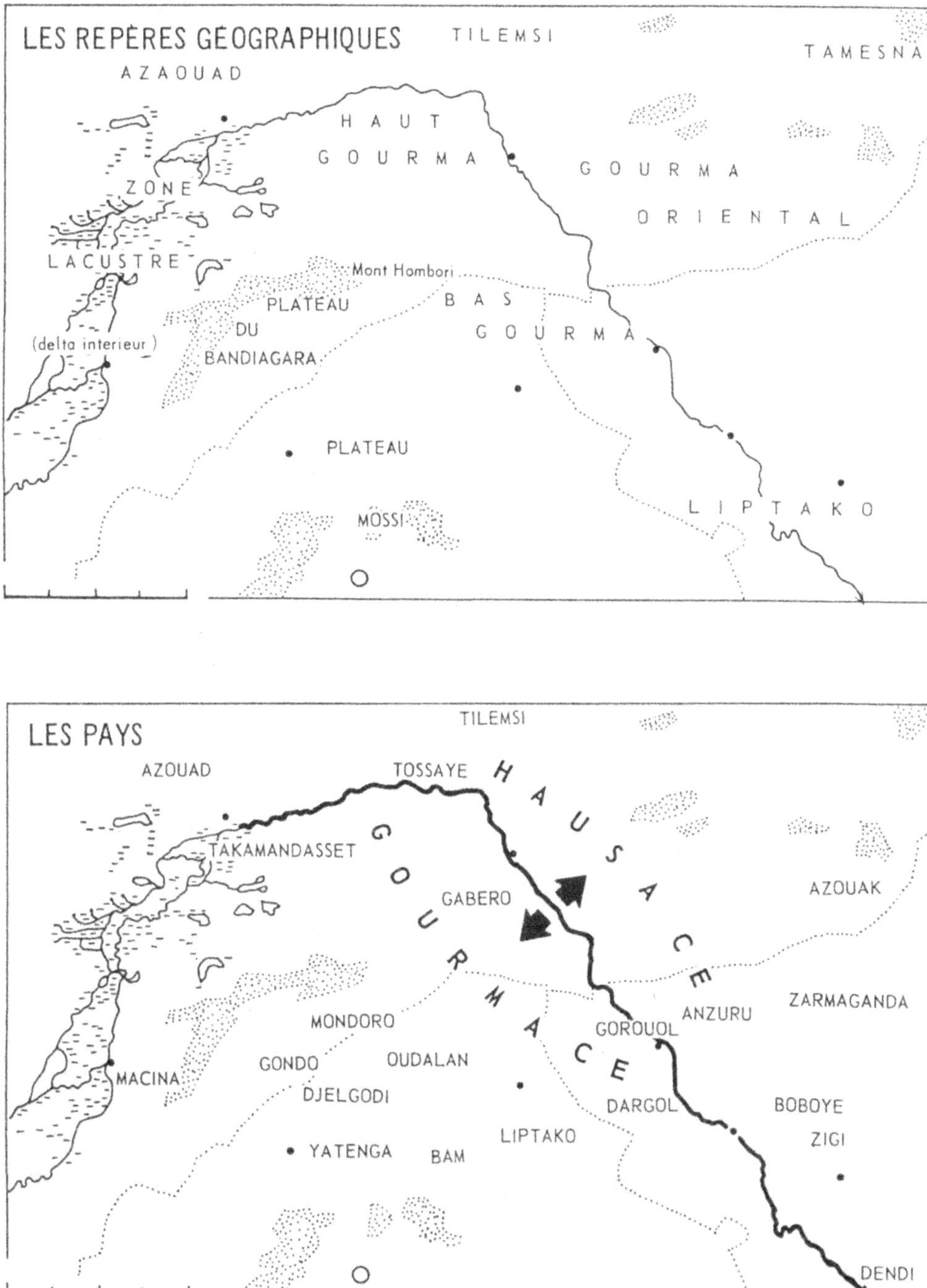

GOURMA CE = rive droite ; HAUSA CE = rive gauche : pour les populations locales l'espace est défini par rapport au fleuve

Chapitre premier

CONCEPTS ET CONCEPTIONS TRADITIONNELS SUR LES FAMINES ET ÉPIDÉMIES

Les populations sahéliennes utilisent des termes variés pour traduire une situation de crise (sécheresse, disette, famine). C'est généralement sous forme de symboles, de mots composés ou d'expressions onomatopéiques. Le terme utilisé désigne soit une époque, soit un objet, une plante, un animal, ou une personne en rapport avec la calamité évoquée ou un état d'esprit des populations. Au cours de nos enquêtes orales, nous avons relevé près de deux cents expressions ou tournures de ce genre. Nous ne pouvons les énumérer toutes. Nous nous contenterons de quelques exemples pour essayer de comprendre comment les situations de crise sont vécues et comment les phénomènes conservés par la mémoire collective sont interprétés par les générations postérieures.

Sécheresses et famines ne sont pas des phénomènes récents. Les périodes de crise de subsistance sont considérées comme une menace permanente. Les populations trouvent cet état de fait normal car faisant partie d'un jeu complexe mettant aux prises le rythme des saisons agricoles, la nature, l'homme et les animaux. La vision des phénomènes et leur interprétation ne sont pas les mêmes chez les agriculteurs et chez les éleveurs. Au sein d'un même groupe ethno-linguistique, des variantes régionales existent. Chez les Touareg sahéliens, l'expression la plus couramment utilisée pour désigner une même région. Leur interprétation varie également d'une région à une autre, quelquefois entre deux villages voisins. Chez les Zarma-Songhay, il existe une expression d'ensemble pour désigner toutes les calamités quelle que soit leur origine ou leur nature : "*Bala'u*". Cette expression revient assez souvent dans la bouche du paysan sahélien : "*Bala'u dey no*" qui sous-entend une volonté divine insurmontable, "c'est Dieu qui l'a voulu", nous n'y pouvons rien. La faim quotidienne et la famine chronique sont désignées sous un même vocable chez les Zarma : "*Haray*". A quelques rares exceptions près, la famine est toujours occasionnée par une sécheresse ou "*Kogondi*". Le terme "*Kogondi*" est perçu, non comme une absence de pluie, mais comme une insuffisance de la pluviométrie ne permettant pas soit les semis, soit les cultures, ou empêchant le mil d'arriver à maturité.

Cette catégorisation nous a permis d'établir un rapport entre le terme tarditionnel, sa traduction ou l'interprétation qui lui est donnée (information fournie de manière consciente) et les données qualitatives d'ordre historique sur le contexte socio-économique et politique (information fournie de manière inconsciente) : déroulement chronologique des événements, contexte politique, cause, durée ou intensité de la calamité, importance des pertes en vies humaines, mentalité de l'époque, etc.

L'inventaire des crises du passé fait ressortir une prédominance du nombre des famines par rapport aux épidémies et épizooties. Cela provient du fait que, lorsque les événements sont simultanés, la mémoire collective privilégie la situation de famine. Seules les grandes épidémies animales ou humaines isolées dans une période de relative abondance sont citées. Le catalogue des différentes appellations et symboles nous a permis de distinguer trois catégories de termes :

* les termes situant la calamité évoquée dans l'espace ou le temps,

* les termes en rapport avec le contexte socio-économique et culturel,

* les termes en rapport avec les conséquences démographiques de la calamité évoquée.

Cette classification typologique des termes et leur interprétation permettent d'insérer les événements dans leur espace naturel. Les informations sont ainsi rapprochées du vécu quotidien des populations. En d'autres termes, l'analyse étymologique de la terminologie locale sur les famines et les épidémies permet une mise en contexte, très modeste certes, des événements rapportés par témoignages oraux (voir plus loin le cas des famines que nous analyserons de manière beaucoup plus approfondie).

La grande difficulté dans la manipulation de souvenirs des crises conservés par la mémoire collective est qu'il s'agit dans la plupart des cas d'événements concernant des espaces géographiquement très limités. Comme l'a si bien souligné J.-P. Chrétien,

> La tradition orale peut avoir conservé de façon subjective le souvenir de situations exceptionnelles sur le plan local, mais pas forcément à plus grande échelle, et sans que les crises démographiques éventuelles puissent être effectivement évaluées (10).

(10) J.-P. Chrétien, "Démographie et écologie en Afrique Orientale à la fin du XIXe siècle", *Colloque sur le peuplement de l'Afrique jusqu'à la colonisation*, C.R.A., 1985, p. 16.

Tableau I

QUELQUES CONCEPTS TRADITIONNELS SUR LES FAMINES ET LEUR INTERPRÉTATION

CATEGORISATION DES CONCEPTS TRADITIONNELS	EXEMPLES DE CONCEPTS	TRADUCTION ET INTERPRETATION DONNEES PAR LES POPULATIONS	TYPE D'INFORMATION SUSCEPTIBLE D'ETRE TRANSMIS
CONCEPTS SITUANT L'EVENEMENT DANS L'ESPACE OU LE TEMPS	Gande-Beeri	Grande poitrine ou espace étendu ; la famine a touché le monde entier	Chronologie des événements, contexte politique ; causes, origine, durée ou intensité de la calamité ; les faits contemporains à la calamité évoquée, extension maximale de la crise (régions touchées), ...
	Sar-Sar	Epoque de la Mission Voulet-Chanoine	
	Zarmaganda	Nom d'une région de l'ouest du Niger ; origine de la famine	
	Samari-Jiire	L'année du Samari, association de jeunesse au début de la colonisation	
	Lato-Jiire	L'année du sac en jute	
	Doa-Jiire	L'année des criquets	
	Saaga-Jiire	L'année de Saga (où l'on amena de force les gens à Saga)	
CONCEPTS SITUANT L'EVENEMENT DANS SON CONTEXTE SOCIAL, ECONOMIQUE OU CULTUREL	Ize-Neere	La vente des enfants qui s'échangeaient contre le mil	Comportements collectifs et individuels face à la famine, état physiologique des personnes, alimentation de substitution, formes ou absence de solidarité, état des réserves alimentaires, pratiques socio-culturelles et mentalités de l'époque, rapports sociaux, ...
	Yoldo-Moru	Caresser les tresses, les jeunes mariés mangeaient le mil en pilant	
	Kaba-Laba	Ventre creux; état de dénuement total	
	Wandé-Waasu	Chasser son épouse ; beaucoup de gens ont chassé leur épouse	
	Bande-Bare	Tourner le dos ; celui qui a à manger tourne le dos aux siens	
	Dabari-Ban	Rien à faire ; c'est l'extrême limite des possibilités humaines	
	Dabare	Les comportements (mentalités) ont changé ; la famine change l'homme	
CONCEPTS EN RAPPORT AVEC LE FAIT DEMOGRAPHIQUE	Kuru-Kuru	Traîner-traîner ; on n'avait pas le temps et la force pour enterrer les morts	Conséquences démographiques des calamités, ampleur des pertes en vies humaines, flux migratoires, régions refuge, disparitions, déplacements de villages, ...
	Felgo	La fuite ; c'est le branle-bas général, chacun cherche une région refuge	
	Zaama-Kaano	Couteau tranchant ; la famine est comparée à un boucher	
	Adda	Coupe-coupe ; même interprétation	
	Kangay-Dagu	Partir n'importe où ; détacher les animaux et partir, fuir	
	Dazay	Eparpillement ; les gens sont éparpillés dans la nature	

L'enquête orale extensive à laquelle nous avons procédé nous a permis de contourner cette difficulté. Le croisement de données recueillies dans plusieurs régions sahéliennes a permis, dans un certain nombre de cas, d'avancer l'hypothèse d'une situation alimentaire difficile et les épizooties. Les terminologies utilisées pour désigner les famines renseignent souvent beaucoup plus qu'un texte oral sur le contexte économique et social, et les mentalités des époques concernées.

Chapitre 2

BREF APERÇU SUR LES FAMINES ET ÉPIDÉMIES AVANT 1870

La grande sécheresse des années 1969-73 et la situation alimentaire critique qu'elle engendra ont eu comme conséquence, entre autres, d'amener les chercheurs à s'interroger sur les différences et/ou les traits communs entre les famines d'hier et celles d'aujourd'hui. De nos jours, il est unanimement reconnu que les sociétés africaines ont connu par le passé des crises de subsistance plus ou moins aiguës.

A quand remontent les premières grandes famines de l'histoire du Sahel ? Plus précisément, pour quelles périodes disposons-nous d'indices apparents des crises alimentaires certaines ou probables ? Ce n'est qu'à une époque récente que cette question est devenue une préoccupation majeure pour la recherche historique. Les conclusions de certains travaux laissent même supposer que les sociétés pré-coloniales africaines n'ont pas connu de famines catastrophiques comparables à celle des années 1970 (1).

(1) Comité Information Sahel, *Qui se nourrit de la famine au Sahel ?*, Maspéro, 1974.

L'image d'une Afrique Sahélienne à l'abri de toute crise de subsistance aux époques anté-coloniales ne résiste à aucune analyse objective. Les études sur les sécheresses ont permis de dater le début du processus de désertification au Sahel. Il est généralement situé entre les Ve et VIe millénaires avant notre ère. Existe-t-il une corrélation entre le déclenchement de ce processus et l'apparition des premières grandes famines ? Pour le professeur E. Mbokolo, les famines en tant qu'absence prolongée et généralisée de nourriture n'apparaîtront que beaucoup plus tard (2). Il paraît assez difficile de situer la période à laquelle remontent les premières grandes famines du Sahel. Aussi loin que l'on puisse remonter dans le temps, des causes climatiques ou humaines ont été susceptibles de rompre l'équilibre, combien fragile dans les milieux sahéliens, entre l'homme et les ressources alimentaires dont il dispose. Il n'est possible de dater et d'analyser que les famines des périodes pour lesquelles des documents ont pu les rapporter.

Pour la période comprise entre le XVIe et le XVIIIe, des sources narratives d'origine interne, permettant de dresser une chronologie des grands fléaux, existent. Parmi ces sources, les plus connues mais aussi les plus fournies sont les chroniques de Tombouctou (3). A notre connaisssance, aucune source comparable n'a analysé les fléaux qui ont affecté la région qui nous concerne aux époques antérieures. Quand on évoque les chroniques de Tombouctou, seuls les *Tarikhs es-Soudan* et le *Tarikh el-Fettach* sont généralement cités. Il convient de souligner que pour le XVIIIe siècle, une troisième chronique fournit également des détails sur les famines et les épidémies dans la boucle du Niger. Il s'agit du *Tedzkiret en-Nisian* (4). Par ailleurs, M. Abitbol, dans son ouvrage *Tombouctou et les Arma de 1591 à 1833* (5), a utilisé de nombreuses sources complémentaires aux chroniques de Tombouctou qui confirment les années de famines et d'épidémies. Les effets d'un certain nombre de ces fléaux ont été ressentis notamment au Maroc où il est fait état de l'extrême misère des gens de Tombouctou à la suite de calamités. Des témoignages enregistrés à Alger et à Tripoli à travers les correspondances consulaires ont attesté également un grand nombre de ces fléaux.

Les récits des *Tarikhs* évoquent une période d'abondance qui fut brutalement interrompue au début du XVIIe siècle. Une sécheresse intervint en 1618, après que les récoltes des deux années précédentes aient été anéanties à la suite d'une inondation provoquée par des pluies torrentielles. Aux dires des témoins oculaires, il n'y a jamais eu auparavant une telle calamité. En 1639, une autre famine éclata à Djenné. Elle fit tache d'huile dans toute la boucle du Niger. La crise alimentaire dura quatre années consécutives. Il n'a pas été possible d'évaluer les victimes en raison de leur nombre élevé :

> Là où un homme mourrait, on l'enterrait ; que ce fut dans une maison ou dans la rue, sans laver le corps ni prononcer aucune prière. (6)

---

(2) E. Mbokolo, "Histoire des famines", *Actuel-développement*, n° 68, 1985.
(3) M. Kati, *Tarikh el-Fettach*, trad. O. Houdas et Delafosse, Leroux, 1964. A. Sadi, *Tarikhs es-Soudan*, trad. O. Houdas, Leroux, 1964.
(4) Anon. *Tedzkiret en-Nisian*, trad. O. Houdas, Maisonneuve, 1966.
(5) M. Abitbol, *Tombouctou et les Arma de 1591 à 1833*, Maisonneuve Larose, 1979.
(6) *Idem*.

Cette grande pénurie aurait provoqué une mutinerie au sein de l'armée qui cessa d'être approvisionnée. Les soldats affamés pillèrent alors le palais du Pacha qui se trouva dans l'obligation d'abdiquer. Survinrent ensuite une sécheresse en 1669, puis une autre en 1670, puis une année de disette en 1695. La calamité suivante, celle qui éclata en 1711, dura sept ans.

Mais c'est à partir de 1738 que la région connut une famine qui dépassa en intensité toutes celles précédemment citées. Certaines localités auraient perdu la totalité de leur population. Le *Tedzkiret en-Nisian* nous fournit des détails impressionnants sur la situation alimentaire entre 1741 et 1744. Ces renseignements montrent à la fois l'étendue des régions touchées et l'ampleur de l'intensité de cette calamité :

> Toute la boucle du Niger fut ravagée ; aussi bien les régions de l'Est que les régions de l'Ouest, de la contrée de Bemba au territoire de Djenné. Elle s'étendit aussi des pays Dirma, de Bara (...) et des pays voisins depuis le Hausa jusqu'au Gurma. Aucun territoire, aucun bourg ne fut épargné, tous subirent le même sort.
>
> L'intensité du fléau fut telle que les gens mangeaient des cadavres d'animaux et d'êtres humains (...). On n'enterrait pas les morts ; on se contentait de les emporter loin de chez eux et de les jeter dans les campagnes comme les charognards. Toute la population de Tombouctou fut réduite à la misère. (7)

Cette calamité fut appelée *Baari-bouri*.

La quasi totalité des famines enregistrées dans la boucle du Niger entre les XVIIe et XVIIIe siècles eurent de graves conséquences démographiques parce qu'en général accompagnées ou suivies de grandes épidémies humaines. La période comprise entre 1657 et 1660 a été marquée par une grande épidémie appelée "la grande calamité". En 1688, une autre épidémie fit périr un grand nombre de personnes. La grande famine des années 1738 rapportée par le *Tedzkiret en-Nisian* se combina avec une épidémie de peste qui toucha toute la zone sahélienne. Cette maladie fut appelée *tali*, qui signifie "faute grave" ou "péché divin" en Songhay. Contrairement aux années de famines qui s'estompèrent au milieu du XVIIIe siècle, la boucle du Niger continua à enregistrer des épidémies jusqu'au début du XIXe siècle (8).

Les chroniques de Tombouctou ont été rédigées par des Ulémas associés ou liés au pouvoir des souverains Songhay. Le *Tarikh el-Fettach* par exemple (selon Delafosse et O. Houdas) a été rédigé par un ami personnel de l'Askia Mohamed puis de l'Askia Daoud. Son petit-fils aurait terminé l'ouvrage au milieu du XVIIe siècle (9). Son contenu exhalte, quelquefois de manière démesurée, les hauts-faits de ces deux empereurs. A travers les chroniques, le bien-être qui régnait à l'époque des Askia est mis en relief. A ce titre, on est en droit de se demander dans quelle mesure ce déterminisme a pu influencer les

(7) Anon, *Op. cit.*, p. 81.
(8) M. Abitbol, *op. cit.*, p. 176.
(9) J.-P. Olivier de Sardan, in *L'esclavage en Afrique Noire*, C. Meillassoux, Maspéro, 1975, p. 101.

différents auteurs au moment de la rédaction des registres de famines et d'épidémies. Au cours du XVIe siècle, par exemple (avant l'invasion marocaine), les Tarikhs ne mentionnent pratiquement pas de grandes calamités dans la boucle du Niger. Seules quelques épidémies de peste sont signalés : en 1536, 1548, 1551 et 1582. Cette relative accalmie contraste avec les séries de crises enregistrées au cours des siècles suivants qui correspondent à l'occupation marocaine. Rien que pour le XVIIe siècle, on ne dénombre pas moins de seize fléaux dont sept famines (10).

Même si pour des raisons évidentes, les auteurs des Tarikhs avaient intérêt à présenter l'époque qui précède l'invasion marocaine comme une période faste, nous ne pensons pas qu'ils eurent la volonté manifeste de grossir le nombre d'années de calamités. L'analyse descriptive des différentes famines et épidémies comporte des indications ayant l'évidence des faits : noms de personnages historiques victimes des événements, mutinerie des armées par suite de manque de grains, etc. D'autre part, les termes utilisés dans les Tarikhs pour désigner les calamités correspondent à des concepts traditionnels du monde Songhay sur les famines. C'est le cas, par exemple, de "*kafi*" (probablement *kayfi*), épidémie de peste des années 1536 et 1548, qui exprime l'idée de "catastrophe" ou "horreur". C'est le cas aussi de "*tali*" (*taali*), grande famine de l'année 1669, qui évoque l'idée "d'un événement ayant causé des dégâts par suite de punition divine". Une autre intervint en 1758. Celle de 1762, appelée "*ghimo sorou*" (peut-être "*ciino soru*") qui signifie en Songhay "dyarrhée nocturne", toucha toutes les régions saheliennes et dura jusqu'en 1766. Après une vingtaine d'années de répit, le fléau s'installa dans toute son intensité dans la zone saharo-sahélienne jusqu'aux premières années du XIXe siècle.

Parmi les publications portant sur ce sujet, outre l'ouvrage de M. Abitbol ci-dessus mentionné (mais qui ne consacre que quelques pages aux famines et épidémies à Tombouctou), deux remarquables études qui font œuvre de pionnier dans ce domaine méritent d'être mentionnées. Il s'agit des travaux de S.-M. Cissoko (11) et M. Tymowski (12). Nous reproduisons en Annexe les séries chronologiques établies par ces deux auteurs à partir des mêmes sources locales.

La grande lacune des chroniques de Tombouctou est que les informations qu'elles nous rapportent ne concernent pour l'essentiel que les XVIIe et XVIIIe siècles. Les *Chroniques de Walata et de Tichit*, qui relatent des faits qui couvrent tout le XIXe siècle, constituent à cet effet des sources complémentaires dignes d'intérêt.

Pour la localité de Walata, on dénombre au cours du XIXe siècle plus d'une vingtaine de fléaux dont quinze années d'épidémies humaines ou animales, quatre périodes de grande famine généralisée, trois années de

(10) M. Kati, *op. cit.*, p. 174.

(11) S.-M. Cissoko, "Sécheresses et famines à Tombouctou et dans la boucle du Niger du XVIe au XVIIIe siècles", *B.I.F.A.N.*, B. XXX, 1968, p. 806-821.

(12) M. Tymowski, "Famines et épidémies à Walata et à Tichit au XIXe siècle", *Africanan bulletin*, n° 27, 1979 ; *Le développement et la régression chez les peuples de la boucle du Niger à l'époque pré-coloniale*, W.U.N., 1974.

hausse de prix (13). A Tichit, les auteurs de la chronique ont dénombré au total quatorze années de fléaux dont six années d'épidémie, cinq années de sécheresse, deux années d'invasion de "sauterelles". L'une des analyses les plus critiques sur les chroniques de Walata et Tichit au XIXe siècle est l'article de M. Tymowski "Les famines et épidémies Walata et Tichit au XIXe siècle". Le contenu de ces chroniques laisse supposer que le XIXe siècle fut une période particulièrement critique dans l'histoire économique et sociale de ces régions :

> Ce mauvais état de l'économie a-t-il été uniquement à Walata et à Tichit ? Ou bien reflète-t-il la situation qui prédominait dans cette région ? Les conclusions auxquelles aboutit l'analyse de ces chroniques peuvent-elles être généralisées et, dans l'affirmative, à quels territoires ? (14)

Ces propos posent l'essentiel du problème : l'intérêt et les limites des chroniques de Walata et de Tichit comme sources complémentaires aux chroniques de Tombouctou.

L'interprétation d'un certain nombre d'éléments contenus dans ces chroniques laisse penser que la situation qui a prévalu à Walata et à Tichit a pu concerner les régions du sud, en l'occurrence la boucle du Niger, et dans certains cas l'ensemble de la bande sahélo-soudanaise.

* Les auteurs des chroniques, comme beaucoup de savants de Walata, sont en majorité des négociants itinérants qui ont joué un grand rôle dans le commerce trans-saharien. "Un grand nombre de familles de marchands et d'Ulémas, pour diverses raisons, ont vécu à Tombouctou comme à Walata" (15). Les précisions avec lesquelles les informations concernant les régions sud-sahéliennes ont été rapportées indiquent qu'il s'agit de faits rapportés par des témoins oculaires. A plusieurs reprises, les chroniques évoquent des famines et des épidémies dans des régions qui correspondent à la boucle du Niger. C'est le cas de la grande sécheresse des années 1833-34 : "grande sécheresse, famine à Tékrour, à Walata, à Arouan et dans les villages soudanais (...)" (16). La famine des années 1864-65 sévit également au Soudan. Le détail fut mentionné aussi bien dans la chronique de Walata que de Tichit. La grande épidémie des années 1869-70 n'épargna pas non plus la boucle du Niger.

* L'épidémie dite "*foissed*" (éruption de boutons) à Walata en 1880-81 a certainement frappé les régions de la boucle du Niger avant d'atteindre Walata. Elle aurait été amenée par les pèlerins venus de la Mecque. Nous savons que l'itinéraire classique des pèlerins Ouest-Africains passe généralement par les grandes métropoles du Soudan Occidental et Central, en l'occurrence Agadez, Gao, Tombouctou, Djenné, etc.

* Enfin, comme l'a souligné Tymowski, Walata et Tichit étaient des oasis situées en bordure du Sahara. Il s'agit de régions qui dépendent pour

(13) Les chroniques de Tichit, *op. cit.*, p. 45.
(14) M. Tymowski, *op. cit.*, p. 50.
(15) *Idem*, p. 50.
(16) *Idem*.

l'essentiel de livraisons de vivres en provenance de la savane. Il n'est pas impossible qu'un certain nombre de crises de subsistance dans ces deux localités soit la conséquence logique ou le prolongement de pénurie généralisée dans les régions pourvoyeuses de grains.

Il n'est donc pas exagéré de penser qu'au moins la moitié, sinon une bonne partie des famines et épidémies enregistrées dans les chroniques de Walata et de Tichit ont pu sévir simultanément dans la boucle du Niger. L'examen d'autres chroniques soudanaises autres que celles de Tombouctou, Walata ou Tichit permet de se faire une idée beaucoup plus générale sur les crises économiques et démographiques dans les régions sahéliennes au cours de ces derniers siècles.

Pour le Soudan occidental, le matériau permettant de connaître l'histoire des famines et des épidémies est celui que nous venons d'examiner. En ce qui concerne le Soudan Central, nous disposons de renseignements analogues grâce aux *Chroniques de Kano, Agadez et Bornu*.

Les Chroniques d'Agadez font état de grandes calamités. Les deux grandes famines évoquées dans le texte que rapporte I. Urvoy (17) ont eu lieu dans la deuxième moitié du XVIIe siècle. La première a été occasionnée par "le manque de pluie" et des guerres intestines au cours des années 1696-97 :

> Alors Dieu fit descendre sur les gens qui se battaient, le meurtre, la calamité, les guerres, le combat et le manque de pluie (...). Alors tombèrent sur eux les guerres, les famines, la désolation, la peur et des afflictions (...). (18).

La deuxième fut consécutive à une grande inondation :

> En l'an 1110 (1669), Dieu envoya la pluie et un nuage sur nous avec tant d'abondance (...). La pluie détruisit beaucoup de maisons. J'ai entendu des lettrés dire qu'il y eut 300 maisons et plus détruites. (19)

Les calamités les plus anciennes sont rapportées par les chroniques des souverains du Kanen Bornu (20). Ces documents mentionnent :

* Pour le XVIe siècle :
  — entre 1543 et 1551, une grande famine appelée "*Bu-Ihagana*" sous le règne de Dunama Muhamed,
  — entre 1560 et 1568, sept années de sécheresse et de famine (appelée "*Sima-Azadu*") pendant le règne d'Abdula Muahamed,

* Pour le XVIIe siècle :
  — entre 1664 et 1680, une famine appelée "*Dala-Dama*".

* Pour la fin du XVIIe siècle et le début du XVIIIe siècle :
  — une période de sept années de sécheresse et de famine pendant le règne de Dunama Ali,

(17) I. Urvoy, "Les chroniques d'Agadez", *J.S.A.*, t. IV, 2, 1934, p. 145-177.
(18) *Idem*, p. 150.
(19) *Ibid*, p. 170.
(20) "Tawarikh Saltin Bornu", *D.M.G.: Northern History Research*, Ahmadu Bello University, trad. Abudlahi Smith. "Diwan of Sultan of Bornu", in H.-R. Palmer, 1937.

Tableau II

DONNÉES COMPARÉES DES ANNÉES DE FAMINE ET D'ÉPIDÉMIE DANS PLUSIEURS RÉGIONS SAHÉLIENNES
(F = Famine ; E = Epidémie ; *Kafi* = nom local)

XVIe	KANO	BORNU	TOMBOUCTOU	
1500				
1510				
1520				
1530			1536 (E)	
1540	1543-51		Kafi 1548 (E)	
1550			1551 (E)	
1560		1561-68 (F) Sima-Zadu		
1570				
1580	1582-1618 (F)		1582-83 (E)	
1590			1592 (E)	
1600				

XVIIe	KANO	BORNU	TOMBOUCTOU	AGADEZ
1600				
1610			1616 (F) 1617 (F)	
1620				
1630			1639-43 (F)	
1640		1644-80 Dala-Dama		
1650			1657-59 (E)	
1660			1669-70(F+E) Tali	
1670				
1680			1688 (E)	
1690	1690 (F)		1695 (F) Bashi	1696 (F)
1700		1699 (F)		1699 (F)

XVIIIe	KANO	BORNU	TOMBOUCTOU	
1700			1704 (F+E) Bana-Fasa	
1710			1711-17 (F) Mina-Kikoi	
1720			1721-22 (F) Karba-Kornu	
1730	1738-56 (F+E)	1739-49 (F)	1738-56 (F) Bari-Bouri	
1740		1747-50 (F)	1741-44 (F)	
1750			1758-59 (E)	
1760			1762-66 (E)	
1770			1776-81(F+E)	
1780	1780-90 (F)	1781-... (E)	1786 (E)	
1790	1793-95 (F)			
1800				

XIXe	KANO	WALATA	TICHIT	
1800	1807 (E)	1804-05 (E)		
1810		1812-13 (E)	1810-11 (F)	
1820		1821-22 (F) 1822-23 (E) Kartoum 1823-26 (F) Hafsa	1822-23 (E)	
1830	1830 (F)	1830-31 (E) 1833-34 (F) Cherouag		
1840	1847 (F) Dawara			
1850	1855 (F) Banga-Banga	1854-55 (F)		
1860	1863-68	1861-62 (E) 1864-65 1865-66 (E) 1869-70 (E)	1861-62(F+E) 1865-66 (F) 1866-67 (E) 1869-70 (E)	
1870	1872-73 (F) Daura (Malali)	1870-71 (E) 1879-80 (E)	1872-73 (F) Limkabul	
1880	1884 (F) 1888-89	1880-81 (E) Froissed 1884-85 (E) 1888-89 (F)	1888-89 (E)	
1890	1890 Ci-Koriya 1899(Katsina) = Tashi-Namaka (Daura) = El-Komanda	1893-94 (F) 1894-95 (E) 1896-97 (E) 1898-99 (E)	1889-90 (F) 1890-91 (F) 1892-93 (F) Arandanet 1896-97 (E) 1900-01 (E)	

* Pour le XVIIIe siècle :

— entre 1744 et 1749, une famine appelée "*Ali-Shuwa*".

— entre 1747 et 1750, une famine sous le règne de Dunama Gana.

Quant à la *Chronique de Kano*, elle mentionne plusieurs années de famine entre les XVIe et XIXe siècles (21). Pendant le règne de Muahamed Zaki, il y eut une famine qui dura onze ans, entre la fin du XVIe siècle et le début du XVIIe siècle (entre 1582 et 1618). La deuxième grande calamité mentionnée dans la chronique de Kano eut lieu entre 1740 et 1750. Elle fut occasionnée par une dizaine d'années d'insuffisance de pluies. En 1790, une grande famine, qui toucha tout le Soudan Central du Sahara au pays Hausa et du fleuve Niger au lac Tchad, fut à l'origine de grandes migrations de populations de l'Aïr vers les Etats Hausa. Au cours du XIXe siècle, plusieurs famines ont été enregistrées dans cette région. Les plus sévères furent celle de 1847 appelée "*Dawara*" et celle de 1855 appelée "*Banga-Banga*". Cette dernière est considérée de loin comme la calamité la plus catastrophique qu'ait connue la ville de Kano au cours du XIXe siècle :

> For thirty days and nights at a time nogero, dawa, wheat or rice were to be had at Kano, people ate vultures. (22)

Cette famine a été causée par une grande sécheresse. D'autres famines relativement sévères eurent lieu en 1863, 1864, 1873, 1884, 1889 et à la fin du siècle dernier, vers les années 1890-92, une autre sécheresse occasionna une famine.

Nous venons d'exposer les principaux repères chronologiques relatifs aux famines et épidémies contenus dans les chroniques anciennes de l'Afrique Sahélienne. Les informations sont d'inégale importance d'un siècle à un autre, et d'une tradition à une autre. Peut-on à partir de ces fragments épars de séries chronologiques porter un jugement d'ensemble sur le nombre, le rythme et les conséquences démographiques des calamités naturelles de l'ensemble de la zone sahélienne ? Certainement non. Mais ces différentes traditions ont le mérite d'exister. Elles ont fait état d'un grand nombre de famines et épidémies dont les effets conjugués ont indiscutablement occasionné des pressions démographiques majeures. Une juxtaposition des différentes séries chronologiques permet de constater qu'en effet un certain nombre de crises (les crises majeures notamment) ont atteint aussi bien les régions situées en bordure du Sahara que celles situées dans des zones beaucoup plus au sud, comme le montre le tableau II.

Ce tableau récapitulatif des différentes calamités sur l'ensemble de la zone sahélienne sur quatre siècles permet de dégager quelques remarques générales. Toutefois, la nature des sources d'information et l'étendue de l'espace géographique considéré incitent à ne pas perdre de vue les limites de ce type de données :

(21) H.-R. Palmer, *Kano Chronicle*, 1928.
(22) *Idem*.

* Aucune des traditions écrites ne couvre l'ensemble de la région : il s'agit de manuscrits locaux. Les chroniques de Tombouctou comme celles de Kanem Bornu s'estompent au milieu du XVIIIe siècle. La chronique d'Agadez n'évoque que deux calamités dans la deuxième moitié du XVIIe siècle. La chronique de Kano, qui semble la mieux fournie, ne donne aucun renseignement sur le XVIIe siècle.
* Il existe une grande disparité régionale au niveau des contenus de ces chroniques. Les chroniques du Soudan Central (Kano, Bornu) ne mentionnent pratiquement pas d'épidémies (deux années d'épidémies pour vingt-trois années de fléaux signalés en quatre siècles). A l'inverse, pour Walata et Tichit, on dénombre pour le seul XIXe siècle vingt-deux années de fléaux dont quinze années d'épidémies et six années de famines. Une telle disparité laisse supposer des lacunes dans l'enregistrement des calamités.

En dépit de ces lacunes, la juxtaposition de ces différentes séries chronologiques d'origines diverses présente quelque intérêt :
* On note une complémentarité dans le temps entre les chroniques de Tombouctou et de Walata d'une part, et celles de Kano du Bornu d'autre part. Cette complémentarité entre séries chronologiques de régions voisines permet d'avoir un registre contenu sur quatre siècles.
* Quelques grands fléaux ont été signalés par deux ou trois de ces chroniques anciennes. On peut penser qu'il s'agit de sécheresses, famines ou épidémies générales et zonales : famine des années 1543-50 ; famine et épidémie de la fin du XVIe siècle (1582-83) ; famine de la fin du XVIIe appelée *Bashi* dans la boucle du Niger (1690-99) ; famine et épidémie entre 1780 et 1786 ; grande épidémie du début du XIX siècle (1804-07) ; grande famine du milieu du XIX siècle appelée *Banga-Banga* à Kano ; grande famine suivie d'épidémie appelée *Malalia* (Daura) et *Limkabul* (Tichit) (1872-73) ; famine et épidémie des années 1880 appelée *Yarmani* (Katsina) et *Foissed* (Walata) ; grande période de crise démographique à la fin du siècle dernier appelée *Ci-Korya* (Kano), *Elcomanda* (Daura), *Tashi-Namaka* (Katsina), *Arandanet* (Tichit).

Ces données ne permettent pas d'établir des cycles de calamités périodiques susceptibles de se reproduire à une période donnée. Enfin, malgré la multiplicité des fléaux enregistrés au cours du XIXe siècle, les seules informations tirées des chroniques ne permettent pas de conclure que cette période a été plus affectée par les calamités que les époques antérieures ou postérieures. D'après ces données, le XIXe siècle témoigne d'une grande vulnérabilité écologique. Ce constat ne peut attester une situation de crise démographique généralisée que lorsqu'il est confirmé par d'autres sources, en l'occurrence les récits d'exploration et les enquêtes orales pour lesquelles l'essentiel des informations ne concerne que la période postérieure à 1870.

Chapitre 3

FAMINES ET ÉPIDÉMIES DEPUIS 1870

Le savoir historique des populations du Sahel s'inscrit en général dans une trame chronologique à trois espaces :

* Le premier, celui de la période historique relativement récente, est celui que détermine l'arrivée des Européens (années 1890). L'événement repère dans plusieurs régions est le passage de la Mission Voulet-Chanoine ("*Sar-Sar*").

* Le deuxième est celui qui englobe tous les souvenirs encore présents dans la mémoire collective mais antérieurs à la conquête coloniale. Il s'exprime par l'expression "*Zaa Anna Saarey mana ka*" ou avant l'arrivée des Blancs.

* Le troisième espace temporel est celui qui comporte des événements qui échappent à la mémoire collective. Ce temps est exprimé par la formule "*Zaa dôn borey waate*" ou l'époque des gens d'autrefois.

Toutes les calamités que nous avons pu recenser rentrent dans les deux premières trames chronologiques. A l'échelle familiale, ou pour les faits qui concernent le groupe (le lignage, le clan ou la communauté villageoise) ou "*Iri*", la conception Zarma-Songhay distingue un certain nombre de phases à l'intérieur des deux premiers temps historiques :

* Les famines ayant eu lieu à l'époque des ancêtres (ancêtres au sens d'ascendants au-delà du grand-père, les hommes du siècle précédent, "*Hanga si wamey waate*" ou époque des arrières-grands-parents).

* Les famines ayant eu lieu à l'époque des grands-parents, "*Iri kaayey waate*" ou époque de nos grands-pères.

* Les famines ayant eu lieu à l'époque coloniale, "*Anna Saarey waate*" ou époque des Blancs (étant entendu qu'une grande majorité d'informateurs a vécu les premières années du système colonial).

* Les famines de la période post-coloniale, "*Bon duure waate*" ou époque des indépendances.

C'est selon ce découpage que nous avons établi une série chronologique des famines et des épidémies. Interprété du point de vue occidental, cela nous donne trois espaces temporels :

* Les famines ayant eu lieu avant 1900 (de 1870 à 1900, si l'on ne doit tenir compte que de l'espace qui est l'objet de repères chronologiques).

* Les famines de la période coloniale (1900-1960).

* Les famines ayant eu lieu depuis 1960.

Le répertoire qui suit est une chronologie de l'histoire paysanne sur les famines et épidémies. De ce fait, elle repose sur les sources orales. Les archives coloniales et les récits de voyage sont utilisés comme sources complémentaires. Les sources écrites permettent de lever les équivoques ou pallier les insuffisances surtout au niveau de la première trame chronologique.

A. Les grandes calamités de l'époque pré-coloniale

Dans la nomenclature des grandes calamités connues par les populations du Sahel, un certain nombre de termes renvoient à des événements qui ont eu lieu entre 1870 et 1900. Nous ne nous attardons que sur les plus significatifs d'entre eux ; nous nous contenterons de signaler seulement les autres.

a) La famine des calebasses ou "Gaasu-Borgu" *(1870)*

Entre 1870 et 1900, l'information la plus reculée concerne une famine appelée partout la famine des calebasses : "*Gaasu-Borgu*" (1) pour le Zarma de l'Ouest du Niger, "*Gaasa-Jiire*" (année de la calebasse) pour les Songhay de Gao et Tombouctou (2), "*Ci-Korya*" (manger la calebasse) pour les Hausa (Niger, Nigéria). Partout, elle est présentée comme la plus implacable des calamités que les populations du Sahel ont connues. Deux informateurs sur trois ont évoqué l'événement ; très peu d'entre eux ont fourni des détails permettant de situer la famine dans son contexte historique. Etymologiquement, "*Gaasu*" est le nom d'une plante (Bahina reticulata) de contre-saison très répandue au Sahel. "*Borgu*" veut dire briser ou piler dans un mortier pour obtenir une farine. Le concept Hausa l'associe à l'idée de manger "*Ci-Korya*" (manger la calebasse) (3). Sur environ une centaine de personnes interviewées

(1) Enquête orale.
(2) Enquête orale.
(3) Enquête orale.

sur les famines du passé, deux seulement ont fourni des repères chronologiques qui nous ont permis de dater cet événement. Le premier témoignage provient d'une vieille femme âgée d'environ cent cinq ans au moment de l'enquête (4). L'événement serait intervenu une dizaine d'années avant sa naissance aux dires de ses parents dont elle détient les informations. Le deuxième témoignage provient d'un informateur qui a fait une relation avec des faits liés à l'histoire locale et des éléments extérieurs à sa communauté. D'après son témoignage, la famine aurait sévi quatre-vingt-onze ans jour pour jour après la création de son village natal (aujourd'hui la ville de Téra dans l'Ouest du Niger). Au moment de l'enquête, la ville avait deux cent cinq ans. S'agissant du même événement, l'informateur affirme que son grand-père lui aurait vaguement parlé d'une calamité intervenue une vingtaine d'hivernages après que le bruit eût couru dans tout le Sahel à propos du passage d'un "*Anna Saarey*" (5), se faisant passer pour un musulman arabe se rendant à Tombouctou (6). L'information remonterait à trois ou quatre générations sans que l'on puisse affirmer si le témoin oculaire de l'événement fut le grand-père ou l'arrière-grand-père du sujet interrogé (7). Tous les autres témoignages se contentent de citer l'événement comme le plus ancien et le plus meurtrier dont ils ont entendu parler. D'après ces deux témoignages, "*Gaasu-Borgu*" (la famine des calebasses) remonterait à 1870. Au cours de cette famine, la pénurie en grain fut telle qu'il ne restait que les calebasses (ustensile de ménage obtenu à partir du fruit du calebassier) comme moyen de subsistance. Le récipient (utilisé en milieu sahélien pour conserver ou consommer les aliments) est pilé dans un mortier pour obtenir une farine mélangée à certaines feuilles puis consommée après cuisson sous forme de pâte alimentaire. C'est en ces termes que la tradition orale restitue le souvenir de cette famine.

M. Watts, qui a consacré un ouvrage à l'histoire climatique et l'évolution de la situation alimentaire au Nigéria du Nord, a situé une famine du même nom vers 1890 (8). De son côté, H.-A. Sidikou, se basant sur des informations orales recueillies dans l'Anzuru et le Zarmaganda (Ouest du Niger), indique seulement qu'elle est antérieure à 1896 (9). La seule référence à cette famine à travers les sources écrites que nous avons consultées dans un document d'archives s'intitule : *Calendrier historique de la région de Niamey (Niger)*. Dans ce document, on peut lire : « Vers 1870, grande famine surnommée "*Gaasu-Borgu*" » (10). Aucun doute n'est permis, la famine appelée "*Gaasu-Borgu*" a bien eu lieu vers les années 1870. On ne dispose d'aucun indice sur ses conséquences démographiques ; mais plusieurs personnes interrogées estiment qu'après "*Gaasu-Borgu*", il n'y a pas eu de famines comparables

(4) Enquête orale.
(5) Terme Zarma-Songhay pour désigner le Blanc en général, l'Européen en particulier.
(6) Il s'agissait, on ne peut en douter, de l'explorateur H. Barth qui passa dans la région en 1853.
(7) Enquête orale.
(8) M. Watts, *Silence violence*, C.U.P., 1983, p. 206.
(9) H.-A. Sidikou, "Sédentarité et mobilité entre Niger et Zgaret", *Etudes nigériennes*, n° 34, ERSH, n° 4, p. 26.
(10) Anonyme, *Calendrier historique de la région de Niamey*, Archives Nationales.

exceptées celles des années 1913-14 et 1972-73, tant du point de vue de l'intensité de la crise que des espaces géographiques touchés.

Après cette grande famine appelée "*Gaasu-Borgu*" (calebasse) dont on peut, avec une quasi certitude, dire qu'elle a concerné, sinon toutes les régions du Sahel Occidental, du moins l'ensemble de la boucle du Niger, aucun événement de large envergure n'est rapporté par les sources dont nous disposons, avant la fin des années 1880 et le début des anées 1890. Par endroits, des fléaux à caractère local sont mentionnés. C'est probablement le cas d'une famine dont font état les sources orales recueillies à Ouahigouya dans la province du Yatenga (Burkina-Faso). Elle porte le nom du souverain de l'époque *Wobga* ou *Woboga*. La famine serait consécutive à une grande inondation suivie de sécheresse :

> La saison commença avec une très grande pluie torrentielle qui dévasta tout sur son passage : arbres, greniers, troupeaux, etc. Tout le royaume fut inondé ; puis la sécheresse s'installa quelques temps après et la famine s'étendit sur tout le royaume et même au-delà (...). (11)

Le règne du Naaba Yatenga Wogoba se situant de 1877 à 1884 (12), l'information est vraisemblable.

b) La grande épizootie bovine des années 1888-1894

Toutes les personnes interrogées considèrent cette calamité comme la plus grande hécatombe qu'ait connu le cheptel sahélien. Aucun témoin n'a connu cette calamité. Dans l'Ouest du Niger, le terme le plus couramment utilisé pour désigner cette épidémie est "*Sannu*" (salut en Hausa).

> Mon père qui a connu cette maladie des bœufs nous racontait qu'un des bergers du chef s'est jeté dans un puits en voyant périr un troupeau tout entier (...), un autre est devenu fou (...). (13)

Selon D. Laya, le terme équivalent utilisé par les Peul est "*Mbouwa*" (irrésistible) (14). En pays Songhay, nos informateurs utilisent le terme "*Buna*" pour désigner cette maladie qui serait venue de l'Est (direction de La Mecque), une dizaine d'années environ avant l'arrivée des Blancs (15). Selon ces mêmes témoignages, un Peul qui avait perdu trois cents bœufs est parti au Ghana, il n'est plus revenu...

Cet événement est rapporté par un grand nombre de sources écrites :

> Entre 1891 et 1892, une épizootie très grave détruisit le cheptel de l'A.O.F. Au Soudan, dans le territoire militaire du Niger, en Haute-Volta, plus de 90 % du cheptel fut détruit. (16)

---

(11) Enquête orale.
(12) M. Izard, "Les captifs royaux dans l'ancien Yatenga", *L'esclavage en Afrique Noire*, op. cit., p. 283.
(13) Enquête orale.
(14) D. Laya, *op. cit.*, p. 7.
(15) Enquête orale.
(16) J. Malfroy, "Peste bovine en A.O.F.", *B.C.E.H.S.*, 1927, n° 1, p. 80.

Dans le Macina, cette épizootie fut si meurtrière que des peuples essentiellement nomades sont devenus agriculteurs. (17).

Le témoignage oculaire le plus accablant sur cette épizootie est fourni par le Colonel Monteil :

> Mes animaux, bœufs et bourricots, jalonnent la route de leur cadavre. Ce dont je m'étonne est de voir des animaux sains la veille mourrir le lendemain (...). J'ai eu enfin l'explication : il règne dans tout le pays de l'Est une épizootie terrible qui anéantit en quelques heures des parcs les plus nombreux et les plus prospères (...). J'avais perdu dès mon arrivée à Dori (Haut-Sénégal, Niger puis Haute-Volta) la totalité de mes animaux (...). J'ai eu l'occasion de m'entretenir avec plusieurs hommes d'un certain âge et l'un d'eux me disait que de mémoire de Peul, on n'avait pas vu pareille hécatombe de bétail. La mortalité est impossible à chiffrer ; les parcs de cent à six cents bœufs sont réduits à dix, vingt, quarante au plus (...). (18)

Ce témoignage confirme l'origine et le caractère exceptonnel de la maladie. La durée de cette épizootie varie selon les sources. Il est probable qu'elle a duré assez longtemps comme le suggèrent les témoignages recueillis par D. Laya (1887-1894) (19). Les nombreuses régions touchées expliquent sa persistance et sa durée. L'épizootie a été signalée en Ethiopie vers 1888 (20), au Tchad en 1889 (21). Dans la boucle du Niger, les pertes les plus importantes ont eu lieu entre 1890 et 1892 (22).

Au plan démographique, du point de vue des populations Peul et Touareg, cette période fut la plus catastrophique pour le bétail. Un éleveur sur deux a pu conserver quelques têtes sur un troupeau de plusieurs dizaines.

> Pour trouver un taureau, il fallait effectuer deux jours de marche, c'est-à-dire courir une distance de quarante kilomètres (...). Les pertes ont été si élevées que lorsqu'ils entendent une génisse beugler dans la brousse, les Peul partent tous à sa rencontre. (23)

C'est en ces termes que les populations estiment les pertes occasionnées au cours de cette calamité. Une appréciation qui laisse penser à une extermination de plus de 95 % du cheptel. Elle est très proche des évaluations faites par le Colonel Monteil et J. Malfroy :

> Dans le territoire militaire du Niger, en Haute-Volta et au Soudan, plus de 90 % du cheptel fut détruit (...). Dans l'ensemble de l'A.O.F., les pertes atteignent 99 % (...). (24)

---

(17) E. Bernus, "Exploitation de l'espace et désertification", in *T.I.G.R.*, n° 39-46, 1979, p. 52.
(18) Colonel Monteil, *De Saint-Louis à Tripoli par le Tchad*, Alcan, 1894.
(19) D. Laya, *op. cit.*, p. 12.
(20) C.-A. Wood, "A preliminary chronology of Ethiopian droughts", in *Drought in Africa II*, *op. cit.*
(21) H. Plote, *L'Afrique sahélienne se dessèche-t-elle ?* B.R.G.M., 1974, p. 22.
(22) M. Malfroy, "La peste bovine", *op. cit.*, p. 98.
(23) Source orale recueillie par D. Laya, *op. cit.*, p. 6.
(24) M. Malfroy, *op. cit.*, p. 90.

Les populations nomades ont pu surmonter cette crise en raison d'une situation alimentaire beaucoup moins catastrophique. Les différentes sources ne font pas état de pénurie alimentaire. Bien au contraire, pour cette période, plusieurs témoignages basés sur des récits de voyages notent une amélioration des conditions pluviales à une échelle très vaste depuis 1878. Concernant la boucle du Niger, le Lieutenant Villate notait :

> Pendant les années qui suivirent le passage du voyageur Lenz, les crues exceptionnelles remplirent le lac Faguibine. Ce fut à cette période qu'on eut les plus belles récoltes. (25).

Pour reconstituer le cheptel décimé, les Peul du secteur oriental du Sahel se sont rendus jusqu'en Adamawa (Nord-Cameroun) et ceux du secteur occidental se ravitaillèrent dans le Borgu (Nord-Dahomey) (26).

Pour nous résumer, on peut dire que pour les années 1880 et le début des années 1890, si l'on fait abstraction des phénomènes locaux (sécheresses dans le Hoggar mentionnées par H. Plote et E. Bernus), l'événement majeur fut la grande épizootie bovine pour laquelle les sociétés pastorales payèrent un lourd tribut. Au plan alimentaire, à partir des années 1870, les observateurs notent une nette amélioration des conditions : "On peut admettre que l'optimum est atteint avant 1895 (27). Mais à partir de 1895, on assiste à un renversement de la situation, c'est-à-dire à l'apparition d'une succession d'années déficitaires au plan de la pluviométrie, et des années de crises alimentaires mentionnées à travers les sources orales et les premiers rapports des administrateurs coloniaux.

B. FAMINES ET ÉPIDÉMIES DEPUIS 1900

Entre 1895 et 1905, seul le cercle de Tombouctou dispose à cette époque d'informations assez précises sur le déroulement de la campagne agricole. Les traditions historiques de Gao font état d'une famine appelée *"N'Garfu"* (Tribulus Firrestus) du nom de la graminée qui a servi d'aliment de substitution au cours d'une famine que les informateurs ont située vers 1895 (28). Au plan météorologique, nous avons souligné que plusieurs sources concordent pour désigner l'année 1896 comme la première à avoir accusé un déficit pluviométrique important depuis l'implantation du réseau en A.O.F.

Dans son rapport agricole, le Commandant du cercle de Tombouctou évoque :

> une récolte de mil et de riz très compromise par la sécheresse (...), il y aura une grande perte pour le pays. Dès maintenant, on peut penser à une diminution de 50 % des prévisions agricoles. (29)

---

(25) Lt Villate, "Le régime des eaux dans la région lacustre de Goundam", *La géographie*, t. XXX, n° 3, p. 161-187.
(26) E. Bernus, *op. cit.*
(27) H. Plote, *op. cit.*, p. 22.
(28) Enquête orale.
(29) *Rapport politique annuel de l'année 1896*. Archives Nationales de France, service des microfilms, 2G1-16 200 MI 1617.

De son côté, le Lieutenant de Vaisseau Hourst, qui descendit le Niger de Tombouctou à Say, à la tête d'une mission hydrographique, a souligné cette situation alimentaire préoccupante :

> (...) il continue de ne pas pleuvoir sur Say (...), les sauterelles se mettent de la partie ; la récolte est compromise. Mais à quelques chose malheur est bon ; les "*Kwara-Boro*" (Songhay) se précipitent armés de bâtons au plus épais du nuage, frappant de ci, battant de là, pendant que les petits enfants ramassent dans leur boubous relevé les insectes abattus dont ils assaisonneront un merveilleux couscous... (30)

Dans les années qui suivent, les différents rapports administratifs n'évoquent aucune difficulté alimentaire comparable à celle de 1896. A Say, Tombouctou, Sumpi, Goundam, les rapports concernant la situation agricole, économique et commerciale font même état "de récolte excellente et d'abondance de grains sur les marchés pour les années 1897, 1898" (31). Il faut attendre les premières années du XXe siècle pour que les rapports évoquent à nouveau une situation de famine. En effet, entre 1901 et 1903, dans de nombreuses localités de la boucle du Niger, la situation alimentaire fut très critique. La famine qui prit le nom de "*Ize-Nere*" (vente des enfants) dans l'Ouest du Niger a incontestablement touché une partie très importante du Sahel. A Tombouctou, il y eut deux années consécutives de mauvaises récoltes (32). Dans le Liptako (33), le Zarmaganda, à Bandiagara (Mopti), la sécheresse et les vols de criquets ont occasionné de mauvaises récoltes et "les populations furent dans l'impossibilité de payer l'impôt" (34). Nous reviendrons beaucoup plus en détail sur la situation alimentaire dans les premières années de l'occupation coloniale (1899-1903). Plusieurs témoignages concordent pour considérer les années 1904 et 1905 comme des années prospères. A Dori comme à Gao, les administrateurs notent avec satisfaction, que pour la première fois depuis l'occupation militaire, l'impôt est complètement rentré en raison de pluies abondantes et d'une bonne récolte...

Dans la période allant de 1895 à 1905, les populations du Sahel ont connu deux périodes difficiles d'inégale importance : l'année 1896 et les années 1900-1903. Ces dernières ont été d'autant plus difficiles qu'elles correspondent aux premières années d'implantation du système colonial. Entre 1906 et 1909, une épizootie bovine, que les Mossi du Yatenga appellent "*Nagatanga*", est signalée dans plusieurs cercles (35).

La décennie 1910-1920 a été marquée par deux événements majeurs :

* Entre 1912 et 1916, la région a enregistré plusieurs fléaux : à l'extrême sécheresse qui a touché toute la bande soudano-sahélienne de l'Atlantique à

(30) Lt de Vaisseau Hourst, *La mission Hourst : sur le Niger et en pays Touareg*, Plon, 1898, p. 360.
(31) A.N./S.O.M., P.T.M.N., *Rapport annuel 1988*, sous-série 2G1-13 200 MI 1615.
(32) *Idem.*
(33) A.N./S.O.M., P.T.M.N., *Rapport politique 1900*, sous-série 11G 200 MI 855.
(34) A.N./S.O.M., P.T.M.N., cercle de Doungou, *Rapport mensuel 1901*, sous-série 2G1-15 200 MI 1617.
(35) J.-Y. Marchall, *op. cit.*, p. 36.

la mer Rouge, s'est ajouté un certain nombre d'épidémies (pestes bovines, varioles, etc.) (36).

* La deuxième grande calamité de cette période est la grippe espagnole intervenue en 1918. Elle est évoquée dans tous les témoignages (sous l'appellation de "*Hungumo*" ou rhume du cerveau) à Niamey, Tillabéry, Tombouctou et Gao. Les pertes en vies humaines sont comparées à celles d'une grande famine. Elle aurait été précédée quelques années auparavant par une épidémie de peste humaine qui serait à l'origine de la dispersion d'un grand nombre de villages dans la région de Say (Niger) (37). Cette information recoupe les renseignements recueillis auprès de Touareg dont les calendriers historiques font état "d'une année des rats", "*Ewatey wa n Kotein*" (38) en 1916-1917. Les populations du Sahel font un rapport entre la première guerre mondiale et cette épidémie de grippe. Selon plusieurs témoignages, ce serait les gaz provenant des canons qui infestèrent l'atmosphère : "En respirant l'air provenant de ces régions, on attrape la maladie" (39) ; "Ce sont les anciens combattants, de retour de la guerre, qui ont amené la maladie", pensent les autres (40). A l'échelle africaine, cette épidémie, issue de la première guerre mondiale, est considérée comme la plus grande catastrophe démographique

> (...) à court terme de l'histoire du continent : ni la traite, ni la conquête, ni la méningite, ni même la maladie du sommeil, ne tuèrent autant d'Africains en si peu de temps (...). Au total 1,5 à 2 millions de morts pour l'Afrique Noire, pour une morbidité supérieure à 50 %. (41)

Une étude sur cette maladie permettrait de comparer les conséquences démographiques d'une grande épidémie à celles des grandes sécheresses catastrophiques du XXe siècle. La morbidité (taux de mortalité très élevé chez les adultes contrairement aux périodes de famine) aurait atteint 50 % (42).

Après la grippe espagnole, d'autres épidémies citées par les populations sont confirmées par les sources écrites : entre 1921 et 1926, une épizootie bovine que les Peul appellent "*Tchara*" ou "*Zagou*" (43) ; de 1930 à 1942, des épidémies de fièvre jaune, variole ou rougeole (44) ; et trois vagues successives de méningite cérébro-spinale ou "*Jinde-Kubi*" (le cou tordu), à la fin des années 1930, au début des années 1940 et au début des années 1950 (45).

Les années de famines sont mieux connues que celles des épidémies. Le début des années 1920 apparaît à travers les sources orales comme une

---

(36) A.N.S., Niger, *Rapport annuel 1913*, sous-série 2G13-4.
(37) Enquête orale.
(38) F. Nicolas, *op. cit.*, p. 81.
(39) Enquête orale.
(40) Enquête orale.
(41) C. Coquery-Vidrovitch, *op. cit.*, p. 60.
(42) *Idem.*
(43) D. Laya, *op. cit.*, p. 60.
(44) A.N./S.O.M., Soudan : Carton 354 ; Niger : Carton 169. L'épidémie de fièvre jaune a obligé les autorités coloniales à placer les régions de Niamey, Fada et Gourma sous surveillance sanitaire. Des pertes importantes ont été enregistrées à Ansongo, Gao, Dori, Tillabéry, Dosso et Niamey.
(45) O. Hamadou, *op. cit.*, p. 52.

période de pénurie. Les indices de crise alimentaires sont cependant rares à travers les témoignages écrits. Dans une correspondance adressée au Gouverneur Général de l'A.O.F., le Gouverneur Blacher cite les années 1921-22 comme ayant été difficiles (46). En outre, les rapports agricoles du cercle de Ouahigouya mentionnent pour cette même période une disette consécutive à une sécheresse (47). Dans la chronologie des famines fournies à Tombouctou, l'année 1921 est appelée "*Bunga-Jiire*" (48). Dans l Ouest du Niger, plusieurs témoignages font référence aux années 1921-22. La famine est appelée tantôt "*Lato-Jiire*" (l'année du sac en jute) (49), tantôt "*Hawgara-Jiire*" (l'année du sac en jute) ou encore "*Gurma-Hara*" (la famine du Gourma ou famine de la rive droite), en raison de l'afflux massif de populations dans le Gourma qui a produit suffisamment. Cette pénurie n'est mentionnée que par un informateur sur trois en moyenne. En revanche la situation difficile du début des années 1940 apparaît dans presque la totalité des témoignages. Toutefois, aucun informateur ne l'a comparée à celle des années 1913-14 ("*Gande-Beri*") ou même à celle des années 1931-32, "l'année des criquets" ("*Doa-Jiire*"), qui est également une crise alimentaire ayant fortement marqué les populations sahéliennes (voir chapitre VIII) (50).

Selon une information recueillie à Niamey, la pénurie constatée dans les années 1940 est consécutive à l'effort considérable demandé aux populations rurales pour ravitailler les villes nécessitant beaucoup de vivres à cause de la guerre et des recrutements militaires (51). Ce témoignage rejoint l'hypothèse défendue par M. Watts, selon laquelle cette pénurie provient pour l'essentiel des demandes excessives en grains dont les populations ont été l'objet pendant la guerre. S'agissant des causes de la famine des années 1943-44 dans les provinces de Kano, Sokoto et Katsina (Nord-Nigéria), il écrit :

> Rather than a welle defined meteorological failure, the 1943 famine was in the broadest sense precipitated by wartime economic pressures that placed excessive demands on domestic food stuffs. (52)

Dans la province du Katsina, la famine est attribuée aux agissements du Sultan de l'époque Dikko, qui aurait obligé les populations à fournir des quantités considérables de grains pour l'effort de guerre (53). Dans la région de Sokoto, les populations donnent le nom de "*Dan-Kurgui*" (le fils de Kurgui), "*Dan-Halimo*" ou "*Yunwar ya Balange*" (54). Cependant, l'interprétation des termes utilisés pour désigner l'événement laisse penser qu'il s'agit d'une disette et non d'une famine. Ainsi en pays Songhay (Niger), les témoignages évoquent la "famine de Gotheye" ("*Gotheye-Hara*"),

(46) A.N.S., NIger, A.P.C. 591.
(47) J.-Y. Marchall, *op. cit.*, p. 97.
(48) Enquête orale.
(49) Enquête orale.
(50) Enquête orale.
(51) Enquête orale.
(52) M. Watts, *op. cit.*, p. 132.
(53) *Idem.*
(54) Enquête orale.

"*Mehanna-Jiire*" (l'année de Mehanna), en raison de l'existence de grains à l'époque sur ces marchés (55). Les concepts Peul et Zarma indiquent également qu'il s'agit d'une soudure difficile. Les termes "*Bureti*" (utilisé à Mopti) et "*Kona*" (utilisé chez les Zarma de Dosso et Niamey) sont généralement employés quand il s'agit de crise alimentaire localisée. Chez les Zarma du Boboye (Niger), la famine des années 1940 est appelée "*Yeda-Kona*" (le ravitaillement de Yeda ou la disette de Yeda du nom d'un autre marché de céréales de l'époque) (56). La particularité de la situation des années 1941-44 est, qu'en dépit du déficit pluviométrique important constaté au niveau d'un grand nombre de stations, cela ne s'est pas traduit par une crise alimentaire majeure. Dans l'Ouest du Niger par exemple, nos calculs ont montré que l'année 1944 a été très sèche à Tillabéry et à Niamey. De même les stations de Mopti (Soudan) et Ouahigouya (Haute-Volta) ont été très déficitaires. E. Bernus et J. Circoulon aboutissent aux mêmes conclusions (57). Les rapports des administrateurs confirment cette situation. Dans les cercles du Soudan et du Niger, les récoltes qui ont beaucoup souffert de la sécheresse ont été présentées comme largement inférieures aux prévisions :

> A Dori, le mil a souffert à cause de l'arrêt brusque des pluies au moment de l'épiaison (...). A Fada, Gourma et Dosso les récoltes ont été très déficitaires. (58)
>
> Dans le cercle de Tillabéry, la récolte de mil a été très mauvaise et les indigènes ont dû s'adresser aux ressources de brousse pour réaliser la soudure. (59)

La dernière crise alimentaire notable de la période coloniale citée par les populations et largement évoquée à travers les archives coloniales est celle des années 1954-55 connue sous le nom de "l'année de la farine de manioc" ("*Garo-Jiire*") (60). Elle est surtout très connue en pays Zarma et au Nigéria du Nord, où l'expression utilisée est "*Dan-Mudi*" ou "*Dan-Mubi*" (61). Les populations Songhay ne retiennent de cet événement qu'un simple repère chronologique. En Haute-Volta, deux régions ont connu des pénuries alimentaires au début des années 1950. Les sources orales recueillies dans le Yatenga évoquent une année appelée "*Dkyigr*" (étymologie inconnue) (62), que nos informateurs ont située vers 1953-54, et dans l'Aribanda voltaïque en 1953 la région a connu une famine appelée "*Ankokore*" (63). Les sources orales sont contradictoires quant à la cause de cette famine. Un certain nombre de

(55) Enquête orale.
(56) Enquête orale.
(57) E. Bernus, "Les éleveurs face à la sécheresse en Afrique sahélienne, l'exemple nigérien", in *Drought in Africa II, op. cit.*, p. 140. J. Circoulon, "Les données hydropluviométriques de la sécheresse au Sahel", *op. cit.*, p. 85.
(58) A.N.S., A.O.F., *Rapport annuel 1944*, sous-série 2G44-3.
(59) *Idem.*
(60) Enquête orale.
(61) Enquête orale.
(62) Enquête orale.
(63) G. Dupré, "Evolution de l'agriculture dans l'Aribanda : 1875-1983", in *Colloque Nordeste-Sahel*, 1986, p. 3.

témoignages attribuent les mauvaises récoltes à une pluviométrie excédentaire ayant provoqué des inondations (64). D'autres accusent la sécheresse et les acridiens (65). L'année 1953-54 a été effectivement marquée par une pluviométrie exceptionnelle au début d'hivernage qui a favorisé l'apparition de criquets. Le mois de juin a malheureusement connu un déficit qui n'a pas permis au mil d'arriver à maturité. Dans le rapport agricole annuel de l'année 1953, on peut lire :

> A un excès de précipitations succéda une période très mal desservie en eau, du 20 août au 30 septembre la pluviométrie fut trop faible. (66)

Pour faire face à la famine, les autorités coloniales ont importé du Dahomey de grosses quantités de farine de manioc, ou *Gari*, d'où l'expression "année de la farine de manioc". Cette crise alimentaire, à laquelle un nombre important de témoignages ne semblent pas accorder une grande importance, a cependant eu des répercussions en France. Monsieur Debay, Inspecteur Général des colonies, s'est rendu au Niger pour étudier la situation alimentaire. En juin 1954, Monsieur Zodi Ikia, Député, a déposé sur le bureau de l'Assemblée Nationale Française une question orale au Ministre de la France d'Outre-Mer, lui demandant quelles mesures envisageait de prendre son département pour pallier la défaillance de l'administration locale et éviter une aggravation de la disette ainsi que l'exode des populations vers le Nigéria et la Gold Coast (67). L'Assemblée Nationale ne semblait pas être préoccupée par la situation, "La question n'ayant pas été renouvelée, le Ministre n'y a pas répondu (...)" (68). "L'année de la farine de manioc" ("*Garo-Jiire*") marque un grand tournant au niveau des possibilités d'acheminement de vivres en cas de pénurie. Du mil et du *Gari* (farine de manioc) ont pu être transportés à temps pour secourir les régions sinistrées. Ce qui, jusqu'au début des années 1950, n'a pu être possible en raison du niveau rudimentaire du parc automobile et de l'absence de voies praticables.

Le facteur essentiel qui différencie les crises alimentaires d'hier et celles d'aujourd'hui est l'existence d'un réseau routier et des moyens de transport permettant de joindre facilement les régions déficitaires. Les taux de mortalité en période de famine se sont trouvés considérablement amoindris même en période de grande crise alimentaire comme celles des années 1972-73 et 1984-85.

La famine qui éclata en 1972 a été d'abord précédée par plusieurs années mauvaises dont celle de 1966-67 connue au Niger sous le nom de "*Banda-Bari*" (tourner le dos). Un examen des années agricoles permet de constater qu'à partir de 1964-65, la région a connu quatre années déficitaires avant la catastrophe de 1972. Après Bandabari (1966-67), l'année 1968 fut également très déficitaire. Le Niger a enregistré un déficit de près de 70 000 tonnes (69).

(64) Enquête orale.
(65) Enquête orale.
(66) A.N.S., Niger, *Rapport annuel 1953*, 2G53-2.
(67) A.N.S., Niger, *Affaires politiques*, revue trimestrielle des événements, 2G54-170.
(68) *Idem.*
(69) *Le Niger*, Hebdomadaire gouvernemental d'information, 1973.

Mais en 1973, le déficit a atteint 400 000 tonnes selon les estimations officielles (70). En Haute-Volta, le taux de sinistrés a atteint 100 % dans certaines régions. C'est le cas du Yatenga, du Nord plateau Mossi et l'Ouest du Sahel, où le déficit a atteint 50 000 tonnes (71). Un déficit alimentaire comparable a été enregistré dix ans plus tard (1984-85). Le sixième sommet des Chefs d'Etat du C.I.L.S.S., tenu à Niamey en janvier 1984, a jugé le déficit alimentaire sans précédent et la situation très alarmante. Le déficit vivrier global de l'ensemble de la zone a été estimé à 1,6 millions de tonnes (72). Après une seule année de répit en 1985, l'année 1986 ne sera pas meilleure (nous y reviendrons).

Le Sahel semble à jamais installé dans une crise alimentaire permanente.

C. Alternance entre périodes d'abondance et périodes de régression économique depuis la fin du siècle dernier

Les tableaux IV et V sont une synthèse des fléaux mentionnés, dans la majorité des localités visitées, à la fois par les sources écrites et les sources orales. Ils laissent apparaître une corrélation entre, d'une part les grandes sécheresses, les crises alimentaires majeures et les famines, ét les épidémies et/ou invasions acridiennes d'autre part. La comparaison avec des événements intervenus dans d'autres régions sahéliennes ou africaines montre que certains de ces fléaux ont touché non seulement l'ensemble de la zone sahélienne, mais qu'ils ont sévi dans toute la bande sahélo-soudanienne de l'Atlantique à la Mer Rouge.

A l'échelle du Sahel, la figure sur les fléaux permet de délimiter les périodes de crise de subsistance majeure et les périodes d'abondance alimentaire. Dans l'ensemble, les périodes de crise correspondent avec les épisodes pluvieux les plus secs. De même, les périodes d'abondance relative correspondent à des périodes où la pluviométrie a été abondante. Toutefois, la crise au début des années 1930 apparaît comme une exception. Elle intervient à une période où, sans avoir été particulièrement favorables, les conditions pluviométriques n'ont pas été non plus sévères. Cela s'explique par le fait que le facteur dominant dans le déclenchement de cette crise a été l'invasion acridienne, favorisée par les conditions écologiques.

A partir d'une étude très intéressante portant sur le Zarmaganda (Ouest du Niger), H.-A. Sidikou propose une périodisation fondée sur les périodes d'abondance (épisodes pluvieux favorables, périodes de prospérité économique et sociale, tels qu'ils apparaissent à travers les traditions historiques des populations du Zarmaganda) (73). Sur ce thème, ses données concordent avec celles qui nous ont été fournies par nos informateurs. Les populations de cette région distinguent six périodes d'abondance entrecoupées par des années de crise de subsistance :

---

(70) *Le Niger*, Hebdomadaire gouvernemental d'information, 1973.
(71) *Colloque sur les conséquences de la sécheresse sur les stratégies productives*, I.R.S.H., 1975, p. 71.
(72) Document C.I.L.S.S., janvier 1984, in *Sahel Hebdo*, 28 janvier 1984, p. 5.
(73) H.-A. Sidikou, *op. cit.*, p. 152.

Tableau III

CHRONOLOGIE DES GRANDES FAMINES, ÉPIDÉMIES ET INVASIONS ACRIDIENNES DEPUIS 1870

DATE	SECHERESSES ET FAMINES DANS LA BOUCLE DU NIGER	EPIDEMIES	INVASIONS ACRIDIENNES	FAMINES ET EPIDEMIES DANS D'AUTRES REGIONS
1870	Grande famine "Gaasu-Borgu" dans tout le Sahel (famine des calebasses)	Epidémie au Sahel		1869-70 : Famine à Tichit Epidémie de variole à Tichit et à Walata ; Famine en pays Soninké (Sénégal)
1880	1885 : Famine "Wogba" au Yatenga (Nom du roi)	1888-94 : Grande épizootie de boeuf dans tout le Sahel "Sannu"	1888-90 : Grande invasion espèce non identifiée	1884-85 : Variole à Walata 1888-92 : Grande épizootie en Ethiopie, famine en Ethiopie
1890	1896 : Famine signalée au Soudan	1893-94 : Epidémie au Tékrour et au Soudan 1896 : Epidémie de variole (3) à Tombouctou et boucle du Niger	1896-1902 : Invasion du criquet migrateur af.	1893-96 : Famines et épidémies à Walata et Tichit 1896 : Famine signalée au Tchad
1900	1900-03 : Famines dans plusieurs régions du Sahel "Ize-Nere" (vente des enfants)	1906 : Grande épizootie au Yatenga "Nagatanga" et tout le territoire militaire du Niger	1906-09 : Invasion du criquet migrateur	1900-03 : Famines en Ethiopie et en pays Soninké (Sénégal)
1910	1913-14 : Grande famine dans tout le Sahel appelée "Gande-Beeri" (grande poitrine)	1913 : Variole au Soudan et au Niger 1914-16 : Epizootie de boeuf au Sahel 1918 : Grande épidémie de grippe espagnole dans toutes les colonies	1913-19 : Invasion du criquet pèlerin	1913-14 : Grande famine en Ethiopie, famine en pays Soninké (Sénégal), famine signalée au Tchad
1920	1927 : Famines localisées dans plusieurs régions du Sahel	1921 1924-27 : Succession d'années de peste bovine (A,O)	1928-33 : Grande invasion du criquet migrateur dans tout le Sahel	1927-28 : Famine en pays Soninké (Sénégal)
1930	1931-32 : Grande famine dans plusieurs régions du Sahel "Doa-Jiire" ou année des criquets	1932-33 : Grandes épidémies variole/ rougeole dans plusieurs régions 1937-38 : Epidémie de méningite		
1940	1943-44 : Famine dans plusieurs régions "Yeda-Kona" (famine de Yeda)	1941 : Fièvre jaune à Niamey, Dori et Fada 1945-46 : Epidémie de méningite		1944-45 : Famine en pays Soninké (Sénégal)
1950	1955 : Famines locales "Garo" (farine de manioc)	1951 : Epidémie de méningite	1950-62 : Invasions du criquet pèlerin	1953 : Sécheresse et famine en Ethiopie
1960	1965 : Famine "Bandabare" (tourner le dos)			1964-65 : Famine en Ethiopie
1970	1972-73 : Grande famine au Sahel		1974-75 : Invasion du criquet sénégalais	1973-75 : Famine dans toute la zone soudano-sahélienne. Grande famine en Ethiopie
1980	1984-85 : Grande famine au Sahel			
1986			1985-86 : Invasion du criquet sénégalais	

Tableau IV

LES FLÉAUX NATURELS DANS LA BOUCLE DU NIGER
DE 1870 A 1986 :

APPROCHE TEMPORELLE

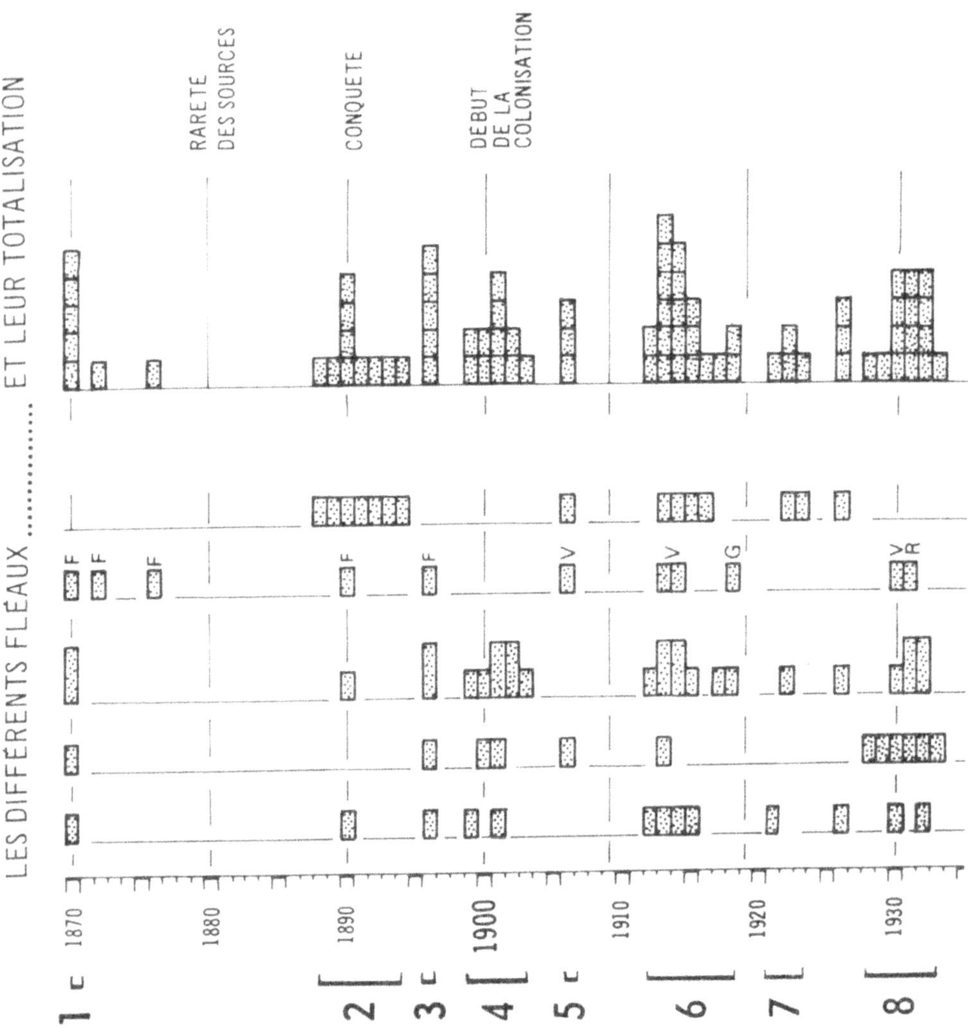

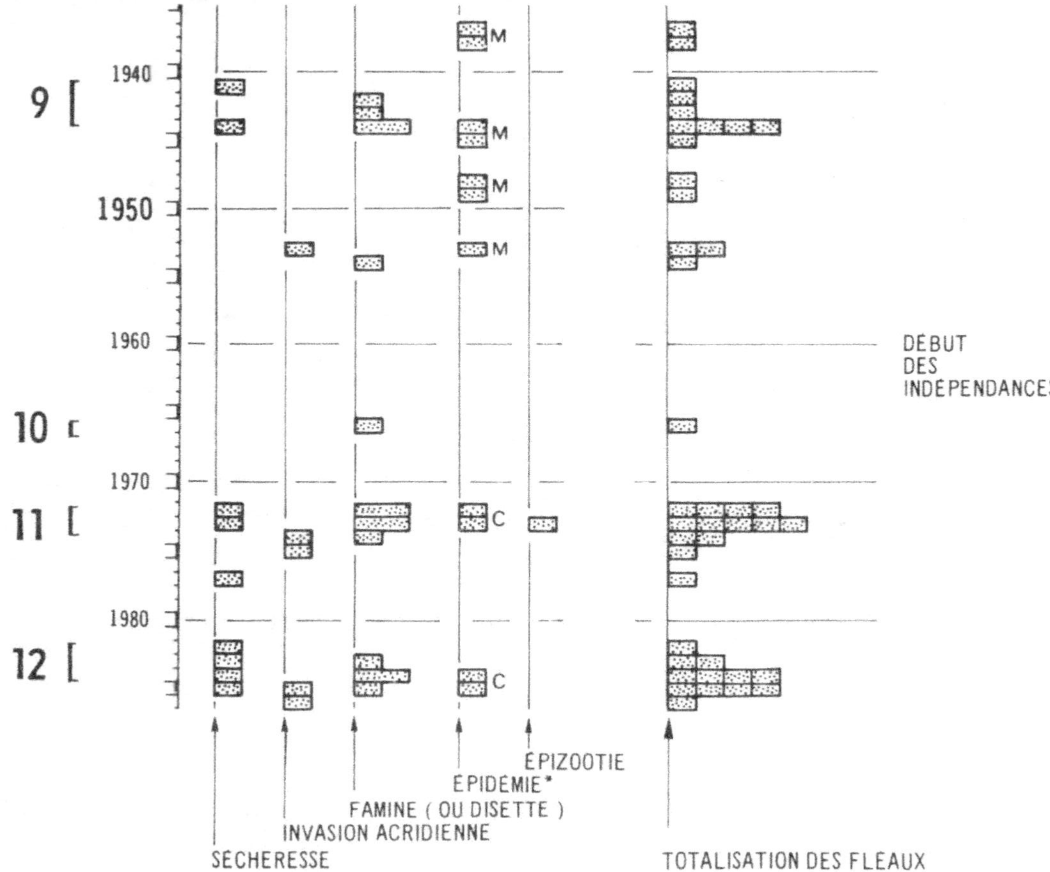

* Fièvre jaune , Variole , Grippe espagnole , Rougeole , Méningite , Choléra .
Seule a été indiquée ici la maladie la plus meurtrière de chaque période

Les numéros à gauche de l'image renvoient aux cartes de la planche suivante

Tableau V

LES FLÉAUX NATURELS
DANS LA BOUCHE DU NIGER
DE 1870 A 1986
B. APPROCHE SPATIO-TEMPORELLE

On n'a cartographié ici que les crises les plus importantes par leur extension géographique et leur caractère multiforme (conjonction de plusieurs fléaux).

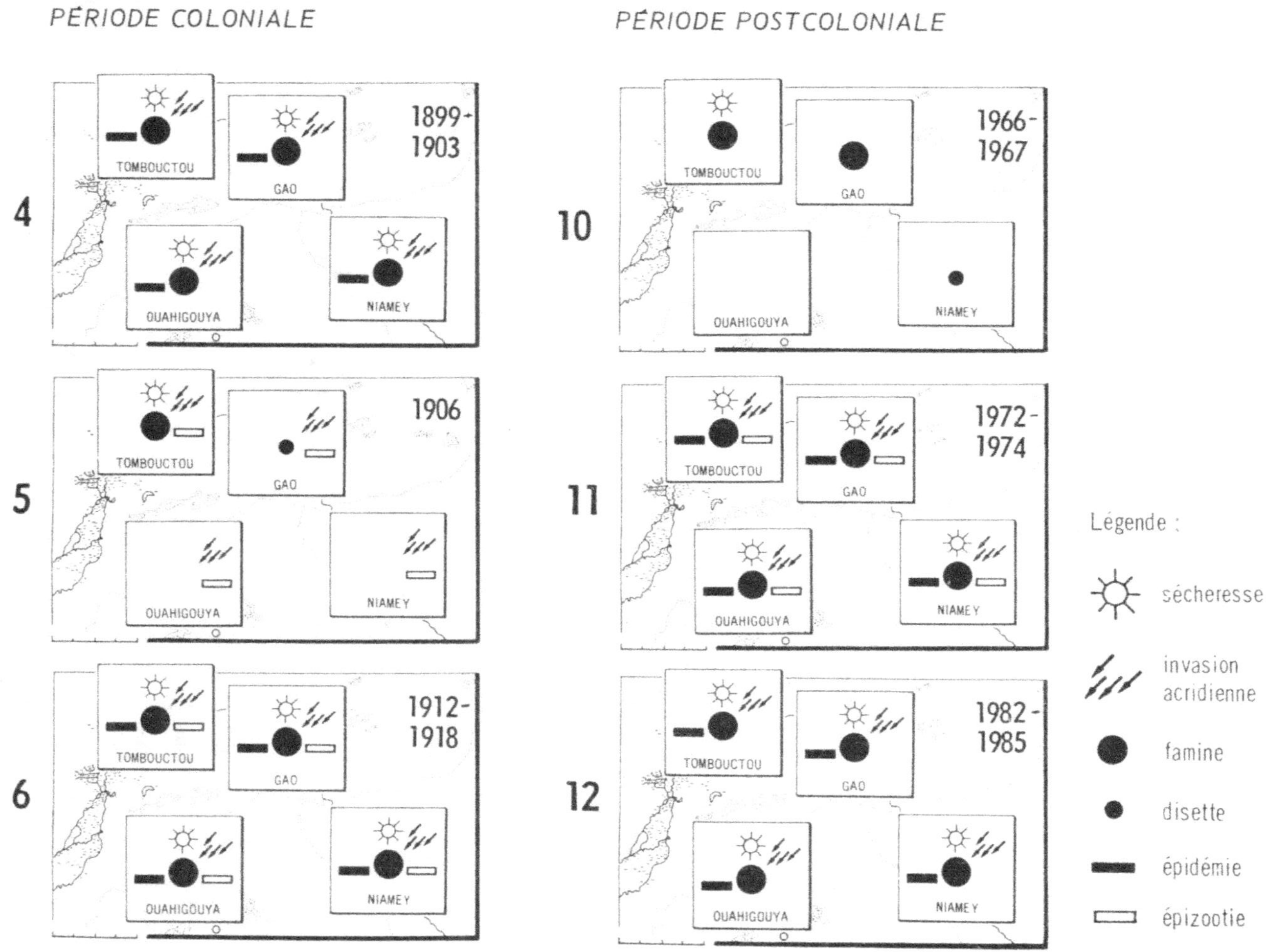

A.Gado.FB.Vergneault

* Après la grande famine appelée "famine des calebasses" ("*Gaasu-Borgu*"), la région connut une période d'abondance qui aurait duré jusqu'au tournant du XIXe siècle. Elle fut interrompue par la famine dite "vente des enfants" ("*Ize-Nere*"), en 1900-1903. Les récoltes de mil étaient si importantes que plusieurs communautés, parmi lesquelles des groupes Hausa, immigrèrent dans cette région.

* Entre 1906 et 1912, les populations connurent une autre période d'abondance appelée "*Korfo-Koso*" ou libération (74). Dans le Zigui et le Boboye nigérien, cette phase d'abondance est appelée "*Saabara*" : "Les pluies furent si abondantes que les cultivateurs n'eurent point besoin de cultiver" (75). L'abondance de mil est comparée à celle de l'espèce arbustive la plus répandue au Sahel : le *Saabara* (Guirra sénégalensis). Une informatrice ayant connu cette époque affirme qu'en ce temps-là une récolte de 1 000 bottes de mil (*Bokko-Zambar*) était à la portée de tout agriculteur (76). Cette phase d'abondance dura jusque vers 1911-12.

* Entre 1919 et 1929 également, les populations connurent une période de prospérité appelée "*Harey-Bane*" ("la famine est terminée") ou "*Wa barka*" ("congratulation") (77).

* La quatrième période d'abondance citée par les populations Zarmagande est la période comprise entre la famine de 1931-32 et la deuxième guerre mondiale. Elle est appelée "*Baani-Karey*", que H.-A. Sidikou traduit par "très bonne santé" ou "satisfaction", ou plutôt "grande quiétude" selon notre interprétation.

* A l'intérieur de cette séquence, de bonnes années, les années 1936-37, connurent une abondance particulière en raison d'une pluviométrie exceptionnelle (78).

* Enfin la majorité des personnes interrogées situent le début de la dernière phase de prospérité vécue au lendemain de la deuxième guerre mondiale (79). C'est l'année du "*Dibizo*" ou "*Bunguduu-Jiire*" (année du Bunguduu) dans le Zarmaganda (80). Elle prit fin entre 1964-66 pour les uns (81) et 1966-68 pour les autres (82). Cette longue séquence de bonnes années n'a été interrompue que par la famine appelée "l'année de la farine de manioc" ("*Garo-Jiire*") qui n'a été que localement ressentie.

L'interprétation de la figure sur les fléaux nous inspire une autre périodisation. Trois grandes phases de crise de subsistance de longue durée se dégagent depuis la fin du siècle dernier si l'on tient compte de la durée des principales crises et de la conjoncture de plusieurs fléaux au cours d'une même phase :

(74) H.-A. Sidikou, *op. cit.*, p. 152.
(75) Enquête orale.
(76) *Idem.*
(77) H.-A. Sidikou, *op. cit.*, p. 153.
(78) Enquête orale.
(79) Enquête orale.
(80) H.-A. Sidikou, *op. cit.*, p. 153.
(81) Enquête orale.
(82) Enquête orale.

• **De 1888 à 1906 :** Période marquée par une grande crise de subsistance pour les sociétés pastorales (une épizootie qui persista pendant une demi-douzaine d'années). Avant et après cette épizootie bovine, des auteurs mentionnent des famines de part et d'autre du Sahel (83). Mais c'est cet événement que les populations considèrent comme la calamité la plus marquante de la fin du siècle dernier. Cette période est également marquée par une grande famine au tournant du siècle, coïncidant ainsi avec les premières années de présence française dans la région. Il s'agit d'une longue période ininterrompue de mauvaises années. Elle a duré près de vingt ans.

• **De 1912 à 1945 :** Cette période comporte trois séquences de crises de subsistance interrompues par des séquences de bonnes années. La première crise majeure, celle de 1912-18, est marquée par la conjonction de plusieurs fléaux (sécheresses, famines, épidémies, épizooties, invasions acridiennes, première guerre mondiale). Cette crise serait la plus importante du siècle du point de vue de son intensité et de son extension. La deuxième crise importante de cette période est intervenue dix ans plus tard (1929-33). Les criquets l'ont provoquée, mais elle fut marquée également par plusieurs maladies. Après quelques années de répit, les difficultés alimentaires sont apparues pendant toute la deuxième guerre mondiale. Cette période sera suivie par la plus grande période d'abondance depuis le début du siècle. Elle a une durée comparable à celle que connurent les populations dans la deuxième moitié du siècle dernier après la famine de 1870.

• **De 1968 à 1985 :** C'est la troisième phase de crise alimentaire. Elle dure depuis près de vingt ans, avec cependant une période de répit entre 1975 et 1982.

Cette tentative de périodisation propose donc trois grandes phases de régression depuis la fin du siècle dernier. L'approche spatio-temporelle (voir figure de la page 49), fait ressortir la corrélation entre les différents fléaux au cours d'une même période d'une part, et d'autre part leur extension dans l'espace à partir de quatre des principaux points d'enquête choisis : Tombouctou, Gao, Niamey, Ouahigouya.

Les travaux de M. Watts et M. Chastanet précédemment cités ont mis également en évidence les première et deuxième phases de régression économiques qui correspondent à la conquête et à la mise en place du système colonial.

L'histoire économique et sociale du Sahel est une alternance entre périodes d'abondance et périodes de crise de subsistance. L'hypothèse que nous proposons privilégie les périodes de crise, qu'elle a tendance à rendre plus longues que les périodes de prospérité. Cela nous paraît tout à fait justifié dans la mesure où les périodes de crise alimentaire majeure (1900-03, 1913-15, 1931-32) s'accompagnent de phases de récupération plus ou moins longues.

Cette périodisation nous paraît celle susceptible de faire ressortir les grandes phases conjoncturelles de l'évolution économique et sociale du Sahel, c'est-à-dire celles des longues décennies au cours desquelles l'événement

(83) M. Tymowski, *op. cit.*, p. 44. M. Watts, *op. cit.*, p. 99. M. Chastanet, *op. cit.*, p. 30.

s'explique par la permanence de l'environnement au sein duquel il se produit (84). L'analyse de série n'a de sens que si elle est conduite dans le long terme afin de pouvoir distinguer les variations courtes et cycliques des trends (85). On ne peut étayer aucune hypothèse sur l'existence de véritables cycles d'abondance se répétant à intervalles réguliers. Tout en tenant compte du caractère approximatif d'une telle périodisation, on peut, en guise d'hypothèse, imaginer les alternances entre les périodes favorables et celles moins favorables selon le tableau suivant :

1870/85/8 : BONNE PERIODE
1888-1906 : MAUVAISE PERIODE
1906-1912 : BONNE PERIODE
1912-1945 : TRES MAUVAISE PERIODE
1945-1968 : TRES BONNE PERIODE
1968-1986 : MAUVAISE PERIODE

(84) H. Brunschwig, *op. cit.*, p. 61.
(85) P. Furet, "L'histoire quantitative et la construction du fait historique", *Annales*, janvier 1971, p. 71.

Deuxième Partie

ETUDE
DES GRANDES CRISES ALIMENTAIRES
DE LA PERIODE COLONIALE

Introduction (à la 2e partie)

MISE EN CONTEXTE DES FAMINES DE LA PERIODE COLONIALE :

Occupation - Administration - Exploitation

A l'époque du grand Empire Songhay, notre région constituait deux des plus grandes provinces du royaume : la Province Orientale et la Province du Dendi. A la veille de la pénétration française, l'image du grand empire du moyen-âge n'existait plus que dans le souvenir d'aristocraties villageoises dispersées, restreintes, divisées... (1). Dans le chapitre III, nous nous sommes longuement attardés sur les causes et la nature des conflits multiples qui ont opposé pendant tout le XIXe siècle cette mosaïque de principautés Songhay, Zarma, Peul, Touareg, issues de la dislocation et de la désintégration de l'Empire de Gao.

L'ensemble de la boucle du Niger (les territoires compris entre Tombouctou au nord, Dosso au sud, Ouahigouya à l'ouest et Ouallam à l'est) a été conquis entre 1890 et 1900 : poste de Djenné - 1894 ; poste de Tombouctou - 1894 ; poste de Say - 1887 ; poste de Dosso - 1898 ; poste de Sinder - 1899 (2).

---

(1) J.-P. Olivier de Sardan, *op. cit.*, p. 20.
(2) F. Fugelstadt, *A History of Niger*, C.U.P., p. 53. Kimba I. *op. cit.*, p. 32.

Dès 1898-99, les premiers jalons d'une administration coloniale furent mis en place dans les trois quarts des régions conquises. Jusqu'en 1899, cette zone correspondait à la région nord du Soudan, constituée des cercles de Tombouctou, Goundam, Gao, Sinder, Say et Dori. Après la dislocation du Soudan et la création de deux territoires militaires, ces régions furent placées sous commandement militaire et dirigées par l'intermédiaire d'un délégué du Haut-Sénégal et Moyen-Niger (3). La région connaîtra une autre transformation administrative après la création d'un troisième territoire militaire avec la conquête des régions situées sur la rive gauche du fleuve (décret du 23 juin 1900). A la veille de la famine des années 1900-1903, l'ensemble des cercles qui nous intéressent relevait du premier ou troisième territoire militaire du Niger : Tombouctou, Gao, Bemba, Gourma-Rharous, Sinder, Djerma (Niamey), et les résidences du Yatenga (Ouahigouya), Dori et Say.

C'est en raison de cette relative rapidité dans l'occupation que les résistances armées des populations dans cette région sont généralement considérées comme ayant été plus timides que celles rencontrées ailleurs. En ce qui concerne l'ouest du Niger, il est même question de "conquête sans histoire" (4).

En réalité, l'occupant n'a eu qu'à s'installer dans un pays affaibli par les conflits internes et saigné à blanc dans les dernières années du siècle par deux colonnes armées dont le contact avec les populations s'est traduit dans toutes les régions par une véritable hécatombe.

A peine s'acheva l'épisode de Schayku Amadou et Albury N'Diaye dont la fuite devant les Français du Soudan Occidental au Soudan Central se termina par l'une des batailles les plus meurtrières du XIXe siècle, qu'une autre expédition suivant le même itinéraire, mais beaucoup plus sanglante, s'abattit sur cette région. C'est la Mission Voulet-Chanoine, dont le carnage et la terreur qu'elle sema sur son passage furent condamnés même en France (5). Les dernières années du XIXe siècle furent l'une des périodes les plus sombres de l'histoire de cette région. Malgré la pacification, des résistances armées et des révoltes éclatèrent dans plusieurs régions dans les premières années qui suivirent l'occupation.

La décennie 1905-1915, notamment, a été marquée par des révoltes contre l'occupation coloniale : soulèvements en pays Mossi, en pays Zarma-Songhay (Karma, Koptitanda) et chez les Touareg (révolte dirigée par Kaocen). La répression de ces mouvements, outre les pertes humaines considérables occasionnées, a nécessité la mobilisation pendant une longue période de milliers de cavaliers contribuant ainsi à un ralentissement de l'activité agricole.

Sur le plan administratif, entre 1905 et 1915, la région a été l'objet de plusieurs modifications. Un décret portant sur la réorganisation du

(3) Décret d'octobre 1899, A.N./S.O.M. - A.P./H.S.N.

(4) Y. Rash, *Un établissement colonial sans histoire : les premières années françaises au Niger : 1897-1907*, Doctorat de 3e cycle, 1972.

(5) Sur les détails des exactions commises par la Mission Voulet-Chanoine, voir les travaux précédemment cités, notamment : I. Kimba, J.-P. Olivier de Sardan, A. Salifou, mais aussi la thèse qui lui a été consacrée par T. Mathieu, Université de Toulouse, 1975.

Gouvernement Général de l'A.O.F. (octobre 1904) donne son autonomie aux territoires du Haut-Sénégal et Moyen-Niger. Les anciens territoires militaires formant la colonie du Haut-Sénégal-Niger disparaissent pour faire place à deux territoires :

• **un territoire militaire du Niger (Niamey)** auquel furent rattachées, dans un premier temps, les deux régions Songhay (Gao et Tombouctou) ;

• **un territoire du Haut-Sénégal-Niger (Bamako)** auquel seront rattachées en 1911 (arrêtés n° 672 et 678 du 22 juin 1910) (6) les régions de Gao et Tombouctou.

C'est au cours de ces années que l'administration civile prit en main la vie économique et sociale des territoires (mise en place des infrastructures administratives). C'est la période de conquête administrative qui succéda à celle de la conquête militaire. La mise en valeur des territoires, dans cette partie de l'Afrique Occidentale Française enclavée, va reposer entièrement sur les populations. Avant 1914, l'essentiel des rouages du système colonial et de l'économie de traite a été mis en place. Parmi les différentes prestations auxquelles étaient soumises les populations, on peut citer : le travail forcé que les Zarma appellent Poltol, l'impôt de capitation ou *Jangal*, les réquisitions de grains (*Suri*) et de bétail, les réquisitions de main-d'œuvre "rémunérée" (à ne pas confondre avec le travail forcé), les taxes (sur les marchés, droit de pacage, l'*Oussourou*, sorte de prélèvement sur les marchandises en transit, amendes administratives, etc.).

Jusqu'au lendemain de la première guerre mondiale, l'ensemble de ces prestations était perçu sans aucune connaissance du nombre des contribuables. L'essentiel était de les faire accroître par rapport à l'année précédente :

> L'impôt croîtra de plus en plus, il n'y a pas à en douter. Et alors, au fur et à mesure qu'il croîtra, il deviendra de plus en plus nécessaire de se rapprocher de la réalité, de savoir exactement ceux qui doivent payer. Des erreurs d'évaluation, sans importance auparavant, deviendront graves (...). (7)
>
> L'impôt représentait avant guerre un mois environ de travail salarié, jusqu'à deux ou trois mois au moins à la veille de la grande crise et la moitié des grains annuels du paysan en 1940. (8)

Dans le cercle de Ouahigouya,

> L'impôt direct a augmenté en quatorze ans de 191 000 francs : ce qui fait une moyenne de 13 643 francs par an. Pour 1914, mon prédécesseur l'a augmenté d'un seul coup de 22 000 francs, ce qui nous donne la ligne de conduite à tenir pour 1915. (9)

Cette région n'est pas une exception. Durant toute la période coloniale, l'impôt connaîtra une très forte augmentation. Dans la colonie du Niger, la

(6) A.N./F., Service des microfilms, 2G12-13.
(7) A.N.S., série 2G13-11.
(8) C. Coquery-Vidrovitch, *op. cit.*, p. 35.
(9) A.N./S.M., A.O.F., *Rapport d'ensemble*, 200 MI 1667.

part de l'impôt dans les recettes totales a atteint 64 % avant la première guerre (10). En dépit de certaines calamités assez fréquentes (épidémies, sécheresses, invasions acridiennes, etc.) qui rendent les récoltes très faibles ou nulles, les populations doivent faire face à cette obligation et à bien d'autres. Les comptes des dépenses des budgets annexes du Soudan, de la Haute-Volta et du Niger montrent à partir des années 1905 une augmentation de l'ordre de 25 % tous les ans au niveau des seules recettes des droits de l'*Oussourou* (impôt prélevé sur les marchandises) (11). Les travaux forcés et les réquisitions de main-d'œuvre représentent au moins le tiers des occupations de la population active. "Pendant la saison des pluies, il nous arrive de travailler un jour sur trois pour l'administration" (12). Pour une population d'une ville comme Tombouctou, cela représente environ 1 500 journées de travail sur la base d'un calendrier agricole de 90 jours, soit un manque à gagner de 300 à 500 tonnes de céréales sur une production annuelle de l'ordre de 1 800 tonnes (13).

Beaucoup d'administrateurs coloniaux ont eux-mêmes reconnu la disproportion entre les possibilités des populations et les charges qui leur étaient imposées. En 1900, le Chef de Bataillon Daval, commandant le premier territoire militaire, justifie la misère imposée par une nécessité impérieuse d'inculquer aux indigènes et à leurs chefs le paiement obligatoire et annuel de l'impôt. Cela tient à la misère et à la famine qui règnent partout :

> (...) je savais bien que le pays était ruiné, mais il était bon d'habituer dès le début aussi bien les commandants que les chefs indigènes à l'idée du paiement d'un impôt annuel. (14)

La famine fut plus dure que de coutume, "suite à notre occupation...", reconnaît de son côté un autre administrateur (15). Les graphiques (tableau VI) représentent la progression de l'impôt dans le cercle de Ouahigouya de 1899 à 1915 et dans l'ensemble du Haut-Sénégal, Niger.

A partir de 1914, un sacrifice supplémentaire sera demandé aux populations en raison du déclenchement de la première guerre mondiale. L'effort de guerre a été particulièrement resenti dans deux domaines : les réquisitions en vivre et en main-d'œuvre pour le ravitaillement des troupes et le recrutement des tirailleurs. Dans la seule année 1915, le cercle de Ouhigouya par exemple a procédé à plusieurs recrutements qui ont fourni environ 1 500 hommes sur un total de 1 770 depuis l'occupation (16).

Plus tard, avec l'institution des greniers de réserves et les sociétés indigènes de prévoyance, les paysans auront à livrer annuellement à

---

(10) A.N.S., *Comptes des recettes et des dépenses du budget du Territoire, année 1914.*

(11) A.N.S., A.O.F., *Comptes des recettes et des dépenses du budget du Territoire, années 1905-1914.*

(12) Enquête orale.

(13) Nos calculs ont été effectués à partir de la population de Tombouctou sur la base de 175 à 300 kg/ha par personne et selon le mode d'évaluation de la récolte utilisé par l'administration coloniale.

(14) *Rapport du Chef de Bataillon Davel à M. le G.G./A.O.F.*, Tombouctou, avril 1900, A.N./S.O.M., série 2G1 200 MI 1615.

(15) Capitaine Cornu, *Notes sur Filingué*, A.N.N., 9-1-3.

(16) J.-Y. Marchall, *op. cit.*, p. 101.

l'administration une partie importante de leur récolte. En 1924, dans le cercle de Ouhigouya, 30 000 tonnes ont été versées au titre des greniers de réserves sur une production d'environ 80 000 tonnes (17).

A partir des années 1920, la main-d'œuvre prestataire pour la construction des chemins de fer atteint un rythme mensuel de 500 personnes et 175 000 journées de travail par an pour le cercle de Ouhigouya (18). A Tillabéry (Niger) par exemple, chaque année, l'irrigation des rizières nécessite 30 000 journées de prestations (19). Dans le cercle voisin (Niamey), chef-lieu de la colonie, la construction du palais du gouverneur demandait chaque année, pendant plus de sept ans, un séjour obligatoire de six mois pour 900 à 1 200 travailleurs moyennant un salaire mensuel de 1 franc :

> Toute cette main-d'œuvre parmi les hommes les plus robustes des trois cercles représentait autant de travailleurs enlevés à l'agriculture (...). La production du mil a été certainement nulle. (20)

Selon des informations recueillies à Niamey, la disette de 1927, qui est la première de la série des mauvaises années qui aboutira à la grande famine des années 1931-32, aurait pour origine la mobilisation d'un grand nombre de personnes (21).

Est-il besoin de souligner également que la production agricole a beaucoup souffert d'une ponction démographique considérable consécutive à deux autres facteurs et non des moindres :

* les migrations massives de dizaines de milliers de personnes qui franchissent chaque année les frontières des territoires anglophones pour se mettre à l'abri des diverses exactions ;

* les milliers de tirailleurs pour les deux guerres mondiales (22).

Il n'est pas nécessaire d'ajouter un développement sur les cultures d'exportation, dont les effets négatifs sur la production vivrière, quoique réels (appauvrissement des sols, prix à la production insignifiant, etc.) ont été souvent amplifiés. Les populations sahéliennes ont également supporté l'essentiel des répercussions de la crise mondiale dans les colonies françaises. Leur pouvoir d'achat, réduit au minimum pour les raisons exposées plus haut, se trouvera considérablement entamé suite à cette crise.

Dans une telle conjoncture, on comprend pourquoi le moindre déficit pluviométrique ou l'invasion acridienne prennent l'aspect d'événements majeurs. Ce n'est pas un excès de langage que d'affirmer que certaines crises alimentaires de la période coloniale auraient revêtu un caractère très limité sans le lourd tribut des exactions d'un système plus que coercitif. Nous examinerons les éléments constitutifs des grandes crises alimentaires intervenues pendant la période coloniale, qui seuls permettent de comprendre leur mécanisme et l'ampleur des conséquences démographiques.

---

(17) J.-Y. Marchall, *Op. cit.*, p. 98.
(18) *Ibid.*
(19) A.N.S., *Rapport politique de la colonie du Niger, 1927*, 2G27-28.
(20) A.N./S.O.M., Lettre du Gouverneur Blacher au Gouverneur Général de l'A.O.F., 1931, C 591.
(21) Enquête orale.
(22) Sur cette question, voir la thèse d'Etat de K. Idrissa, *op. cit.*

Tableau VI

CERCLE DE OUAHIGOUYA : ÉVOLUTION DE L'IMPÔT DE CAPITATION DE 1899 A 1914

(en francs courants (%))

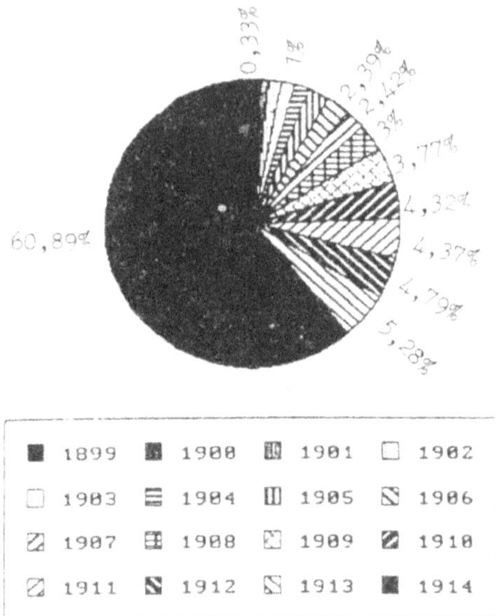

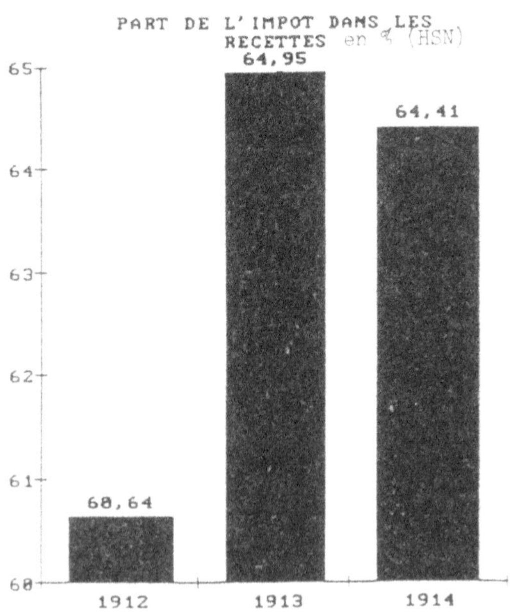

Source : A.N.S. 2G13-11

Tableau VII

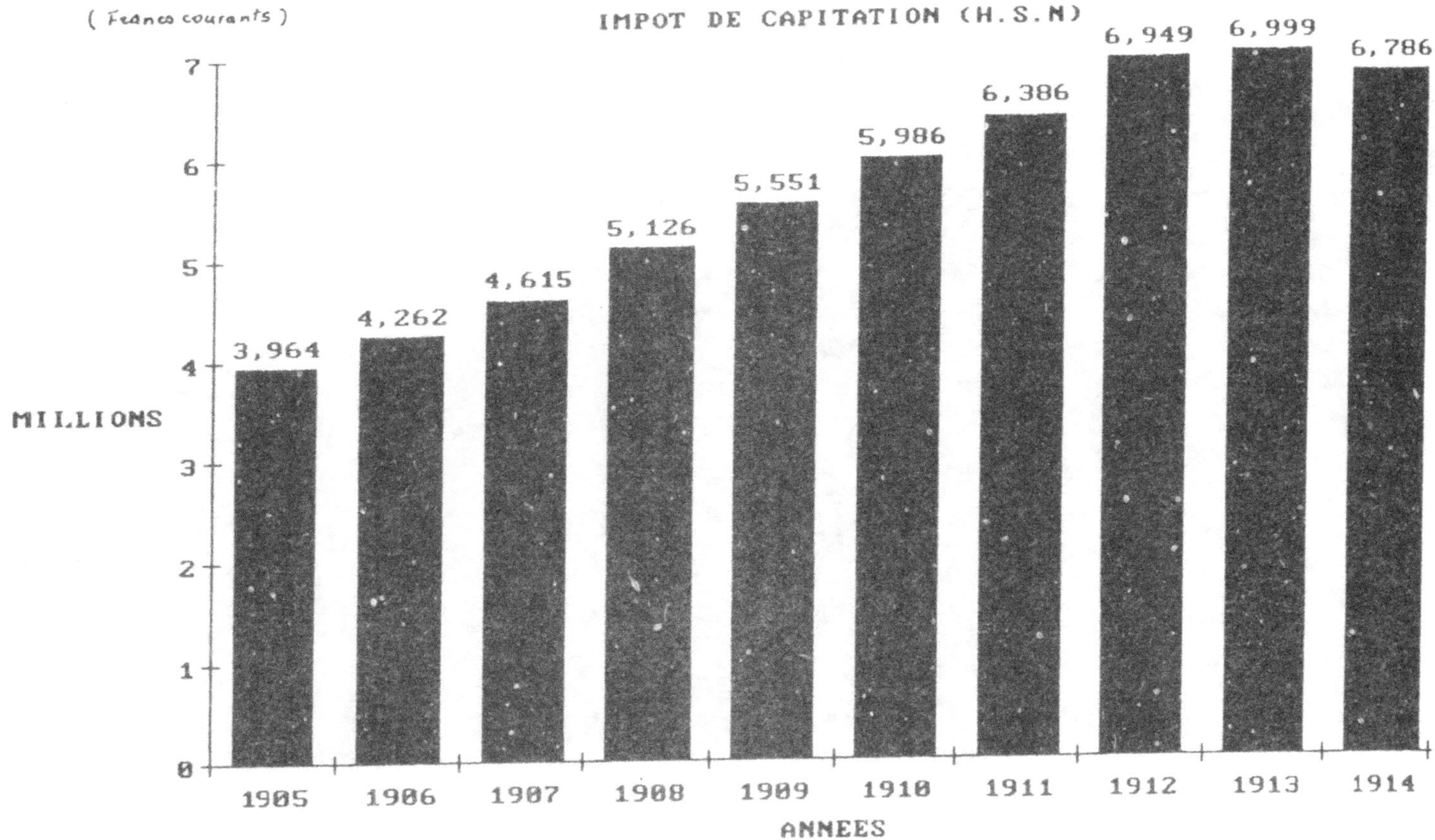

Source : A.N.S. 2=13 2G13 • 11

Chapitre 4

"ISE-NEERE" (VENTE DES ENFANTS) LA GRANDE FAMINE DES ANNEES 1900-1903 DANS LA BOUCLE DU NIGER

Cette famine éclata dans les premières années du siècle qui correspondent également pour cette zone aux premières années de l'implantation coloniale. A notre connaissance, elle n'a pas fait l'objet d'une étude approfondie (1). Elle apparaît cependant dans toutes les chronologies de famines (2). Elle est également citée par tous nos informateurs, dans toutes les régions. C'est donc un épisode très sombre de l'histoire économique et sociale du Sahel, mais fort mal connu.

Des témoins oculaires affirment que les privations et les souffrances furent aussi éprouvantes pour certaines populations qu'au cours des années 1913-14, période de famine considérée comme la plus sévère depuis l'arrivée des "Blancs" (3). Cette calamité se singularise par la diversité et la complexité des facteurs ayant concouru à son éclatement : bouleversements socio-économiques et crise écologique (épidémie, invasions acridiennes, sécheresse, etc.).

(1) Elle est souvent abordée dans la littérature anglophone, notamment : M. Watts, *op. cit.*, p. 172 ; J. Van Apeldoorn, *op. cit.*, p. 32 ; mais aussi : K. Idrissa, *op. cit.*, p. 752.
(2) D. Laya, *op. cit.*, p. 26 ; A.-H. Sidikou, *op. cit.*, p. 152.
(3) Enquête orale.

I. La situation alimentaire à travers les sources

1. *La famine à travers les sources orales*

Au niveau de la tradition orale, durant la première année de pénurie variable selon les régions, les termes utilisés diffèrent tout autant. Dans le Zigui (Dosso), on considère que la crise alimentaire ne s'est généralisée qu'à la suite de la mauvaise récolte de la campagne agricole 1902-1903. Le terme le plus répandu est "*Ize-Neere*" qui veut dire "vente des enfants". En pays Songhay et chez les Zarma du fleuve, c'est l'expression "*Zarmaganda*" qui est employée :

> Nous appelons cette famine Zarmaganda, parce que c'est là-bas au Zarmaganda (Ouallam) qu'elle a commencé, avant de se propager chez nous dans la région du fleuve. (4)

En pays Songhay (Mali et Niger), les repères chronologiques fournis renvoient aux années 1901-1902 pour les uns, 1902-1903 pour les autres, et de 1899 à 1903 pour quelques rares informateurs.

Beaucoup de témoignages laissent penser à un taux de mortalité très élevé :

> La troisième année de misère, l'on se contentait de traîner et de jeter les cadavres hors du village sans les enterrer. Puis l'on vint au stade où les morts étaient laissés derrière les cases. (2)

D'où les expressions "*Kuru-Kuru*" (traîner-traîner) ou "*Kuru-ga-Furu*" (traîner et jeter), qui sont également employées pour désigner la même calamité. A Gao, c'est l'idée de fuite "fuite devant les Blancs mais aussi fuite devant la famine" qui prédomine dans la terminologie utilisée : "*Saya-Saya*" (dispersion) ; "*Felgo*" (partir) ; "*Kayro-Jiire*" (l'année des fuites) (6). Les années 1901-1903 apparaissent également à travers les témoignages de populations nomades. Cette date correspond à une grande migration des nomades vers le sud. Lorsque l'on interroge les populations sur les causes de cette famine, on obtient ce genre de réponse :

> Quand les Blancs sont venus, nous avons essayé d'abord de leur faire la guerre ; mais nos arcs et nos flèches n'ont pas résisté à leurs armes à feu. Alors tout le monde s'est précipité dans la brousse sans se préoccuper des champs (...). Seuls quelques hommes courageux restaient auprès des greniers. Pour punir les fuyards, les villages furent incendiés ; les villages suivants furent incendiés : Goudel, Bosey, Liboré, Saga, Kolo, Dundiu, N'Dunga. Dans beaucoup d'endroits, le mil au stade d'épiaison a été coupé (...). Les hommes qui se montrent sont tués ou réquisitionnés pour la construction des routes, l'installation des fils télégraphiques, etc. L'année la plus dure fut l'année où *Sar-Sar* (Voulet-Chanoine) est passé (1899) (...). L'année suivante, les pluies furent insuffisantes (1900). Même s'il avait plu, plus personne n'était dans les champs. L'année d'après

(4) Enquête orale.
(5) Enquête orale.
(6) Enquête orale.

> (1902), beaucoup de gens n'ont pas hésité à vendre leurs fils pour trouver de quoi manger. Voilà la cause de la famine. C'est *Sar-Sar* qui est à l'origine ; d'ailleurs chez nous ici à Sonsoni, c'est ce nom que nous utilisons pour désigner ces années difficiles. Il y eut une sécheresse, mais la pénurie consécutive à cette sécheresse aurait été surmontée si l'occupation militaire avait été moins ruineuse (...). (7)

Les seules régions où il y avait encore du mil étaient le Dendi (Nord-Bénin), le Gourma et le pays du Hausa (Nord-Nigéria), où les gens allaient se ravitailler.

2. *Les indices d'une crise majeure : les rapports des administrateurs coloniaux*

Les administrateurs en place ont lancé le cri d'alarme de cette famine dès la fin de la campagne agricole 1899-1900 qui a été très mauvaise. L'attention du Gouverneur Général du Premier Territoire Militaire a été attirée sur la pénurie de grains dans les cercles de Tombouctou, Ras-el-Ma, Bamba (8), à Ouahigouya et à Dori (9). S'adressant à son tour au Gouverneur Général de l'A.O.F., le Chef de Bataillon Duval écrit :

> Tous les commandants de cercle se plaignent de la difficulté qu'ils éprouvent à faire rentrer l'impôt (...). Cela tient à la famine et à la misère qui règnent sur tout le territoire (...). Si la récolte de 1900 est aussi mauvaise que celle de 1899, je ne vois pas comment non seulement la population pourra subsister mais de quelle façon trouver le grain nécessaire à la nourriture des troupes, car toutes les réserves de grain y compris celle du Macina sont épuisées (...). (10)

En 1900, la récolte fut également mauvaise; Mais ce sont les campagnes agricoles 1901-1902 et 1903 qui furent les plus catastrophiques à travers les rapports agricoles. Entre 1900 et 1903, plusieurs rapports font état de "grande misère par suite de sécheresse" (11) des cercles dans l'impossibilité de payer l'impôt par suite de sécheresse, des villages abandonnés, "d'immenses régions ternies par la sécheresse et qui donnent une impression de fin du monde" (12). Le rapport du cercle du Djerma du mois de septembre 1903 fait état de mauvaises récoltes dans l'Anzuru et le Zarmaganda qui n'ont pas eu une bonne saison depuis sept ans (13). Entre 1901 et 1903, la famine a été signalée dans toutes les régions : l'Anzuru, le Zarmaganda, le Zigui, sur les deux rives du fleuve Niger, dans l'Imanan, le Tondikandia, le Taghazar, le Fakara ; elle a

(7) Enquête orale.
(8) *Rapport agricole et commercial des cercles*, 1900-1903, A.N./S.M., Haut-Sénégal et Moyen-Niger, 2G3-21 200 MI 1631.
(9) *Idem.*
(10) *Rapport du Chef de Bataillon Duval, Commandant du P.T.M. au G.G./A.O.F.*, A.N./S.M., 1900, 2G1-15 1617.
(11) *Rapport de l'Administrateur Vidal*, juin 1901, A.N.S., Haut-Sénégal et Moyen-Niger, 2G1-41.
(12) *Rapport sur la situation politique*, 1er trimestre 1903, A.N.S., Troisième Territoire Militaire, 2G3-11.
(13) *Idem.*

été moins sentie dans le Boboye où l'administration coloniale a essayé en vain de concentrer les rescapés des régions les plus sinistrées : "Les efforts pour diriger les familles vers le Dallol Bosso s'avèrent inefficaces" (14).

A la même époque, la famine fut signalée dans plusieurs autres régions de la zone sahélienne. En raison de la récolte "absolument nulle, les cercles de Bandiagara, de Tombouctou, de Gao sont dans l'impossibilité de payer l'impôt qui leur a été fixé" (15). Dans tout le Liptako, la population fut obligée d'aller chercher le mil dans le Mossi et le Yatenga. Le Capitaine Sirodon, commandant la résidence de Dori, écrit à propos des impôts : "Il ne faut pas voir là de la mauvaise volonté de la part de la population, mais seulement l'effet de la famine" (16). Dans le cercle du Sahel (Soudan français), le commandant de cercle a été frappé par les femmes qui se disputent les quelques graines qui se trouvent dans la litière des chevaux... Ce fut à ses yeux la preuve la plus convaincante d'une terrible famine (17).

En 1903, la pénurie se généralise après trois années consécutives de mauvaises récoltes : une année 1899 médiocre, une année 1900 mauvaise, moyenne selon les cercles, et deux années 1901 et 1902 catastrophiques... Le dénuement des populations fut tel que l'administration n'arrivait plus à s'approvisionner en vivres :

> On ne peut plus se procurer du mil et du riz ; même par voie d'achat. De toute nécessité, il faudrait faire venir le mil et le riz de l'extérieur. (18)

Voilà très brièvement esquissée la situation alimentaire telle qu'elle apparaît à travers nos deux principales sources d'information : les archives coloniales et les témoignages oraux. Ce tableau descriptif est une preuve certaine de la mauvaise situation alimentaire dans les différents cercles pendant les premières années du siècle.

II. Etude de la conjoncture alimentaire et de son impact démographique

Si l'évidence d'une crise alimentaire majeure n'est plus à démontrer, les sources n'ont pas permis de conclure à la certitude d'une crise démographique. Celle-ci reste à prouver puis, si c'est le cas, à être évaluée.

---

(14) *Rapport sur la situation politique*, 1er trimestre 1903, A.N.S. Troisième Territoire Militaire, 2G3-11.
(15) *Rapport sur la situation politique*, juin 1902, A.N.S., Premier Territoire Militaire, 2G-28.
(16) *Rapport du Capitaine Sirodon*, Commandant de la résidence de Dori, mai 1900, A.N.S., 2G1-15.
(17) *Rapport de l'Administrateur Vidal*, 1901, A.N.S., Haut-Sénégal et Niger, 2G1-15.
(18) *Rapport annuel*, 1903, A.N.S., 2G2-8.

1. *Analyse et interprétation des données*

A. Les causes de la famine

Le déficit pluviométrique et les invasions acridiennes que les autorités coloniales considèrent comme la cause principale de la crise sont réels. A notre avis, la sécheresse et les invasions de criquets ont effectivement occasionné de mauvaises récoltes en 1899 et en 1902. Elles ont contribué à intensifier la crise, à accroître la misère paysanne. L'analyse des conditions climatiques montre qu'il ne s'agissait pas d'une sécheresse exceptionnelle. Quant à l'invasion acridienne, elle n'a rien de comparable à celle qui, trente ans plus tard, dévastera tout le Sahel. Les attaques acridiennes n'ont été tenues pour responsables des mauvaises récoltes que dans très peu de cercles. Nous pensons que dans ce complexe de facteurs qui sont à l'origine de la famine, la sécheresse et les invasions acridiennes n'ont été que le détonateur d'une situation de déséquilibre amorcée dès les années 1896, 1897, 1898 et 1899, et aggravée par une lourde pression fiscale, des prélèvements et réquisitions diverses que nécessitent les premières années de présence coloniale. Il est difficile, voire impossible de démontrer que la situation alimentaire catastrophique des années 1900-1903 n'est pas en rapport avec la présence coloniale. C'est d'ailleurs à travers les préoccupations fiscales et le souci de ravitaillement des troupes que les manifestations de la crise sont les plus évidentes.

L'hypothèse retenue par les sources orales selon laquelle la famine serait consécutive aux préjudices économiques et au carnage humain occasionné par le passage de la Mission Afrique Centrale n'est pas dénuée de tout fondement. C'est également l'avis de J.-P. Olivier de Sardan (19) : "La ligne du Tchad est en grande partie responsable de la famine dévastatrice des années 1901-1903". Plusieurs rapports d'administrateurs coloniaux vont également dans ce sens. Le rapport politique du cercle du Djerma de 1902 est un véritable réquisitoire contre les exactions commises par la Mission Voulet-Chanoine :

> A brève échéance, le pays sera vide de ressources (...). Les réquisitions, les exigences sont telles que bien des villages se vident. (20)

On ne saurait être plus clair de la part d'un administrateur colonial. Dans le rapport qu'il adressa au Gouverneur Général de l'A.O.F., le Chef de Bataillon Duval reconnaît implicitement que la pression fiscale a ruiné le pays, mais son devoir lui imposait de réclamer davantage d'impôts en dépit de la famine (21).

Pour nous résumer, nous pensons que le mauvais état général de la situation sociale et économique qui a prévalu dans les premières années du siècle a comme origine les conflits armés qui ont marqué la fin du siècle dernier et les conséquences immédiates et à long terme de la Mission Voulet-Chanoine. Le système d'exploitation despotique mis en place dans les

---

(19) J.-P. Olivier de Sardan, *op. cit.*, p. 152.
(20) *Rapport politique*, 1902, A.N.N., cercle du Djerma, 15-2-1.
(21) A.N.S., Premier Territoire Militaire du Niger, 1900, 2G1-15.

premières années de la colonisation a, quant à lui, joué le rôle essentiel dans l'intensification et la propagation de la crise.

B. La durée et l'extension de la crise

Les sources orales situent généralement la première année de grande pénurie après la récolte de l'année 1899 (passage de la Mission Voulet-Chanoine). Il y a là une concordance avec les sources écrites : "Depuis deux ans, les pluies sont insuffisantes et les récoltes compromises sinon entièrement" (22). Dans une analyse de l'évolution de la situation alimentaire, K. Idrissa qui, tout en soulignant que toute la zone sahélienne a connu un déficit pluviométrique, semble limiter les zones sinistrées à une partie de l'ouest du Niger : "L'aire sinistrée allait de l'Anzuru à l'Azawak d'ouest en est et du Zarmaganda au Zigui du nord au sud" (23). La synthèse des sources écrites et le recoupement avec les sources orales permettent d'affirmer que l'immense majorité des régions sahéliennes a été concernée par cette crise. Elle a duré au moins trois ans. Cette famine a été attestée au niveau des sources orales dans la quasi totalité des anciens cercles des régions qui constituent aujourd'hui les provinces de l'Oudalan, du Yatenga, du Séno pour le Burkina-Faso, les départements de Niamey et de Dosso pour le Niger, les 5ᵉ, 6ᵉ et 7ᵉ régions administratives du Mali (Mopti, Tombouctou, Gao). D'autres régions africaines semblent avoir été concernées par la même crise. Dans le cercle de Bakel, en pays Soninké (Sénégal), 1901 et 1902 furent deux années consécutives de famines (24). En pays tchadien, la situation fut également très préoccupante à la même période (25). Enfin, au Nigéria du Nord, M. Watts rapporte des faits similaires :

> According to a commentary in annual report for northern regions, grain was scar in 1902 and in Bauci the harvest shortfaall in 1903 was complicated by the political unsurrounding deposed Sultan of Sokoto. One hundred deaths are reported in Bauci township, largely due to the consumption of poisonous roots, and children were sold in large numbers. (26)

Comme dans la boucle du Niger, il estime que les interventions extérieures ont joué un rôle dans la dégradation de la situation alimentaire :

> In fact, it was the military conquest that interrupted the normal agricultural activities in 1902-1903. (27)

Enfin, pour nous limiter à ces exemples, en pays Bambara (San), l'année 1903 a été marquée par une famine (28).

(22) A.N./S.M., Notice sur le cercle de Tombouctou et son port Kabara, 2G-325 200 MI 690. P. Goubert, *Beauvais et le Beauvaisis*, Ed. E.P.H.E., 1960, p. 7.
(23) I. Kimba, *op. cit.*, p. 757.
(24) M. Chastanet, "Les crises de subsistance dans les villages Soninké du cercle de Bakel", *C.E.A.*, 89-90, XXIII, 1-2, 1983, p. 30.
(25) H. Plote, *op. cit.*, p. 24.
(26) M. Watts, *op. cit.*, p. 276.
(27) *Idem.*
(28) B. Rassily, *Chronologie des cercles de San et Tominan - B.I.F.A.N.*, XXXIV, 3-4, p. 926.

Il apparaît donc clairement que ce fut une crise qui toucha un espace géographique important. Quel a été l'impact démographique de cette crise ?

2. *Le bilan démographique*

Le phénomène le plus frappant quand une famine éclate est l'éruption d'une mortalité considérable. C'est la surmortalité extraordinaire (ou simplement inhabituelle), phénomène très visible, qui attire exclusivement l'attention des témoins. Mais il n'est pas le seul facteur démographique qui entrave la fécondité et le renouvellement de la population. D'autres phénomènes sociaux comme l'émigration (très importante en période de crise) ou des faits qui lui sont liés constituent également un obstacle majeur à la reconstitution d'une population : diminution des mariages, de la nuptialité, donc des conceptions, etc.

La notion même de crise démographique mérite d'être définie ou du moins précisée. A quel degré de mortalité globale en temps de famine et/ou d'épidémie peut-on estimer qu'il y a crise démographique ? Le phénomène migratoire est-il un facteur de rupture démographique ? Pour les cas des sociétés paysannes du Moyen Age européen, il a été proposé de ne parler de "crise démographique" "(...) qu'à partir du moment où le nombre annuel de décès double et où, en même temps, le nombre des naissances s'abaisse de manière indiscutable au moins du tiers" (29). Il est vrai que, dans ce domaine, l'estimation du nombre de morts est souvent exagérée par les sources orales. Un administrateur colonial a coutume de qualifier "d'exagération noire" (30) les chiffres que lui rapportent ses sujets lors de ses tournées d'évaluation. Cela ne doit pas nous amener à ne pas prendre au sérieux certains témoignages oraux. Selon P. Goubert, un taux de mortalité proche de 12 % est assez fréquent (triplement du nombre annuel des décès) (31). Quelquefois, ces chiffres sont beaucoup plus importants :

> Le quadruplement n'est pas rare, et il existe des exemples isolés qui vont du quintuplement au décuplement, et 20 et 40 % de la population fut alors exceptionnellement et très localement victime de la crise (...). (32)

J. de Castro estime, quant à lui, qu'au cours des grandes sécheresses, la mortalité atteint 33 % (33). Des estimations faites à partir de chiffres avancés dans des pays victimes de la sécheresse et des famines font état de 15 à 25 % de victimes et d'une mortalité infantile de l'ordre de 400 % (34). Dans les propos que nous avons recueillis sur l'estimation des pertes en vies humaines, "l'exagération noire" dépasse rarement les chiffres ci-dessus énumérés.

En ce qui concerne les déplacements massifs de populations qu'occasionnent les famines, ils concernent le plus souvent les producteurs et

(29) P. Goubert, *op. cit.*, p. 51.
(30) Capitaine Cornu, *op. cit.*, A.N.S., 2G-15.
(31) P. Goubert, *op. cit.*, p. 51.
(32) P. Goubert, *op. cit.*, p. 52.
(33) J. de Castro, *op. cit.*, p. 214.
(34) M. Cepede, *op. cit.*, p. 42.

reproducteurs actifs. Cela entraîne un vieillissement de la population dont les conséquences se feront sentir à long terme.

Enfin, les effets conjugués de la mortalité et des migrations, auxquels s'ajoute l'état d'extrême misère, ont pour conséquence d'autres phénomènes qui ont de très graves répercussions sur le taux de fécondité (diminution des mariages, de la nuptialité, des conceptions dans de très grandes proportions) et la distribution par âge des générations futures. Les conséquences des famines renvoient à des phénomènes socio-démographiques multiples et complexes qui ne peuvent pas tous être examinés dans ce texte. La nature et l'état de nos sources ne nous permettent d'analyser que deux d'entre eux : l'ampleur du phénomène migratoire et la mortalité globale pendant la famine. Ces deux éléments nous permettront peut-être de voir dans quelle mesure la crise des années 1900-1903 a occasionné un déficit démographique dans des proportions comparables aux estimations évoquées ci-dessus.

A. L'exode de la faim

La famine des années 1900-1903 a drainé hors de leur zone d'habitation un nombre incalculable d'agriculteurs et d'éleveurs du Sahel. Lorsque toutes les ressources alimentaires sont épuisées, quand il ne reste aucun espoir de survie sur place, il reste une solution : partir. Les témoignages des départs massifs sont rapportés aussi bien par les sources orales que par le document colonial. Les témoignages oraux ne permettent certes aucune estimation chiffrée mais ils sont riches en enseignements. Ils font apparaître les régions qui ont été les plus affectées par les départs, l'itinéraire des migrants et les régions d'accueil. Les témoignages recueillis en pays Songhay (Tillabéry, Téra) évoquent des vagues successives de populations chassées par la famine qui ont déferlé sur les rives du fleuve Niger :

> Les gens venaient de l'Anzuru ou du Zarmaganda et il en arrivait des centaines par jour avec leurs enfants qu'ils proposaient d'échanger contre un panier de grain. (35)

Selon un informateur, la famine des années 1900-1903 est un des premiers événements à l'origine des migrations des populations de l'ouest du Niger vers le Nigéria (36).

Les documents d'archives permettent de mieux apprécier l'ampleur des départs occasionnés par cette crise. Dans le Premier Territoire Militaire du Niger, le rapport annuel de 1900 indique qu'en raison des départs la population de nombreux villages a diminué dans de fortes proportions (37). Dans le Kourtey, plusieurs villages ont été abandonnés par suite de la famine et des réquisitions (38). Les départs massifs par milliers évoqués par les sources orales sont confirmés par une monographie du cercle du Djerma rédigée en 1901 :

---

(35) Enquête orale.
(36) Enquête orale.
(37) *Rapport du G.G./A.O.F. 1906*, A.N.S., 2G6.
(38) *Rapport d'ensemble 1903*, Premier Territoire Militaire, A.N./S.M. 2G3-11 200 MI 1627.

> En 1901, à la suite d'une famine hideuse qui s'abattit sur le malheureux canton, une émigration considérable en fut le résultat ainsi qu'une mortalité énorme. (39)

Mais le témoignage le plus pathétique est celui rapporté par le Capitaine Salamane :

> En 1903, l'émigration en masse reprend. La sécheresse vient s'ajouter aux causes anciennes d'exode. Le mouvement s'étend de Gao à Ansongo, de Dori à Sorbon, sans que les mesures prises contre les menaces de famine puissent les freiner. Dans le Tondikandia et le Fakara à la même époque plusieurs mouvements de population se dessinent (...). L'émigration prend de plus en plus d'importance. Les Bella descendent jusque sur Kirtachi. Les sédentaires partent vers Sokoto. Les efforts pour diriger les familles vers le Dallol Bosso s'avèrent inefficaces (...). Tout le nord du cercle se vide lentement. (40)

Devant cette vague de migrations sans précédent, le Capitaine Salamane proposa que l'impôt soit réduit "à une simple marque de soumission afin d'éviter les émigrations comme celles des années 1900-1901" (41).

Est-il possible de se faire une idée du nombre de personnes concernées par cet exode ? Non. Aucun ordre de grandeur ne peut être avancé pour cette période, pour l'ensemble des régions concernées. A l'échelle locale, aucun administrateur colonial n'a donné un pourcentage des départs par rapport à l'ensemble de la population. Notre avis est qu'un grand nombre de personnes qui ont déserté les villages ont trouvé refuge dans les cercles ou territoires voisins. Beaucoup de ressortissants de Tombouctou sont descendus dans le Gourma Voltaïque. Les *Gao-Boro* (les gens de Gao) ont occupé des espaces vaquants le long du fleuve aux environs de la frontière actuelle entre le Niger et le Mali. Les migrants du Zarmaganda les plus nombreux se sont installés dans le Boboye ou le long du fleuve Niger, de Sakwara à Karma (42). Une enquête statistique menée au Nigéria au sein d'une communauté Zarma-Songhay a montré qu'un nombre important de personnes ou leurs ascendants sont venus dans cette région par suite de ce que ces gens appellent "*Sar-Sar Jiiro*" (l'exode ou la fuite devant la Mission Voulet-Chanoine, 1899-1900) ou à l'époque de "*Ize-Neere*", 1900-1903 (43).

L'ampleur du désastre et le grand désarroi des administrateurs coloniaux face au dépeuplement total de certaines contrées permettent de considérer qu'au moins 5 % des populations sous occupation française ont regagné les territoires anglais. Pour l'ouest du Niger, 75 % des migrants sont composés de populations du Zarma-Songhay ayant émigré les unes (la majorité) dans la région de Sokoto au Nigéria, les autres en Gold Coast. Ce flux a pu être compensé par l'arrivée massive dans la boucle du Niger de populations nomades venant des régions situées beaucoup plus au nord.

---

(39) *Monographie du cercle du Djerma*, anonyme, A.N.N., 15-1-1.
(40) M. Sellier, *Cercle du Djerma*, A.N.N., 15-1-7.
(41) Capitaine Salamane, *Rapport dans le Djermaganda - 1902*, A.N.N., 15-3-1.
(42) Enquête orale.
(43) Enquête orale.

B. Estimation sur la surmortalité pendant cette crise

A combien faut-il estimer les pertes en vies humaines consécutives à la crise ? Aucune estimation chiffrée n'a été avancée en ce qui concerne la mortalité globale. Mais le fait que cette crise ait concerné toutes les régions et que plusieurs de ces régions ont connu trois à quatre années consécutives de famine donne une idée sur la gravité de la situation. L'estimation des sources orales est de cet ordre :

> Il n'y avait qu'une année d'intervalle entre "*Sar-Sar*" (la Mission Voulet-Chanoine) et "*Kuru-Kuru*" (traîner traîner). On enterrait en moyenne trente personnes par jour pendant plusieurs mois dans mon village et ses environs. Puis on n'enterrait plus les gens : on les jetait dans la brousse. Si quelqu'un vient annoncer que son enfant ou son parent est mort, on lui dit "*Kuru ga koy furu*" (traîne et jette) (...). C'est pourquoi cette famine s'appelle "*Kuru-Kuru*". On l'appelle aussi "*Zamo-Kano*" (couteau tranchant), à cause du temps qu'il y avait entre deux décès. A peine a-t-on déposé un mort derrière les cases qu'il y a déjà un autre qui attend. Seul Dieu connaît le nombre de morts. Plusieurs villages ont disparu dans notre canton, peut-être la moitié (...). (44)

C'est généralement en ces termes que toutes les personnes interrogées apprécient le degré de la mortalité au cours de cette famine. Les expressions "*Zama-Kano*" (couteau tranchant) et "*Kuru-Kuru*" (traîner traîner) utilisées pour désigner cette famine constituent des indices certains d'une mortalité inhabituelle, peut-être même extraordinaire. Mais dans ces sociétés, le gonflement de moitié ou du tiers du nombre habituel des décès peut paraître extraordinaire.

Une chose est certaine : il y a eu prolongation de la crise pendant deux années au moins, quatre années au plus. La moyenne des régions touchées a vécu trois années consécutives de pénurie sous les effets conjugués des exactions de la Mission Voulet-Chanoine, le déficit pluviométrique, les invasions acridiennes et le poids de l'occupation. Dans la mesure où cette crise s'est prolongée assez longuement et qu'elle semble avoir été très intense, à combien peut-on estimer les pertes ? 10 à 20 %, 20 à 40 % de la population totale ? On n'en sait rien. Un triplement du nombre annuel des morts signifie que le taux de mortalité générale avoisine 12 %.

Essayons d'extrapoler à partir du témoignage oral. Sur un canton de trente villages (la moyenne à l'époque) peuplé d'environ trois cents habitants chacun (45), on obtient selon les indications de notre informateur un taux annuel de mortalité générale de l'ordre de 30 %. En ramenant les estimations de notre informateur à des proportions "raisonnables" ou plutôt modestes (vingt morts par jour pendant deux mois au lieu de trois), nous obtenons pour l'ensemble de ce canton un taux de mortalité de l'ordre de 13,3 %. Dans cette hypothèse, la mortalité d'un canton comme celui du Kourfey (8 829 habitants au début du siècle) a été de plus de 1 000 habitants en un an (12 à 13 % de la

(44) Enquête orale (information recueillie à Birni-Gauré (Boboye) - Niger).
(45) Il s'agit des moyennes utilisées par A.-H. Sidikou et A. Beauvillain, déjà cités.

population). La province du Yatenga, pour laquelle le premier recensement effectué dans les années 1900-1903 attribuait environ 245 000 habitants, aurait perdu 32 000 habitants en un an (46).

Si l'on affecte le taux de mortalité générale que nous proposons à l'ensemble de la zone (mais seulement pour la seule année 1902-03 caractérisée par une extrême famine), on obtient un abaissement de la population totale de plus de 100 000 habitants, 120 000 selon nos calculs (47). Cette hypothèse est-elle erronée ? Dispose-t-on de quelques indices si minimes soient-ils pouvant confirmer une mortalité d'une telle ampleur ?

Une des rares références au nombre de victimes est celle de J.-P. Olivier de Sardan qui fait état de "la mort de milliers d'hommes provoquée par la ligne du Tchad en grande partie responsable de la famine des années 1901-1903" (48). Cette estimation assez vague ne concerne que les populations de l'ouest du Niger dont il est question dans son ouvrage. Ailleurs, au Nigéria du Nord, il a été dénombré dans la seule localité de Bauci cent morts en 1902 (49). Il s'agit pourtant d'une zone où les conditions géographiques sont beaucoup plus favorables. Le Capitaine Cornu, qui est un des rares administrateurs de l'époque ayant insisté sur la situation alimentaire très critique, reconnaît qu'en dépit de "l'exagération noire", la mortalité fut très élevée pendant plusieurs mois chaque année. C'est cela qui explique à ses yeux les nombreuses scènes d'anthropophagie qui ont eu lieu pendant ces années (50).

Nous excluons pour notre part une surmortalité allant de 20 à 40 % de la population dans la mesure où nous n'avons pas assisté à une association famines-épidémies (cela n'apparaît pas dans les sources) malgré l'étalement de la pénurie sur plusieurs années. Il n'est pas exagéré cependant de considérer que, sous l'effet conjugué de plusieurs "forces de morts" (intervention de facteurs humains, famines prolongées, etc.), la mortalité a plus que doublé entre 1899 et 1903, avec une pointe exceptionnelle au cours de l'année d'extrême famine où ce taux a pu être triplé.

C'est pourquoi nous optons pour une surmortalité progressive atteignant son paroxisme au cours de l'année 1902-03. Cela nous donne des taux respectifs de 5 %, 5 %, 10 % et 12 % pour les années 1899-1900, 1900-01, 1901-02 et 1902-03. A partir de ces données, il est possible d'étayer une hypothèse sur la conjoncture démographique pendant les premières années du siècle.

III. Les sécheresses, famines et comportements sociaux

Les sources orales rapportent des témoignages qui montrent que dans les années 1900-1903, l'extrême famine a modifié, de manière radicale, la

(46) *Rapport d'ensemble 1900-1903*, Haut-Sénégal et Moyen-Niger, A.N./S.M., 2G3-21 200 MI 1631.

(47) Sur la table de 925 000 habitants (chiffre obtenu par simple addition des populations des différents cercles).

(48) J.-P. Olivier de Sardan, *op. cit.*, p. 152.

(49) M. Watts, *op. cit.*, p. 276.

(50) Capitaine Cornu, *op. cit.*

conduite de certains individus ou groupes d'individus. Un certain nombre de comportements qui s'écartent des normes sociales généralement admises ont été observées. C'est le cas par exemple des scènes d'**anthropophagie**, de l'apparition de **bandits de grands chemins** vivant de rapts et du phénomène de **vente des enfants.**

1. *L'extrême famine et "l'anthropophagie de nécessité"*

Les sources orales font très peu allusion au phénomène d'anthropophagie qui a certainement eu lieu dans des cas d'extrême misère, à l'époque pré-coloniale et pendant la famine des années 1900-03. Les contes et les mythes d'origine y font référence. L'interdiction de caractère religieux dont il est l'objet et la pudeur qu'éprouvent les personnes âgées les amènent à esquiver ce sujet que nous n'abordons d'ailleurs que de manière allusive. Lorsque le sujet est évoqué, les pratiques sont toujours attribuées à des groupes ethniques autres que ceux auxquels appartiennent les personnes interrogées. C'est ainsi qu'une information recueillie à Tillabéry (ouest du Niger) rapporte qu'entre 1901 et 1903 deux Mossi sur le point de mourir de faim ont décidé de se nourrir des restes de leur troisième compagnon (51). Un autre témoignage recueilli en pays Zarma raconte la mésaventure d'une mère obligée de fournir de la chair humaine à ses deux enfants pour sauver leur vie (52). Les obstacles socio-psychologiques empêchent d'approfondir ce sujet.

Ces informations isolées sur les horreurs d'extrême famine ne citent pas des cas d'anthropophagie "stricto-sensus" (meurtre dans le but de manger la chair humaine sous l'effet de la famine), comme cela a été rapporté par un médecin de Moscou qui a eu l'occasion de vivre dans l'ambiance dramatique de la famine qui a sévi dans la province de la Volga au cours des années 1921-22 (53). On peut néanmoins dire avec certitude qu'au cours des famines comme celles de 1870, 1900-1903 ou 1913-14, il y a eu (dans des proportions peut-être limitées) des cas de nécrophagie (consommation de cadavre humain, seule possibilité de survivre). Comme le suggère J. Claudian, même dans des sociétés comme celles du Sahel où le tabou de la chair humaine semble depuis longtemps entériné, cette interdiction s'avère assez fragile face à la mort :

> Dès que le problème de survie se pose, l'homme trouve sans aucune expérience antérieure un raccourci qui le remonte vers le point de départ de la zoologie, de l'omnivore de base. (54)

2. *Le phénomène des "hordes de la faim" ou "coupeurs de route"*

Le deuxième phénomène observé et qui montre que l'extrême famine est toujours accompagnée de modifications profondes dans la sphère psychique

---

(51) Enquête orale.
(52) Enquête orale.
(53) Dr L. Rosenstein, "La psychologie de l'extrême famine", *Cahiers de Nutrition et de Diététique*, n° VIII, fasc. 4, 1973, p. 291.
(54) J. Claudian, "Réflexions sur le canibalisme de famine", *Cahiers de Nutrition et de Diététique*, n° VIII, fasc. 4, 1973, p. 299.

sous tous ses aspects est l'apparition des "bandes de voyous" s'attaquant à tout et à tous pour assouvir leur faim. Sur ce point, les témoignages sont plus nombreux et plus détaillés. C'était généralement des jeunes gens tourmentés qui cherchaient par tous les moyens à calmer l'instinct d'extrême famine :

> Ils èrent de villages en villages s'en prenant aux femmes, vieillards et enfants, tous les adultes étant partis à la recherche de nourriture. (55)

Ce phénomène est décrit dans plusieurs rapports du Yatenga où l'administration coloniale est restée impuissante devant la multiplication des actes de brigandage :

> Ces pillards vinrent opérer au cœur du Yatenga avec une audace incroyable (...). Ils volent les animaux, les femmes et les enfants isolés dans les champs et chez eux pour aller les vendre avec la plus grande facilité. (56)

Des faits analogues furent observés dans le Troisième Territoire Militaire du Niger :

> Au départ, ces bandits cherchaient à manger en volant la nuit dans les greniers et les cases (...). Puis ils en vinrent au bétail abandonné ou gardé dans les enclos. (57)
>
> Ces coupeurs de route finirent par s'en prendre aux personnes sans défense qui constituent pour eux une source de revenu (...). Dans les années 1900-1903, le rapt de personnes a permis à des gens de s'enrichir ; la famine a aussi réduit beaucoup de personnes en esclavage (...). L'apparition des hordes sans loi a donné une impression de fin du monde. Tout était permis ; toutes les règles sociales étaient transgressées. (58)

Ces témoignages montrent à quel point la famine ne se limite pas uniquement aux effets physiologiques en attaquant les victimes dans leur chair. Beaucoup de personnes, qui avaient échappé à la mort par inanition, n'échappèrent pas à une déchéance morale. Pour J. de Castro, les populations victimes de la famine présentent des caractéristiques proches de celles des chiens affamés :

> L'homme est également capable d'altérer son comportement lorsqu'il est tenaillé par les affres de la faim. (59)

En pays Zarma, l'état d'extrême agressivité des personnes vivant de rapine en période de famine est comparé à celui du chameau enragé ou "*Yo-Futo*" (se dit du chameau enragé capable de tuer son maître). A ce stade, tout autre désir, tout autre intérêt vital, disparaissent de la pensée pour se concentrer uniquement sur la recherche de la nourriture, quels que soient les moyens et quels que soient les risques :

(55) Enquête orale.
(56) A.N./S.M., A.S.M.N., 2G3-15 200 MI 1631.
(57) *Rapport politique 1902*, A.N.N., 5-2-2.
(58) Enquête orale.
(59) J. de Castro, *op. cit.*, p. 231.

> Dans ces limites, la personnalité se désagrège peu à peu et finit par perdre tout scrupule et l'inhibition de l'ordre moral. (60).

Au stade ultime de la famine, beaucoup de parents, stimulés par l'impérieuse nécessité de trouver à manger pour leurs familles, ont échangé des enfants contre la nourriture. C'est cette pratique qui donna son nom à la famine de 1900-1903.

3. *"Ize-Neere" : la vente des enfants (phénomène de mise en gage de personnes en période de crise alimentaire)*

Les témoignages abondent sur le phénomène de "*Ize-Neere*" (vente des enfants). Selon K. Idrissa, le fait que cette pratique donna son nom à la famine de l'époque prouve que la mise en gage "constitua un phénomène nouveau" (61). L'ampleur du phénomène et sa généralisation à plusieurs régions sahéliennes permettent de penser au contraire qu'il s'agit d'une pratique ancienne. Ce phénomène, comme celui de la captivité temporaire des enfants pour obliger les familles à payer un tribut en échange de leur libération, remonte à l'époque pré-coloniale, d'après plusieurs témoignages (62). On ne saurait, par conséquent, comme le suggère K. Idrissa (63), faire un lien avec l'avènement du système colonial. A notre avis, le fait que la famine des années 1900-1903 ait conservé le même nom que le phénomène de mise en gage des enfants illustre non seulement l'ampleur de la situation, mais cette coïncidence peut également signifier qu'il s'agit de la dernière crise au cours de laquelle cette pratique a été possible, en raison de la suppression de l'esclavage par le système colonial. L'administration coloniale a eu d'ailleurs du mal à mettre fin à cette pratique. Une véritable police des mœurs a été mise au point pour "arrêter et punir ceux qui s'adonnent à cette pratique" (64). Le statut particulier de la personne mise en gage, la complexité des modalités de ce troc peu ordinaire, et surtout l'amalgame souvent fait avec l'esclavage, méritent que l'on s'attarde assez longuement sur cette question.

Sur ce thème, les personnes interrogées ont répondu aux questions suivantes :

* Quelle est la différence entre cette pratique et l'esclavage ? Dans quelles circonstances la mise en gage s'effectuait-elle ?

* L'importance du phénomène au cours des années 1900-1903 ?

* Quelles sont les modalités de la mise en gage des personnes pour cause de famine ?

* Quel est le statut social d'une personne mise en gage dans son milieu d'accueil et les conditions de sa réintégration dans son milieu d'origine ?

A. Rapports entre la mise en gage et l'esclavage

La terminologie locale correspondant à ce "troc" est le mot *Tolme*, qui

---

(60) J. de Castro, *op. cit.*, p. 231.
(61) I. Kimba, *op. cit.*, p. 759.
(62) Enquête orale.
(63) I. Kimba, *op. cit.*, p. 49.
(64) *Rapport de tournée du Capitaine Salamane dans le cercle du Djerma*, A.N.N., 5-3-1.

signifie gage. L'expression "*Ize-Neere*" (vente des enfants) veut plutôt dire mise en gage des enfants. L'enfant mis en gage était généralement le fils de la sœur (*Wymaïze*). Son oncle à plein pouvoir et toute autorité sur lui. Il avertira par la suite sa mère. La mise en gage de personnes s'effectuait même en période normale dans les sociétés traditionnelles africaines. Ce n'est pas de l'esclavage proprement dit, mais il existe des similitudes entre le statut de l'esclave dit domestique (personne intégrée à la cellule familiale et considérée comme membre à part entière) et celui d'une personne mise en gage pour des raisons matérielles (65). Sur ce plan, la mise en gage comme forme de servitude est très proche de l'esclavage. Mais en période de paix, la grande proportion des personnes mises en gage étaient des esclaves, qui conservaient leur statut d'esclave chez leurs nouveaux maîtres. En période normale, une personne pouvait être mise en gage pour les raisons suivantes (66) :

* Mise en gage d'une personne pour dette. Cette forme de servitude a donné lieu à l'utilisation de l'expression "esclavage pour dette" (une personne, ayant accumulé une dette importante et qui ne pouvait s'en acquitter, se mettait au service de son créancier pour le rembourser par utilisation de sa force de travail).

* Mise en gage d'une personne (par sa famille) par suite d'une mauvaise conduite (d'un membre de la famille) pour des raisons d'honneur familial. Les familles possédant déjà des esclaves réparaient ce type de préjudice en envoyant un captif chez le plaignant.

* Mise en gage d'un membre de la famille afin de procurer les ressources nécessaires pour constituer la dot de la personne mise en gage ou celle d'un de ses frères.

* Selon H. Ortoli, qui a étudié le phénomène de mise en gage au Soudan Français (Mali) : "Autrefois, une collectivité entière, par la voie de son chef, pouvait être engagée" (67). Aucun de nos informateurs n'a fait état de cette forme de mise en gage.

* Enfin, la forme la plus circonstancielle, la mise en gage de personne, généralement des enfants, pour cause de famine. C'est ce dernier cas qui nous intéresse.

B. Importance du phénomène au cours des années 1900-1903

Le souvenir de cet événement est encore très vivace dans la mémoire collective. Les témoignages ci-dessous permettent de se faire une idée sur l'ampleur et les circonstances dans lesquelles s'effectuait cette pratique :

> J'avais vingt ans ou plus à l'époque de "*Zama-Kano*", c'est le nom que nous avons retenu pour cette famine. Ce sont les gens du Zigui qui disent "*Ize-Neere*" (vente des enfants). J'ai vu beaucoup de parents vendre leurs enfants... C'est lorsqu'il n'y avait aucun espoir à l'horizon que les gens s'adonnaient à cette pratique. C'est un moment de panique

(65) Enquête orale.
(66) Enquête orale.
(67) H. Ortoli, "Le gage de personnes au Soudan Français", in *B.I.F.A.N.*, I, 1, 1939, p. 313-324.

générale dans toutes les couches de la population. On a fondé les derniers espoirs sur ceux qui étaient partis au Gourma, au Mossi, en pays Hausa, au Dendi, à la recherche de grains ; mais ils ne sont pas revenus depuis des mois. On se disait alors que la famine s'est généralisée et qu'elle s'étendait sur des centaines de kilomètres tout autour. Même les régions d'approvisionnement en grains comme le Hausa, le Dendi, le Gourma étaient touchées. Désormais tout le monde se mit à fuir les régions les plus sinistrées. On cherchait à gagner les bords du fleuve. C'est dans cette confusion générale que les enfants devenaient encombrants pour les familles. Pour ne pas les abandonner, on les échangeait contre un ou deux paniers de mil ou de sorgho auprès des rares personnes disposant encore de grains. Mais c'était toujours dans l'espoir de le retrouver un jour, de venir le racheter (*Fansa yan*), une fois la sécurité revenue... (68)

Hamani Zakoye, cultivateur à Tillabéry (pays Songhay, Niger), relate l'événement en ces termes :

> Au cours de cette famine que nous appelons "*Zarmaganda*", parce qu'elle a éclaté là-bas, beaucoup de gens sont venus proposer qui son fils, qui sa fille, qui son neveu, contre du mil... Il régnait une telle insécurité que personne ne laissait traîner son enfant. Lorsque les gens croisaient les enfants ou les femmes, ils les enlevaient pour aller les vendre. Une fois la famine passée, les gens versaient une rançon pour reprendre leurs parents dont ils connaissaient généralement le lieu de résidence. Il arrive que les personnes vendues se sauvent pour rejoindre leur village d'origine. (69)

Un témoignage authentique rapporté par D. Laya (70) relate qu'une femme qui avait quelques mois de grossesse avait promis de laisser son enfant si on lui donnait à manger jusqu'à son accouchement. C'est ce qui fut fait. La femme laissa son enfant car son sevrage coïncida avec la fin de la famine. Les témoignages comportent des nuances selon que l'informateur est d'origine Songhay ou Zarma. Et l'on comprend aisément les raisons psycho-sociologiques pour lesquelles les uns ont tendance à localiser le phénomène, les autres à le généraliser à toutes les populations victimes de la famine.

> Le gage de personnes ne concernait pas uniquement les Zarma : toutes les personnes menacées par la famine n'hésitaient pas à donner leurs fils ou leurs neveux en gage afin de pouvoir sauver la vie des autres membres de la famille. (71)

Certains proposaient leurs filles ou leurs sœurs en mariage aux hommes nantis :

> Mon père m'a même parlé d'un Peul qui céda sa femme à un chef de village, le temps de la famine. Un an après, quand l'abondance revint, le Peul n'a pu repartir avec sa femme devenue enceinte. (72)

---

(68) Enquête orale.
(69) Enquête orale.
(70) D. Laya, *op. cit.*, p. 68.
(71) Enquête orale.
(72) *Idem.*

Certains informateurs, surtout en pays Zarma (Niger), insistent sur le fait qu'il s'agit de cas isolés :

> La mise en gage ne concernerait que quelques rares individus se trouvant à l'étranger et qui ont été surpris par la misère. Dès qu'un parent entend qu'un membre de sa famille a mis en gage un enfant, il accourt aussitôt pour le racheter. (73)

Le rachat d'un esclave ou d'une personne mise en gage est appelé *Fansa* en Zarma. Les informateurs Songhay, quant à eux, estiment que les populations Zarma ont vendu massivement leurs enfants au cours de cette famine. H. Sidikou atteste que dans le Zarmaganda (ouest du Niger), la famine a donné lieu à un trafic semi-esclavagiste d'enfants :

> Les hommes s'acharnaient sur leur fils, particulièrement leurs neveux, qu'ils n'hésitaient pas à aller vendre sur les principaux marchés esclavagistes de l'époque, San-sane Hausa et Boubon. (74)

Les sources orales recueillies à Gao, Tombouctou et au Nigéria du Nord (Etat de Sokoto) font toutes état de ventes massives d'enfants au cours de cette famine (75). Dans leurs rapports, les résidents de Dori (Liptako) et de Ouahigouya (Yatenga) ont très souvent mentionné la situation désespérée de parents qui, ne pouvant plus nourrir leurs enfants, les vendaient sur les marchés (76). M. Watts rapporte également que dans les années 1902-1903, des enfants ont été vendus en très grande quantité dans plusieurs provinces du Nigéria du Nord (77).

Le phénomène "*Ize-Neere*" a concerné l'ensemble des régions sahéliennes touchées par la famine. Une vieille femme, témoin oculaire de plusieurs mises en gage d'enfants, affirme que, dans de nombreux cas, des parents ont tout simplement donné leurs enfants pour payer des dettes sollicitées depuis des années en prévision de récoltes satisfaisantes (78). Un rapport, rédigé par le Capitaine Salamane en novembre 1902 sur la situation alimentaire et qui évoque les ventes d'enfants, contrarie l'hypothèse selon laquelle cette vente a été surtout pratiquée par les populations du Zarmaganda (ouest du Niger). Son rapport fait référence également aux populations Songhay, en l'occurrence celles de l'Anzuru. Là également, il s'agit dans plusieurs cas de parents qui ont vendu des enfants pour "payer des dettes contractées jadis" (79). Même si le gage de personnes pour famine est très peu mentionné dans les rapports des administrateurs coloniaux pendant les famines postérieures (1913-14, 1931-32, 1954, etc.), nous pensons que cette pratique a persisté jusqu'à une période relativement récente. Nous pensons également que d'une manière générale, la mise en gage des enfants en période de famine était une

(73) Enquête orale.
(74) H. Sidikou, *op. cit.*, p. 22.
(75) Enquête orale.
(76) H.S.M., *Rapport d'ensemble*, A.N./S.M., 2G3-14 200 MI 1630.
(77) M. Watts, *op. cit.*, p. 276.
(78) Enquête orale.
(79) *Rapport du Capitaine Salamane - 1902*, cercle du Djerma, A.N.N., 5-3-1.

pratique assez courante dans toute la bande sahélo-soudanienne. Dans son article sur les gages de personnes au Soudan Français, H. Ortoli, qui a traité du phénomène en général, cite des cas de gage de personnes pour famine. Il précise que :

> Ces notes ont été prises et vérifiées chez plusieurs peuples de la boucle du Niger dont les Foulbé, les Mossi, les Bambara, les Dogon, les Bozo, etc. (80)

C. Les modalités de la mise en gage

En ce qui concerne la mise en gage de personnes en général, il existe des conditions juridiques strictes qui sont généralement observées par les deux parties. L'article de H. Ortoli donne des précisions sur un certain nombre de points : les personnes concernées par la mise en gage, celles qui peuvent mettre en gage, celles qui peuvent prendre des gages et dans quelles conditions, etc. (81). Mais il s'agit là de mise en gage effectuée en période normale devant des témoins et un tribunal indigène chargé de veiller au respect du contrat par les deux parties.

En période de famine, avec la multiplication par dizaines ou centaines du nombre de mises en gage, les conditions et les modalités sont naturellement très différentes de celles effectuées en période normale. Comme chaque situation de crise, les famines constituaient également une occasion pour les classes privilégiées (qui pouvaient encore disposer de grains) de spéculer sur leurs réserves. Les familles relativement aisées profitaient de la situation pour renforcer leur autorité sur les couches sociales les plus déshéritées. Il se créait ainsi des alliances et un clientélisme liés au seul désir de se procurer de quoi subsister jusqu'à la fin de la famine. Ces alliances se concrétisaient assez souvent par la mise en gage d'une personne (un enfant ou une jeune fille) pour avoir une ration alimentaire ponctuelle ou régulière.

En période de crise alimentaire généralisée, la mise en gage s'évaluait selon les principes de la loi de la jungle. Contrairement aux autres formes de gages plus ou moins admises par la société traditionnelle, la mise en gage d'enfants pour famine est considérée comme un tabou. D'où les difficultés que nous avons eues pour reconstituer les circonstances et les modalités de la mise en gage des enfants. Un de nos informateurs a résumé les modalités en ces termes :

> Les "nantis" proposaient leur offre ; c'était à prendre ou à laisser. Et c'était généralement pris. Pendant les années 1900-1903, la famine était telle que les populations n'avaient pas le choix. (52).

La mise en gage est un acte volontaire. D'une manière générale, il s'agit d'un contrat oral, tacite, ne comportant pas moins certaines clauses quant aux conditions, la durée et les modalités de remboursement de la dette consentie.

---

(80) H. Ortoli, *op. cit.*, p. 313.
(81) *Idem.*
(82) Enquête orale.

En période normale, seul le chef de famille décide de la personne à mettre en gage. En période de famine également, lui seul peut juger du moment opportun (situation très critique, désespérée). Les jeunes gens se trouvant à l'étranger prennent l'initiative de se mettre en gage eux-mêmes. Ils se doivent d'informer leur famille avant ou après le gage, afin que l'on sache dans quelle région ou quelle famille ils se trouvent. La majorité des témoignages indiquent que les gages étaient généralement des enfants. Dès six ans, lorsque l'enfant est en mesure de conduire un troupeau, il peut être mis en gage. Il existait aussi un certain nombre de jeunes filles en âge de se marier ou de jeunes femmes que leur mari avait abandonnées. "Les hommes d'origine noble préféraient mourir de faim plutôt que de se mettre en gage", nous a-t-on dit en pays Songhay (83). Il arrivait qu'un jeune homme apprenne que son beau-père avait mis en gage une fille qu'il comptait épouser. Le fiancé rachetait la fille s'il avait les moyens.

Le gage n'est pas un marché définitif. Ce n'est pas une vente. "On ne vendait pas les enfants comme on vend aujourd'hui une chèvre sur le marché de Sakoiré". C'est du *Tolme* (hypothèque). Le parent de l'enfant n'est pas dépossédé définitivement de son fils ; il en est privé momentanément. L'enfant ne constitue qu'une garantie pour assurer le remboursement de la dette. En période normale, le gageur reçoit généralement un bien matériel. Le taux d'intérêt ne dépasse jamais l'équivalent du bien acquis. En période de famine, ce taux varie du double au quadruple et même plus. Il s'agit toujours d'un produit alimentaire (bétail ou grains). L'unité de mesure généralement utilisée est le *Kondo*, panier à récolte pour mil ou sorgho (l'équivalent de 15 à 20 kilogrammes de mil) (84). On affirme que dans l'ouest du Niger, des enfants ont été mis en gage pour la moitié d'un Kondo (85). Dans un cas évoqué par H. Ortoli, à l'époque de la grande famine de 1913-14, des enfants ont été mis en gage "pour une poignée de mil" (86). Un témoin affirme avoir connu des mises en gage où le témoignage n'a pas été nécessaire :

> Il ne faut pas se faire d'illusions, l'enfant ou la jeune fille en gage était généralement à deux pas de la mort ; il ne peut que se réjouir de sa nouvelle condition de vie et n'aspire qu'à rester auprès de son nouveau maître aussi longtemps que durera la famine. (87)

Mais, en général, la présence d'au moins un témoin mâle est sinon exigée, du moins souhaitée. Seul le refus de prêter serment par une des parties peut empêcher le contrat de mise en gage.

---

(83) Enquête orale.

(84) A titre de comparaison, en période normale, un *Banya* (esclave) peut être racheté par sa famille en échange d'un bœuf, 15 à 20 pagnes (l'équivalent de 200 francs au début de la colonisation). Un jeune homme se vendait 200 francs, une femme 150 francs (environ 1 000 cauris). A la fin du siècle dernier et au début de ce siècle, à Tombouctou, un enfant de 4 à 10 ans valait de 50 à 80 francs s'il était un garçon, de 80 à 100 francs s'il était une fille ; le kg de mil valait entre 0,25 et 1 franc. Sources : J. Prost, *Mission des Pères Blancs en A.O.F.*, p. 10. H. Guillaume, *op. cit.*, p. 317.

(85) Enquête orale.

(86) H. Ortoli, *op. cit.*, p. 317.

(87) Enquête orale.

D. Droits et obligations des deux parties

En période de famine, la convention ne fixe pas de délai de remboursement strict de la dette. Implicitement, les deux parties considèrent qu'à la première année de bonne récolte le gageur est susceptible de rembourser la dette. En cas de non remboursement, l'enfant reste à la disposition de son chef de famille pendant une période indéterminée. A Tillabéry, un de nos informateurs nous a cité un grand nombre de cas où les gagés sont restés à titre définitif dans leur nouvelle famille. Certaines personnes font preuve de générosité en autorisant les enfants à rejoindre leur famille même si la dette n'est pas remboursée (88). Dans certains cas, la dette est reconvertie en force de travail. Le gage est alors obligé de travailler de nombreuses années ou une bonne partie de sa vie au compte du créancier. Dans tous les cas, la force de travail du gage est indéfiniment supérieure à la valeur du contrat. Ce déséquilibre dénote l'état moral et psychologique, critique dans lequel se trouvait l'individu ou la famille ayant procédé au gage.

Les droits et les obligations dans un contrat de mise en gage tels qu'ils ont été décrits en ce qui concerne le cas spécifique des Dogon (région de Bandiagara, Mali) sont très proches de la situation telle qu'elle nous a été relatée en pays Zarma-Songhay :

> Pour un panier de mil par exemple, si la libération a lieu l'année suivante, ce sera contre deux paniers de mil, contre quatre la deuxième, huit la troisième et ainsi de suite, le nombre de paniers augmentant selon une progression géométrique mais ne devant pas dépasser 100 000 cauris (...). Si ce panier est atteint, le gage deviendra captif du créancier ; sa libération pourra avoir lieu contre 100 000 cauris ou un captif ; c'est pourquoi les Dogon, quand ils mettent une personne en gage, disent qu'ils le nantissent pour tant de captifs, c'est-à-dire pour autant de fois 100 000 cauris (...) (89)

Contrairement aux esclaves, la personne mise en gage est soumise aux mêmes conditions d'hébergement et de travail que les autres membres de la famille. "Le produit de son travail profite au créancier mais ne vient pas en déduction de la dette que doit rembourser ses parents" (90).

Bien qu'assez différente de l'esclavage dans sa forme, la mise en gage de personnes pour famine a engendré de graves séquelles de l'ordre moral très perceptibles dans les sociétés sahéliennes d'aujourd'hui. L'analyse du phénomène a certes montré que le gage de personnes était une pratique ancienne très répandue, mais sur la question des "ventes d'enfants" pendant la famine du début du siècle, la plupart des personnes interrogées ont cette grande gêne que l'on éprouve face à une pratique que le respect de la dignité humaine réprouve. Comme l'apparition des hordes de grands chemins et le canibalisme de famine, il existe une relation entre "la vente d'enfants" et les grandes périodes de sécheresse et de famine :

---

(88) Enquête orale.
(89) H. Ortoli, *op. cit.*, p. 321.
(90) *Idem.*

> Quand une catastrophe s'abat sur l'homme, il n'est plus lui-même, il n'est plus homme, il se comporte comme un animal (...). Très peu de personnes que j'ai croisées au cours de cette famine ont pu conserver leur dignité. (91)

Cette appréciation de la situation faite par l'un de nos informateurs rejoint les propos de J. de Castro :

> Aucune calamité n'est capable de corrompre aussi profondément et d'une manière aussi pernicieuse la personnalité humaine que la faim lorsqu'elle atteint véritablement les limites de l'inanition. (92)

Pourquoi un événement vieux de quatre-vingt-cinq ans continue-t-il à tourmenter les esprits ? A cela, deux explications :

* D'abord parce que ce fut la dernière grande crise pendant laquelle le phénomène a atteint une telle ampleur. La morale traditionnelle condamne vigoureusement la capitulation face aux difficultés de la nature (la faim, la soif, la maladie, la fatigue, etc.), elle répugne à la corruption morale.

* Une des conséquences directes de ce phénomène a été l'augmentation dans de très fortes proportions des personnes dites d'origine servile en raison justement de l'amalgame fait entre les descendants des esclaves "vrais" et les descendants des personnes mises en gage par leurs parents. Que la personne descende d'un esclave de guerre (*Tam*), d'un esclave domestique (*Horso* ou *Kojo*) dit de case, qu'elle ait eu un des grands-parents ayant été victime du phénomène "*Ize-Neere*", il n'existe aujourd'hui, dans le langage courant, qu'une seule expression pour désigner les personnes d'origine servile, c'est le mot *Banya* ou esclave. Beaucoup de jeunes filles et de jeunes femmes ont été mises en gage à l'époque de la famine. Dans de nombreux cas, les créanciers ont épousé leur gage. Plusieurs contrats de mise en gage ont également été présentés comme des mariages pour tromper l'opinion (93). De génération en génération, les enfants nés dans ces familles et même ceux nés de personnes ayant recouvré par la suite leur liberté, portent cette cicatrice que la société d'aujourd'hui considère, à tort plus qu'à raison, comme indélébile...

La conclusion que nous inspire l'analyse de ce phénomène de "*Ize-Neere*" pendant la famine des années 1900-1903 est la suivante :

> La famine comme facteur de destruction physique de l'homme s'inscrit dans la courte durée ; comme facteur de désintégration morale, elle s'inscrit dans la longue durée car elle agit sur la mentalité des populations et laisse des traces indélébiles.

La faim extrême et le cortège de malheurs au milieu desquels s'installe la pénurie sont certainement pour quelque chose dans la genèse des mentalités

(91) Enquête orale.
(92) J. de Castro, *op. cit.*, p. 225.
(93) Enquête orale.

d'un peuple (94). La famine des années 1900-1903, en raison des circonstances particulères qui l'ont engendrée (troubles internes permanents, conquête et exploitation coloniale, déficit pluviométrique et invasions acridiennes), constitue à notre avis une des plus grandes crises démographiques et sociales connues par les populations du Sahel. La pénurie fut générale et concerna la région sahélienne dans son immense majorité. Nous pensons que sur les trois à quatre années qu'a duré la crise, elle a occasionné un minimum de 100 000 morts. Plus que les pertes en vies humaines, ce tournant du siècle a profondément marqué les mentalités. L'analyse des comportements socio-psychologiques des populations pendant cette famine a montré qu'une crise alimentaire est un des facteurs déterminants susceptibles d'amener des groupe à balayer en quelques jours l'échelle des valeurs sociales et ethniques établies en plongeant l'homme dans une indifférence affective totale.

*
* *

(94) J. Claudian, *op. cit.*, p. 300.

Chapitre 5

"GANDE-BEERI" OU POITRINE LARGE (1913-1914) LA GRANDE FAMINE DU SIECLE ?

La population et le cheptel amoindris par la famine des années 1900-1903 n'auront pas le temps de se reconstituer car, une dizaine d'années plus tard, une autre crise, extraordinairement violente va s'abattre sur la région. Cette famine que les Zarma-Songhay appellent "*Gande-Beeri*" (grande poitrine ou poitrine large) est une calamité citée par toutes les sources. Elles concordent pour considérer qu'elle a frappé toute la bande sahélo-soudanienne, de l'Atlantique à la Mer Rouge. Les travaux qui ont abordé cette famine ont surtout insisté sur le caractère exceptionnel de la sécheresse qui fut à l'origine de cette famine (1). Les pertes en vies humaines ont été estimées à quelques centaines de milliers (2). L'accent est également mis sur l'importance du flux migratoire nord/sud qu'elle a engendré. Tous les paysans que nous avons interrogés considèrent que cette crise est de loin la plus sévère. La littérature coloniale est également très abondante sur cette période, même si, à l'instar des sources orales, les appréciations qu'elle nous donne ne s'appuient sur

(1) Voir à ce sujet les travaux de J.-Y. Marchall en ce qui concerne la partie voltaïque ; F. Fugelstadt, I. Kimba, J.-P. Rothiot et S. Baiers pour la partie nigérienne ; et J. Gallais pour la partie malienne.
(2) J. Gallais et J. Suret-Canale, *op. cit.* (nous y reviendrons).

Tableau VIII

PLUVIOSITÉ A NIAMEY DE 1905 A 1919

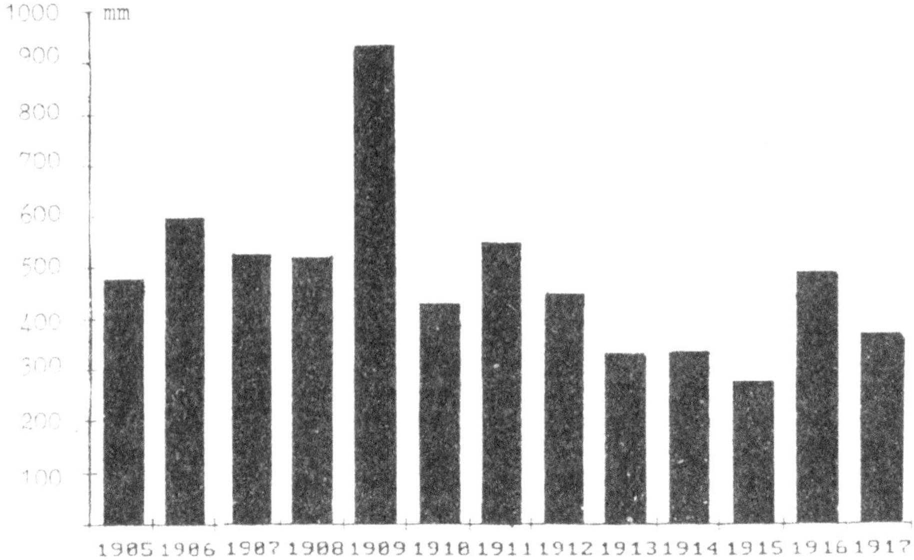

PLUVIOMÉTRIE A TOMBOUCTOU DE 1896 A 1917

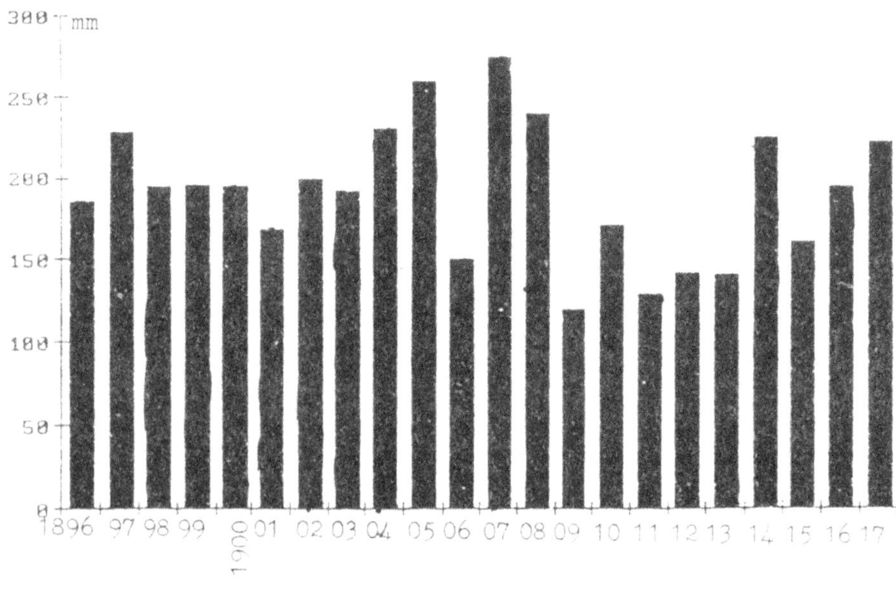

aucune statistique agricole ou démographique. Comme pour la famine des années 1900-1903, nous sommes réduits aux extrapolations à partir d'impressions générales.

Nous nous efforcerons de faire état de la situation alimentaire, de la durée et de l'extension de la crise telles qu'elles apparaissent à travers nos deux principales sources (témoignages oraux et archives coloniales). Mais au-delà de la conjoncture économique, c'est encore une fois la conjoncture démographique qui retiendra beaucoup plus notre attention.

Cette grande crise alimentaire occasionnée par une catastrophe climatique a-t-elle entraîné à son tour une catastrophe démographique ? Nos sources n'apportant pas de réponses sur l'ampleur du déficit démographique, nous prendrons le risque d'étayer les hypothèses.

1. Analyse des éléments constitutifs de la crise

1. *Le déficit pluviométrique*

Entre 1910 et 1915, toute la bande sahélo-soudanienne a enregistré un fort déficit pluviométrique. Jusqu'à la dernière sécheresse (1982-83), celle des années 1910 était considérée comme la plus importante connue de mémoire d'homme. La comparaison entre les relevés de cette époque et ceux du début des années 1970 montre une prédominance de la sécheresse des années 1910 (3). La détérioration du régime pluviométrique a été progressive. Elle a commencé à la fin du siècle dernier et s'est poursuivie jusqu'à la fin des années 1910 (voir nos calculs et nos graphiques). A l'intérieur de cette période, l'année 1913 a eu une déficience pluviométrique sans précédent. L'analyse des données disponibles (Niamey, Tombouctou) montre que la sécheresse ne fut pas brutale. Les années 1910 et 1911 ont déjà enregistré des déficits importants. La particularité de l'année 1913 est d'avoir été la plus sévère d'une série d'années mauvaises, dans toute la zone sahélo-soudanienne. Le volume annuel moyen enregistré en 1913 est de l'ordre des deux tiers de la moyenne habituelle si l'on considère toutes les stations en service dans la zone sahélo-soudanienne à cette époque (4). Au niveau des stations de Tombouctou et de Niamey, le déficit a été de 30 % à 40 %, par rapport à la moyenne annuelle. Les années 1914 et 1915 furent plus ou moins mauvaises selon les localités. Tombouctou a enregistré une pluviométrie bonne en 1914 et mauvaise en 1915, tandis que Niamey enregistrait un déficit comparable à celui de l'année 1913. C'est seulement à partir de l'année 1917 que les rapports administratifs dans leur ensemble font état de conditions agro-météorologiques satisfaisantes (5).

(3) H. Plote, *op. cit.*, p. 32. J. Circoulon, *op. cit.*, p. 5. A.-T. Grove, *op. cit.*, p. 133. M. Roche, *op. cit.*, p. 55.
(4) A.-T. Grove, *op. cit.*, p. 56.
(5) J. Circoulon, *op. cit.*, p. 3.

Il est généralement admis dans les milieux scientifiques qu'à l'échelle de deux années consécutives la période la plus sèche depuis le début du siècle est celle des années 1910. Pour la période antérieure, en ce qui concerne la zone qui nous intéresse, nous ne disposons que des données de Tombouctou. Les séries des stations de N'Djaména, Saint-Louis, Dakar, montrent que la période 1898-99 a été "la pire de toute la période des observations" (6). Le déficit important enregistré au cours des années 1910-1916 s'inscrit donc dans une longue période sèche, au moins aussi longue que celle qui a commencé à la fin des années 1960. Elle a duré une vingtaine d'années avec une phase de rémission dans les années 1907-08 où la pluviométrie a été relativement bonne.

Si l'on considère que la sécheresse connue dans les années 1980 est le prolongement d'une longue période sèche qui a commencé vers 1968, il faut aussi admettre que la première grande sécherese (qu'il ne faut pas situer au début du siècle mais au tournant du siècle dernier) présente de fortes ressemblances avec la sécheresse actuelle. C'est seulement au cours de ces deux sécheresses que la sévérité et l'extension ont atteint les régions subéquatoriales (7). Sans remettre systématiquement en cause l'hypothèse généralement admise selon laquelle la sécheresse actuelle qui a connu deux paroxysmes en 1973 et 1983, l'emporte sur toutes les autres en raison de sa persistance et de sa sévérité, on peut cependant émettre une réserve. Les relevés de la quasi totalité des stations qui nous concernent (Mopti, Ouahigouya, Tillabéry, Dosso, Gao) sont de courte durée pour inclure cette période sèche. La comparaison avec la période actuelle paraît alors schématique, puisqu'elle ne s'appuie que sur la seule station de Tombouctou et dans une moindre mesure celle de Niamey les autres stations de référence se trouvant en dehors de notre zone d'étude (Dakar, Saint-Louis, Ouagadougou, etc.).

Il ressort de ces données qu'après la période difficile des années 1900-1903, la production alimentaire fut relativement bonne jusqu'en 1909. Seule l'année 1907 a présenté une situation assez contrastée :

> Ouahigouya, mauvaise récolte ; Fada N'Gourma, récolte peu abondante ; Tombouctou, récolte de riz et de mil mauvaise ; Gao, récolte de riz assez bonne ; Say, récolte mauvaise. (8)

L'année 1910 a été la première année de pénurie importante depuis la famine de 1900-1903. La situation fut particulièrement préoccupante dans le Yatenga où les populations ont manifesté une grande inquiétude pendant la campagne agricole de 1909 lorsqu'elles virent "le mil sécher sur pied faute d'eau" (9). En 1911, l'ensemble des rapports présente une situation alimentaire médiocre en raison de la mauvaise pluviométrie. L'hivernage de 1911 a été en effet très

---

(6) J. Circoulon, *op. cit.*, p. 3.
(7) J. Circoulon, *op. cit.*, p. 5. M. Watts, *op. cit.*
(8) *Rapports politiques trimestriels*, A.O.F., A.N.S., 2G7-31.
(9) *Rapport politique annuel*, A.O.F., A.N.S., 2G11-13.

tardif (vingt à trente jours de retard selon les cercles). Le Naba du Yatenga a, dès 1911, fait état de l'angoisse de la population pour laquelle une grande famine est inévitable pour les années à venir (10).

Malgré une pluviométrie meilleure en 1912, la situation alimentaire ne fut pas moins mauvaise. Les deux années de pénurie 1910 et 1911 se sont répercutées sur l'année 1912. En 1913, l'ensemble des cercles ont enregistré un retard dans la campagne agricole de l'ordre de trente à quarante jours. En dépit de ce retard, les pluies ont cessé brusquement en septembre.

Pour les populations locales, la différence essentielle entre les deux périodes est que la première a été marquée par sept années consécutives de sécheresse agronomique, phénomène qui ne se serait pas produit au cours de la période de la dernière sécheresse.

2. *L'évolution de la situation alimentaire*

Nous nous servons de quelques témoignages oraux et des archives coloniales pour essayer de répondre à un certain nombre de questions qui se posent lorsqu'une famine éclate :

- Quand la pénurie a-t-elle commencé ?
- La situation était-elle prévisible quelques années auparavant ?
- Quels étaient les signes avant-coureurs ?

En 1913, il n'existait pas encore de service agricole dans la quasi totalité des cercles. C'est à partir des différents rapports administratifs évoquant la situation des cultures dans les différents cercles que nous avons établi une chronique des années agricoles comparable à celle élaborée par J.-Y. Marchall pour le cercle de Ouahigouya (11). Le rapport trimestriel du Haut-Sénégal-Niger du 4e trimestre de l'année 1913 mentionne les renseignements suivants :

> Gourma-Rharous, récolte mauvaise ; récolte de riz nulle à Gao, médiocre à Ansongo ; Goundam, récolte nulle ; Issa Ber (Niafunké actuelle), mauvaise récolte ; Mopti, récolte de riz moyenne ; pas de riz dans les sept cantons ; Dori, la récolte de mil a souffert ; Ouahigouya, mauvaise récolte générale ; Say, rendement du mil très réduit ; Fada N'Gourma, mauvaise récolte. (12)

Dans le territoire militaire du Niger, la récolte ne fut pas meilleure :

> L'année 1913 a été une année déplorable pour le territoire au point de vue agricole. (13)

Selon les estimations des autorités coloniales dans beaucoup de cercles la récolte a été à peine 1/10e ou 1/5e à 1/2 dans les régions les plus favorisées (14). En 1914, la situation alimentaire fut plus dramatique. Plus que la sécheresse,

---

(10) J.-Y. Marchall, *op. cit.*, p. 48.
(11) J.-Y. Marchall, *op. cit.*, p. 214.
(12) *Rapports trimestriels*, Haut-Sénégal-Niger, A.N./S.M., 2G13-12 200 MI 1670.
(13) *Rapports d'ensemble annuels*, A.O.F., A.N./S.M., 2G13-3 200 MI 1668.
(14) *Idem.*

Tableau IX

QUANTITÉ DE GRAINS CHARGÉS A KOULIKORO

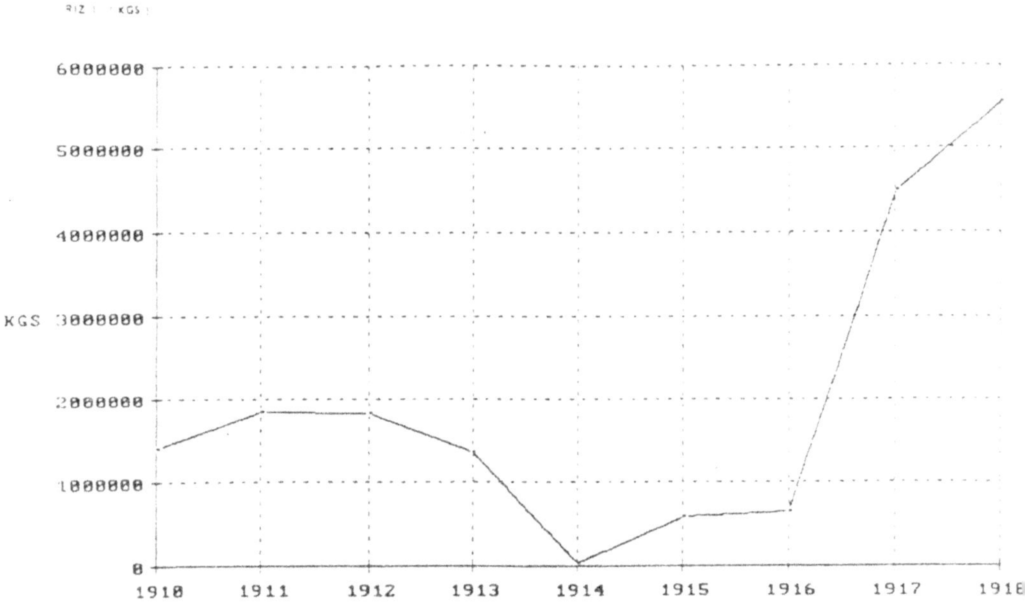

Tableau X

PRIX DU MIL AU MARCHÉ D'AYOROU (TILLABERY) DE 1911 A 1915
(en francs courants)

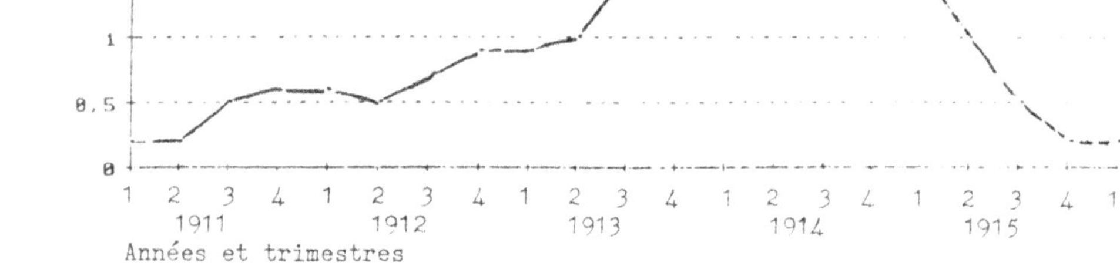

Tableau XI

ESTIMATION DE PRIX DES PRODUITS ALIMENTAIRES
SUR LES MARCHÉS DE L'OUEST DU NIGER (AYORU, YEDA) ENTRE 1912 ET 1915
(francs courants)

ANNEES / PRODUITS	PERIODE NORMALE	1912					1913					1914					1915				
		1	2	3		4	1	2	3		4	1	2	3		4	1	2	3		4
				a	b				a	b				a	b				a	b	
MIL	0,05	0,5	0,5	0,7	0,6	0,9	0,9	1,0	1,5	1,5	1,5	1,8	2,0	3,0	1,5	1,5	1,5	1,5	1,0	0,5	0,9
BOEUFS	100,00	50	50	45	70	65	45	40	35	35				20	30						70
GENSI/FONIO SAUVAGE	0,01	0,2						1,0									1,5				
RIZ	1,0								3,0					4,0					3,0		
SON DE MIL	0,05							0,5						1,0					1,0		
MOUTON				3,0			3,0		2,0					2,0							5,0

Sources : Enquête orale, série A, interviews N° 8-9-10

Tableau XII

QUELQUES PRIX RELEVÉS
DANS LES DIFFÉRENTS RAPPORTS DES CERCLES
(francs courants)

ANNEES / LOCALITES	PERIODE NORMALE	1912				1913				1914				1915			
		1	2	3	4	1	2	3	4	1	2'	3	4	1	2	3	4
KOLLO/NIAMEY																	
. mil	0,02	0,1	0,2	0,5	0,9	0,45	1,6	2,0	0,5	0,75	1,75	2,0					
. boeuf	100,00			50					40			30					
OUAHIGOUYA																	
.	0,02										1,0	1,45	0,2				
AYORU																	
. mil	0,02			0,9			1,0		0,3								
. boeuf	80,00			45			30		35			20					
TOMBOUCTOU																	
.	0,05	0,1		0,7			0,5	1,0	0,5	0,5	0,5	1,5	1,0				

Sources : Rapports commerciaux, A.N.N. Niamey, 15-4-1
A.N./ S.M., 2G13-12 200 MI 1670
A.N./ S.M., 2G13-13 200 MI 1670
A.N./ S.M., 2G14-4 200 MI 1675

c'est surtout l'absence de grains pour les semis et de bras valides pour cultiver les champs qui furent à l'origine de la détérioration de la situation. Sur ce point, on note une concordance entre les sources orales et les archives coloniales

> Il est dommage que le défaut et le manque de bras produit par la famine fasse que cette récolte ne soit pas bonne. (15)

L'année 1914 fut la troisième année consécutive de famine et la cinquième année de mauvaise production. Nous ne disposons malheureusement pas de statistiques agricoles pour cette période. Un registre des quantités de riz produites dans la vallée du Niger entre Kouroussa et Tombouctou et chargées à Bamako permet de se faire une idée sur les fluctuationos de la production vivrière entre 1910 et 1918.

3. *Les mouvements des prix alimentaires*

Le dernier élément à partir duquel nous essayons d'apprécier l'ampleur de la famine est l'évolution des prix notamment la variation des mercuriales. Le mil constituant la nourriture de base des populations, la lecture des fluctuations de son prix peut fournir des indications intéressantes sur l'importance de la pénurie de grains. Dans son ouvrage consacré à l'histoire rurale *Beauvais et le Beauvaisis*, P. Gouert écrit : "A elle seule une solide mercuriale procure une sérieuse idée de quelques fluctuations démographiques" (16). Cette affirmation faite dans le cadre de l'histoire du Moyen Age européen peut être valable pour les sociétés rurales du Sahel. Malheureusement, un tableau des mercuriales, comme source continue de la variation des prix, dans un contexte colonial, ne peut être utilisé qu'à titre indicatif. D'abord parce que dans ce cas précis ces prix ne sont pas indiqués de façon régulière dans les archives ; il a fallu les reconstituer. Ensuite, les prix officiels mentionnés, lorsque c'est le cas dans les rapports administratifs, ne reflètent généralement pas les prix pratiqués sur les marchés. Ils sont généralement en dessous des prix réels. Pendant la période coloniale, les prix du mil étaient généralement fixés par un conseil de notables présidé par le commandant de cercle. La hausse qui s'effectue à la période de disette précède généralement celle des mercuriales officielles (17). En outre, les variations régionales étaient (comme aujourd'hui) très importantes.

Comment contourner toutes ces difficultés ? Pour compenser la raréfaction des références mercuriales au niveau des archives, il a fallu procéder à une enquête métrologique. Des enquêtes orales menées dans les milieux concernés par le commerce du grain et du bétail à l'époque (nature et contenance des mesures à grains, rapports entre les différentes mesures, prix pratiqués sur les marchés voisins, etc.) ont permis de déterminer au niveau d'un certain nombre de marchés les mouvements des prix et de les comparer à quelques prix mentionnés dans les rapports officiels.

(15) *Rapports trimestriels*. Haut-Sénégal-Niger. A.N.S., 2G13-12 200 MI 1670.
(16) P. Goubert, *op. cit.*, p. 411.
(17) J. Egg, *op. cit.*, p. 42.

Tableau XIII

PRIX DU MIL SUR LE MARCHÉ DE KOLLO DE 1912 A 1915.
(en francs courants)

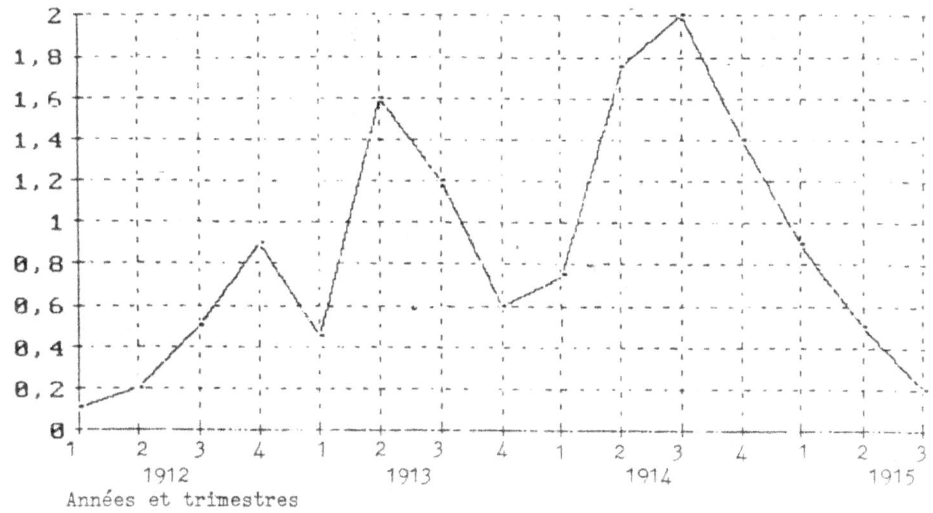

Tableau XIV

PRIX DU BŒUF SUR LE MARCHÉ D'AYORA (NIGER) DE 1911 A 1916.
(en francs courants)

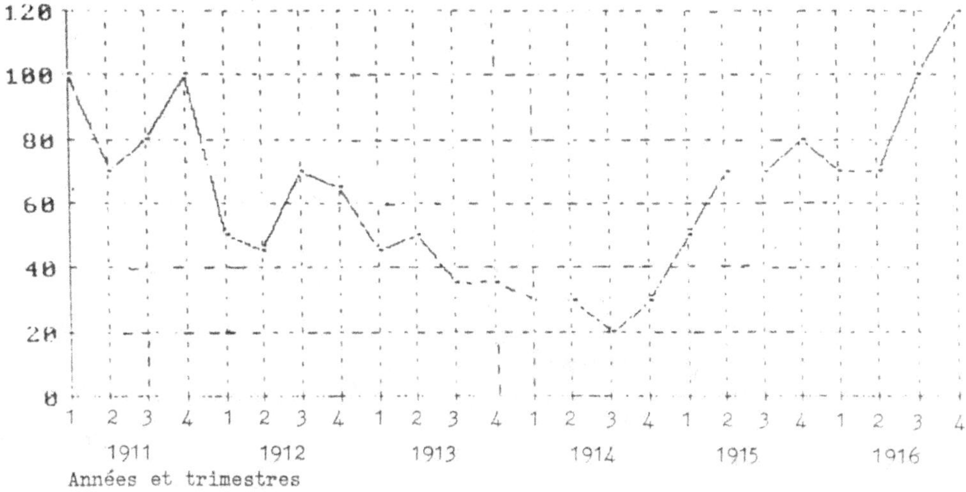

Nous avons vu précédement que le déficit pluviométrique fut la cause principale qui a entraîné un effondrement de la production agricole. Cette chute de la production, à laquelle s'ajoutent les mécanismes de spéculation qui accompagnent les périodes de crise, va entraîner une hausse des prix des denrées de première nécessité sur les marchés.

Dans l'ouest du Niger, les principaux marchés de ravitaillement en grains étaient : Yéda (Boboye), Kolo, Boubon (Niamey), Ayorou et Sansane Hausa (Tillabéry) (18). Sur le marché de Yéda, le *mudu* (équivalent du kilogramme) de mil se vendait à plus de trois francs à son niveau le plus élevé (août 1914). Il valait la moitié un an auparavant. Ce prix doublait tous les ans depuis cinq ans avant de baisser de moitié après la récolte (19). Le mil vendu à Yéda provenait de Boggol-Hima. Le mil vendu à Kolo venait de Sokoto et Kano (Nigéria). Il était vendu plus cher. Ce sont des Diula qui achetaient les bœufs à vingt ou trente francs pour les revendre au Nigéria et qui ramenaient du mil. Dans l'ouest du Niger, de tous les marchés légendaires, c'est celui d'Ayoru dont le nom est lié à la famine de 1914. Le marché d'Ayoru, qui reste un des plus grands marchés de bétail, aurait été créé pendant la famine des années 1913-14 :

> Le mil était devenu rare ; il faut s'en procurer pour soulager la population, le chef d'Ayoru décida en pleine saison sèche de créer un marché. Les habitants d'Ayoru y déferlèrent pour cueillir du *gensi* (Panicum loetum) ou fonio sauvage, qui inonda aussitôt le marché. (20)

Aussitôt après la création du marché, des milliers de nomades du Gourma vinrent y échanger leur bétail contre des grains (21).

II. L'ampleur de la crise et ses conséquences démographiques

1. *L'extention spatiale et temporelle de la crise*

A la lumière des données sur les trois éléments que nous venons d'examiner (déficit pluviométrique, déficit vivrier, mercuriales), il apparait que la crise fut d'une très grande ampleur.

Plusieurs études ont confirmé son caractère transcontinental (22). Il est très difficile à travers les chiffres de se faire une idée exacte de la gravité de la situation. Ce qui est certain, c'est que cette période difficile des années 1913-14 demeure dans la mémoire des populations. Les termes utilisés pour désigner cette famine sont très caractéristiques. Chez les Zarma-Songhay, c'est "*Gande-Beeri*" qui traduit l'idée de grande extension de la famine :

> Nous appelons cette famine "*Gande-Beeri*" ou "grande poitrine" à cause de l'immense étendue des régions touchées. C'est une famine qui a touché le monde entier. (23)

(18) Enquête orale.
(19) Enquête orale.
(20) A.-H. Sidikou, *op. cit.*, p. 228.
(21) Enquête orale.
(22) J. Copans, M. Watts, D. Dalby et J. Gallais, déjà cités.
(23) Enquête orale.

Littéralement, *Gande* (poitrine) *Beeri* (grande) veut dire "poitrine large" ou "grande poitrine". Mais dans ce cas précis, l'expression signifie plutôt "grande surface" ou "espace étendu à perte de vue", ou plus précisément "grande brassée" (24).

L'extension temporelle de la famine est plus difficile à cerner. L'expression généralement utilisée est "famine des années 1913-14". Cela laisse supposer que la famine a duré deux ans. 1913 et 1914 furent effectivement les deux années d'extrême famine, le point culminant se situant entre janvier et août 1914. Mais tous les indicateurs montrent que ces deux années ont été précédées par deux années de "disette générale" selon l'expression utilisée dans les rapports de Tombouctou (25) ou de "demi-famine" selon la formule utilisée dans le rapport du cercle de Bandiagara (26). La famine s'est-elle perpétuée jusqu'en 1915 ? C'est ce que pense I. Kimba, pour qui la famine a duré de 1912 à 1815 (27). Les différents rapports montrent également que dans la majorité des cercles, la situation alimentaire n'a été normale qu'au lendemain de la récolte de la campagne agricole 1914-1915.

Pour répondre aux questions que nous nous sommes posées avant d'aborder l'analyse de la situation alimentaire, il apparaît clairement que la crise s'est amorcée depuis 1912 et qu'elle s'est poursuivie toute l'année 1914. Par conséquent, la situation d'extrême famine était prévisible en cas de pluviométrie même moyenne en 1913. D'ailleurs, les populations comme l'administration en avaient conscience et redoutaient une mauvaise pluviométrie en 1913 :

> Il y a à prévoir une situation terrible. Les indigènes, bien qu'imprévoyants, semblent se rendre compte (sic !) et ils cherchent dès maintenant à vendre leurs animaux et à se procurer le mil nécessaire à leurs besoins (28).

Comment les effets de cette famine ont-ils été ressentis par les populations et quelle a été l'attitude des autorités administratives face à la situation ?

2. *Les effets immédiats de la crise et l'attitude des autorités coloniales*

Les premiers effets de la famine sur les populations sont ceux que nous avons eu l'occasion de décrire en traitant de la situation alimentaire des années 1900-1903 : les conséquences pathologiques de la faim et ses effets pervers chez certains individus et groupes d'individus. L'état d'esprit qui a prévalu pendant les moments d'extrême misère est rapporté dans les chansons et poèmes consacrés à cette famine (voir Annexe III). Ces extraits sont riches d'enseignements sur le degré de privation des populations et les comportements sociaux pendant la famine.

(24) Le terme *Gande* est utilisé aussi en métrologie (c'est l'unité de mesure correspondant à la longueur ou à la capacité des bras ouverts : longueur d'un tissu, surface d'un champ, profondeur d'un puits...).
(25) *Rapport d'ensemble - 1914*, A.N./S.M., A.O.F., 200 MI 1675.
(26) *Idem*.
(27) I. Kimba, *op. cit.*, p. 1130.
(28) *Rapports politiques trimestriels*, Niger, A.N.S., 2G13-17 200 MI 1675.

Dans tous les cercles, les tribunaux ont eu à juger des crimes et délits de débordements causés par la famine. Dans le Territoire Militaire du Niger, en 1914, 60 % des affaires traitées étaient en rapport avec la situation de la famine : vols de bétail, vols de grains, meurtres ou tentatives de meurtre, abus de confiance, etc. (29).

A Tombouctou, dès 1913, c'était la grande misère :

> Dans cette année, nombreux sont les squelettes ambulants, les enfants à tête et à ventre énormes sur squelette grêle et déformé, les yeux hagards et faméliques allant devant eux jusqu'à ce qu'ils tombent. (30)

Dans le Zarmaganda (Territoire Militaire du Niger), excessivement éprouvé :

> Les rares habitants qui ne sont pas partis au sud errent comme des fauves dans la brousse en pillant les animaux des pasteurs Peul. (31)

Des scènes d'une extrême horreur ont été observées dans d'autres régions africaines :

> On vendait sur le marché à peu près désert d'Abéché de la chair humaine coupée en petits morceaux et présentée comme viande hygiénique. (32)

Dans les deux territoires, d'une manière générale, très peu de mesures ont été prises pour soulager la souffrance et les difficultés des populations. Plusieurs rapports comportent des preuves d'une volonté manifeste d'occulter la réalité. Les passages jugés trop misérabilistes sont systématiquement improuvés pour ne pas dire censurés (33). Malgré la crise, les administrateurs en place étaient tenus de présenter des rapports optimistes qui concluaient généralement en ces termes :

> L'état d'esprit des populations a été excellent en 1914. (34)

L'attitude des autorités coloniales et certaines mesures administratives prises pendant la famine ont contribué à aggraver la situation.

a) Pendant toute la durée de la famine, les autorités se sont préoccupées d'abord et avant tout de la rentrée des impôts, du ravitaillement des troupes en vivres (grain, cheptel, etc.) et du recrutement de tirailleurs :

> Malgré la misère résultant de la famine, les impôts sont rentrés sans aucune difficulté. L'impôt de capitation en particulier a accusé une notable plus-value. (35)

b) En plus des impôts et charges ordinaires, et malgré la famine, une souscription exceptionnelle en faveur des victimes de la guerre mondiale a été

(29) *Rapport d'ensemble - 1914*, Territoire Militaire du Niger, A.N./S.M., 2G14-11.
(30) *Rapport d'ensemble - 1913*, A.N./S.M.H.S.N., 2G13-11 200 MI 1669.
(31) *Idem.*
(32) H. Plote, *op. cit.*, p. 38.
(33) *Rapports trimestriels*, A.N./S.M.H.S.N., 2G13-12 200 MI 1670.
(34) *Rapport d'ensemble annuel*, A.N./S.M.T.M.N., 2G14-11 200 MI 1675.
(35) *Rapport d'ensemble annuel*, A.N./S.M.T.M.N., 2G14-11 200 MI 1675.

imposée aux populations. Ce n'est d'ailleurs pas sans amertume que certains administrateurs évoquent ce fardeau supplémentaire :

> Je suis vraiment touché de la spontanéité avec laquelle beaucoup de ces malheureux indigènes viennent m'apporter leur rôle à la souscription pour nos blessés et de la satisfaction qu'ils montrent à la nouvelle de nos derniers succès. (36)

c) En 1913 et 1914, les deux années qui furent les plus éprouvantes, les échanges commerciaux avec les colonies voisines font apparaître respectivement 1 398 et 40 tonnes de grains exportés (37)
d) La mesure administrative qui aux yeux des populations fut la plus draconienne a été l'ordre donné aux autorités administratives d'empêcher les déplacements des populations et des troupeaux vers les territoires voisins : "L'ordre était donné aux chefs de secteurs de renvoyer les gens du Zarmaganda chez eux" (38). Les autorités avaient peur que tout le monde ne se retrouve au Nigéria ou en Gold-Coast (39). "Si cette mesure n'est pas prise en ce qui concerne certains cantons, il ne resterait plus qu'à considérer qu'ils n'existent plus" (40). Dans le cercle de Dori, face à l'affluence des pasteurs du Gourma, il a été décidé de mettre tous les nomades et leurs troupeaux sous l'autorité exclusive de l'administration locale. L'Administrateur Bouchez décida alors de restreindre la circulation des troupeaux sur une bande de dix kilomètres de profondeur que les nomades ne devaient pas dépasser (41). A la frontière avec le Nigéria, la concentration anormale du troupeau a favorisé la propagation rapide de l'épizootie bovine qui a éclaté à la fin de l'année 1913.

Les insurrections armées que nous avons évoquées ne sont pas étrangères à l'ensemble de ces mesures répressives. Les cercles de Bandiagara et de Dori ont été atteints par le mouvement de révolte qui a éclaté en pays Mossi.

Parmi les réactions positives des autorités coloniales, on peut noter quelques mesures timides d'assistance aux populations sinistrées sous forme de distribution de grains. Dans les régions de Gao et Tombouctou, 500 tonnes de mil et 300 tonnes de riz ont été distribuées aux indigènes des cercles les plus nécessiteux (42). Dans le cercle de Ouahigouya, une somme de 2 000 francs a été accordée en 1914 à l'administrateur qui a sollicité un crédit de famine (43). Dans le Territoire Militaire du Niger, une somme de 5 000 francs a été prévue au budget du territoire pour œuvre d'assistance (44). D'autres mesures comme l'institution de greniers de réserve, l'interdiction de l'exportation de grains et la mise en œuvre d'une politique de développement de l'agriculture furent préconisées ; mais elles restèrent sans lendemain.

(36) *Rapport du mois de mars 1914*, Cercle de Tillabéry, A.N.N., 22-1-4.
(37) *Rapport annuel d'ensemble - 1914*, A.N.N.
(38) *Idem.*
(39) Enquête orale.
(40) *Rapport de mars 1914*, Cercle de Tillabéry, A.N.N., 22-5-1.
(41) *Rapport d'ensemble - 1914*, A.N./S.M., A.O.F., 2G14-5 200 MI 1675.
(42) *Rapports trimestriels des cercles*, A.N./S.M.H.S.N., 2G13-12 200 MI 1670.
(43) *Rapport d'ensemble des cercles*, A.N./S.M. A.O.F., 2G14-2 200 MI 1675.
(44) *Comptes des recettes des comptes du budget annexe du T.M.N.*, A.N.N., p. 68.

L'ensemble de ces indications montre que la situation de famine n'était ni ignorée ni sous-estimée par les autorités coloniales, comme semble l'indiquer I. Kimba (45). L'argumentation avancée par le Gouverneur Général Brevié reprise par A. Salifou (absence de réserves alimentaires et difficultés de transport) nous paraît insuffisante pour expliquer l'indifférence quasi générale des autorités coloniales jusqu'en 1914.

3. *Les conséquences démographiques*

La sécheresse et la famine ont provoqué des vagues de migrations et une mortalité beaucoup plus importantes que celles que la région a connues dans les années 1900-1903. Le grand mouvement nord-sud amorcé au début du siècle s'est considérablemenet amplifié. La sécheresse précédant la famine, les premiers mais aussi les plus grands départs ont été observés chez les groupes nomades. A partir du troisième trimestre de l'année 1914, l'insuffisance générale des ressources vivrières a contraint les groupes sédentaires les plus touchés à chercher refuge dans d'autres régions. En ce qui concerne les pertes en vies humaines et les pertes de bétail, l'idée de toutes les personnes interrogées est que cette famine n'a pas eu d'égale. L'opinion de J.-C. Caldwell est que cela a été le cas pour les pertes humaines mais pas pour les animaux (46). Examinons tout d'abord l'importance du flux migratoire.

A. Les mouvements migratoires

Les témoignages oraux situent à cette époque la deuxième grande "dispersion" d'hommes depuis l'arrivée des "Blancs". D'où l'expression "*Dazey*" ("éparpillement dans tous les sens") utilisée dans le Boboye pour désigner cette calamité (47). Les sources orales comportent d'autres indications. Au Nigéria du Nord, dans la région de Sokoto, les personnes interrogées qui ont gardé le souvenir des événements de cette période affirment que la famine a pris le nom de "*Nywan Buzaye*" ou "famine des Touareg". Ce serait la première fois qu'un nombre aussi important de nomades serait venu s'installer en territoire anglais (48). Dans cette même communauté Zarma du Nigéria, la famine est connue également sous l'appellation "*Kangay Dagu*" ("détacher les animaux pour s'en aller") :

> Au cours de cette famine, tous ceux qui avaient un animal se précipitaient pour le détacher et s'en allaient loin, très loin dans l'intention de ne plus revenir. (49)

Mais nous pensons que "*Kangay Dagu*", tout en exprimant l'idée de fuite en avant face à la sécheresse et la famine, renvoit aussi à l'idée de déménagement, "*Gana yan*" ("changement de domicile de manière définitive"). Les effets

---

(45) Idrissa Kimba, *op. cit.*, p. 1130.
(46) J.-C. J.-C. Caldwell, *op. cit.*, p. 17.
(47) Enquête orale.
(48) Enquête orale.
(49) Enquête orale.

simultanés de plusieurs calamités "*Wangu*" (guerre 1914-18), "*Haray*" (famine), "*Doori*" (épidémie), "*Albana*" (épizootie bovine, peste, etc.) seraient à la base de cet exode massif.

Les sources écrites fournissent des indications plus précises. Dès 1913, entre Tombouctou et Gao, la vallée de Tilemsi connut une grande affluence de troupeaux et plusieurs fractions Touareg, se débarrassant de leurs stocks les plus importants en prévision d'une hécatombe (50). Plus à l'est, dans l'Azawak, des troupes Oullimenden franchissent le Territoire Militaire du Niger (cercle de Tahoua), suivis des fractions Kunta et Ifoghas de la région de Tombouctou (51). Les groupes du Hoggar plus au nord sont descendus pour occuper les pays Oullimenden. Certains groupes Oullimenden sont descendus jusque dans la région de Katsina (nord du Nigéria). Dans le Gourma, cette crise pastorale serait à l'origine d'un brassage entre une partie des Oullimenden de la rive gauche avec des tribus de l'Oudanan voltaïque. Le fleuve n'a pas constitué une barrière infranchissable. D'une manière générale, dans le Haut-Gourma, la sécheresse a favorisé de nombreux glissements rive Hausa/rive Gourma (rive gauche/rive droite) (52). Dans le cercle de Niamey, pour la seule subdivision de Dosso, les éleveurs Peul qui ont émigré au Nigéria auraient vendu entre le deuxième et le troisième trimestre de l'année 1913 plus de 20 000 têtes de bétail (53).

Chez les groupes sédentaires, les années 1913-14 ont été marquées par la dispersion et le besoin vital de trouver des terres neuves. Ainsi, la fondation de plusieurs villages remonte à cette date. Dans le Gondo et le Séno (Gourma Central), J. Gallais affirme avoir pu dater de cette période la création de plus de soixante villages dans les années qui suivent "*Kitangal*" (54). Dans le cercle de Tillabéry, le commandant s'est plaint de l'envahissement des gens de Gao : "Les migrants partent vers le sud, traversent le secteur de Dosso ou s'y installent, puis vont au Nigéria" (55). Dans un rapport sur une tournée effectuée du 6 décembre 1938 au 23 janvier 1939 dans le Zarmaganda (cercle de Tillabéry) par l'Administrateur Adjoint des colonies N. Leca, 75 % des villages visités ont une date de création qui remonte entre 1914 et 1915 (56). Dans le cercle de Ouahigouya, la famine aurait poussé le tiers de la population dans les cercles voisins :

> L'expérience a montré que les enfuis ne sont revenus qu'en petite quantité et qu'un nombre important de Mossi du Yatenga est resté établi définitivement dans les cercles du Sud. Même que beaucoup sont allés plus loin et ont élu domicile à Djenné et Bamako. (57).

(50) A.-T. Grove, *op. cit.*, p. 138.
(51) A.N./F., H.S.N., 2G13-12 200 MI 1670.
(52) J. Gallais, *op. cit.*, p. 86.
(53) *Rapport du cercle de Niamey - 2e trimestre 1914*, A.N.N.
(54) J. Gallais, *op. cit.*, p. 11 ; "*Kitangal*" : terminologie Peul désignant la famine.
(55) *Rapport du cercle de Tillabéry - 2e trimestre 1914*, A.N.N.
(56) J.-Y. Marchall, *op. cit.*, p. 80.
(57) A.-H. Sidikou, *op. cit.*, p. 23.

Comme pour la précédente famine, il n'est malheureusement pas possible de se faire une idée sur le nombre d'agriculteurs et d'éleveurs qui ont définitivement abandonné les régions sahéliennes par suite de cette famine. Par contre, à la lumière des chiffres proposés ça et là en ce qui concerne les pertes humaines, il est possible de donner un ordre de grandeur.

B. Estimation des pertes humaines

A.-H. Sidikou a estimé que si la famine de 1913-14 a donné lieu à des exodes massifs, elle n'a pas fait beaucoup de victimes. On ne pourra certainement jamais évaluer le nombre de morts ; mais la certitude est déjà acquise que cette famine a occasionné des centaines de milliers de morts. J. Gallais avance le chiffre de 300 000 morts (58). Pour l'ensemble du Territoire Militaire du Niger, K. Idrissa a évalué "les pertes sèches" (expression qu'utilisait l'administration pour englober les décès et les migrants) à 120 000. Il propose un taux de mortalité de l'ordre de 20 à 25 % de la population totale dont une mortalité infantile de 30 à 40 % (59). Dans le cercle de Bandiagara, pour l'année 1914, les rapports estiment les pertes à une dizaine de personnes par jour pendant de longues semaines (60). Selon cette même source, dans ce cercle, la population aurait diminué du tiers. Les pertes ont été également assez considérables dans le cercle de Ouahigouya où il est fait état d'au moins 40 000 morts sur une population totale de 320 000 habitants d'après les derniers recensements (61). Ce chiffre correspond à un taux de mortalité de 15 à 20 % de la population totale. Pour ce même cercle, G. Dupré estime que les pertes ont atteint 20 % (62). Des évaluations faites au niveau local dans le secteur de Filingué (cercle de Niamey) aboutissent à une diminution de la population d'un sixième (63). Selon G. Hilaire, qui étudia le phénomène en pays tchadien, les pertes atteignirent par endroits 60 % (64). Ces chiffres sont comparables à ceux de D.-J. Stenning (65) qui a estimé les nomades Wadabé (ethnie Peul) à 100 000 en 1913 et 88 000 bœufs, et seulement 55 000 après la famine avec à peine 26 000 bœufs.

Au niveau des sources orales, toutes les personnes interrogées estiment que cette famine est de loin celle qui a occasionné le plus grand nombre de morts (66).

Notre avis est que la mortalité globale pour l'ensemble de la région au cours de cette crise a atteint au moins 25 à 30 % de la population totale. Pourquoi ? C'est le contexte épidémiologique qui nous incite à avancer ce

(58) J. Gallais, "La vie saisonnière au sud du lac Debo", in *Cahiers d'Outre-mer*", n° 2, 1958, p. 117.
(59) K. Idrissa, *op. cit.*, p. 2032.
(60) A.N./F., H.S.N., 2G14-5 MI 1770.
(61) J.-Y. Marchall, *op. cit.*, p. 76.
(62) G. Dupré, *op. cit.*, p. 5.
(63) Sellier, *Monographies du cercle du Djerma*, 1948, p. 43.
(64) G. Hilaire, cité par H. Plote, *op. cit.*, p. 49.
(65) D.-J. Stenning, *Savana Nomads : a Study of the Wadabe Pastoral Fulani*", O.U.P., 1959, p. 245.
(66) Enquête orale.

chiffre. A partir de 1913, une grande épidémie de variole est signalée dans plusieurs régions. Cette épidémie fut particulièrement violente :

> Quoiqu'il en soit, on peut admettre que la mortalité considérable est la conséquence de la gravité et de la fréquence des épidémies de variole qui sévissent tous les ans dans la plupart des régions et font de nombreuses victimes. Les indigènes évaluent au tiers le nombre des décès consécutifs à la variole. (67)

On peut imaginer que les effets conjugués des deux fléaux ont occasionné une mortalité beaucoup plus importante qu'elle n'aurait été si les populations avaient souffert uniquement de famine. C'est pour cette raison que J.-S. Canale, tenant compte du fait que les épidémies se sont poursuivies en 1916, 1917 et 1918, a estimé que les pertes ont atteint souvent 60 % et plus dans certaines régions (68).

Les pertes furent également très importantes pour le cheptel. Toutefois, il est difficile de les évaluer. Le chiffre souvent avancé dans les rapports administratifs est de 50 % (69). C'est pourquoi les chiffres avancés par A. Salifou pour le Territoire du Niger nous semblent en-dessous de la réalité (bovidés : 7,9 % - moutons : 1,7 % - chèvres : 3,2 % - chevaux : 8 % - autruches : 41,3 %) (70). Selon J. Dubief, la sécheresse a causé la perte de la moitié des chameaux dans l'Adrar des Ifoghas (71). Si l'on considère que le troupeau qui a pu être sauvé appartenait aux éleveurs qui étaient partis très tôt vers le sud et qu'une bonne partie des animaux a été vendue dans les territoires anglais (où plusieurs éleveurs se sont définitivement installés), l'hypothèse d'une diminution de 50 % du cheptel nous paraît un minimum.

Même si l'on ne dispose pas de données statistiques pour estimer à sa juste valeur l'impact réel (au plan démographique et économique) de la famine, les témoignages écrits confirment l'opinion des populations locales selon laquelle cette crise n'a pas eu d'égal depuis le début du siècle. Elle est intervenue dans la première phase coloniale qui a été marquée par d'autres catastrophes démographiques (épidémie de grippe espagnole, effets de la guerre mondiale, massacres qu'occasionnèrent les révoltes anti-coloniales, etc.). De ce fait, on peut penser que ces années furent indiscutablement une des plus grandes phases de régression économique et sociale de l'histoire du Sahel.

*
* *

(67) *Rapport médical annuel du Territoire*, par le Médecin Major Boussier, février 1914, A.N.N.

(68) J. Suret Canale, *op. cit.*

(69) A.N./F., 2G14-4 200 MI 1675.

(70) A. Salifou, *op. cit.*, p. 661 - Ces chiffres ne concernent que les pertes enregistrées au cours de l'année 1914 qui fut la plus catastrophique pour le bétail.

(71) J. Dubief, "Les pluies au Sahara", in *T.I.R.S.*, 1947, t. IV, p. 20.

Chapitre 6

"DOA-HIIRE" : L'ANNÉE DES CRIQUETS (1931-1932)

La crise alimentaire des années 1931-1932 est la plus connue de toutes les crises du passé, aussi bien dans la littérature orale qu'à travers les sources écrites. Les personnes nées à l'époque de la famine avaient à peine cinquante-cinq ans au moment de nos enquêtes (1985-86). Les personnes âgées de plus de soixante ans se souviennent des moindres détails de cet événement.

Sur cette famine, les archives coloniales sont d'une indiscrétion inhabituelle. Mais nous verrons plus tard que cette prolixité n'est pas fortuite. L'abondance et la richesse des sources relatives à cette famine expliquent l'existence d'un certain nombre de travaux (1). A notre connaissance, tous les travaux qui portent sur des famines dites de "type colonial" dans cette zone sont consacrés à cette crise. Nous aurions pu, pour l'essentiel renvoyer le lecteur à ces études remarquables, n'eût été quelques insuffisances ça et là relatives :

(1) F. Fuglestadt, *op. cit.*, p. 18-33. A. Salifou, *op. cit.*, p. 25-53. H. Derriennic, *op. cit.* J. Egg *et al.*, *op. cit.*

— à l'appréciation des causes de la famine,
— à l'appréciation de son extension spatiale,
— au manque de diversité dans les sources, les sources d'origine coloniale étant généralement les seules utilisées (absence de témoignages oraux, d'où peu de références au vécu quotidien des populations pendant la famine),
— à la controverse et à l'imprécision sur l'ampleur des conséquences démographiques à une période où l'on dispose pour plusieurs cercles des recensements effectués avant et après la famine.

Nous ne reviendrons pas sur un certain nombre de thèmes. C'est le cas des prélèvements directs et indirects qui ont eu certainement un impact considérable sur la détérioration de la situation alimentaire. Les travaux énumérés ci-dessus ont largement abordé cette question. Nous pensons en particulier au travail collectif de l'équipe de l'I.N.R.A. (J. Egg et al.) qui présente une approche méthodologique originale.

Il ne nous semble pas également nécessaire de revenir sur l'appréciation quelque peu européo-centrique de certains articles. Je pense à celui de F. Fuglestadt (2), mais aussi au texte de M. Leroy (3), pour lesquels il existerait un rapport entre la situation alimentaire et "l'attitude fataliste" de certains groupes ethniques. Cette argumentation repose sur une hypothèse selon laquelle la famine des années 1931-1932 n'a sévi qu'au Niger et seulement en pays Zarma-Songhay dans l'ouest du pays. Nos données nous permettent d'affirmer qu'à l'instar des autres famines (1900-1903, 1913-14), la grande invasion acridienne des années 1928-1933 et la famine qui l'a suivie ont frappé plusieurs régions du Sahel ouest-africain (nous y reviendrons).

Enfin, il y a cet imbroglio politico-administratif qui a ébranlé les milieux coloniaux à la suite de cette famine. Nous avons, par le passé, estimé (4) que l'état d'âme de la hiérarchie coloniale en France ne méritait pas toute cette littérature que lui a consacré A. Salifou dans son article, mais aussi dans sa thèse d'Etat en abordant la question (5). Nous nous sommes rendu compte par la suite qu'il est impossible de faire un "black out" total sur cet autre aspect de la crise.

Nous commençons donc cette étude par un bref aperçu sur la crise telle qu'elle a été vécue en métropole (la famine du point de vue du colonisateur). Nous reviendrons par la suite en Afrique pour étudier le phénomène dans l'ordre des événements :
— la causalité nature/climat,
— la causalité nature/invasion acridienne,
— les réactions face à l'invasion acridienne (méthodes de lutte utilisées).

(2) F. Fuglestad, *op. cit.*
(3) M. Leroy, *Sécurité alimentaire au Niger*, Mémoire du C.H.E.A.M.
(4) Boureima Gado, Mémoire de Maîtrise, *op. cit.*
(5) A. Salifou, *Colonisation et société indigène au Niger*, Thèse de Doctorat d'Etat es-Lettres, Université de Toulouse Le Mirail, en 2 vol., 1977.

Nous terminons ce chapitre par les conséquences de cette invasion acridienne :

— estimations des dégâts occasionnés aux cultures,

— estimations des pertes en vies humaines causées par la famine.

1. Famine et politique, ou les contradictions du pouvoir colonial face à la crise alimentaire

En 1932, alors que la famine sévissait au Niger depuis un an et demi déjà, les milieux coloniaux de Paris furent à la fois surpris et embarrassés par une lettre du Président de la Ligue Française des Droits de l'Homme et du Citoyen. L'organisation se dit indignée "de la famine résultant de l'accaparement du mil par les négociants et les fonctionnaires" (6). Qu'une famine éclate quelque part au Sahel n'est pas en soi un fait majeur susceptible d'ébranler tout le Ministère des Colonies. Mais que la Ligue des Droits de l'Homme et du Citoyen prenne la défense des paysans sahéliens extorqués de leurs grains, et accuse l'administration coloniale d'être à l'origine de la famine est plus qu'un événement, c'est un scandale. Toute la hiérarchie est secouée à Paris comme à Dakar. Le Ministre des Colonies Albert Sarraut demande des explications au Gouverneur Général de l'A.O.F. J. Brévié (7) qui, à son tour, interpelle le nouveau Gouverneur du Niger (8) qui venait à peine de prendre fonction car, celui par qui le scandale arriva avait déjà été appelé à d'autres fonctions. Il s'agit du Lieutenant Gouverneur Blacher.

Trois commissions d'enquête furent aussitôt mises en place :

• A la demande du Gouverneur Général de l'A.O.F., une enquête a été ouverte par les autorités locales.

• Il a été décidé au niveau du Ministère d'envoyer sur place un Inspecteur des Colonies qui a eu pour mission de :

> (...) déterminer l'étendue du fléau, les motifs pour lesquels la famine a pu causer des ravages aussi considérables parmi la population, les mesures prises par l'administration locale, les responsabilités individuelles ainsi que les sanctions paraissant s'imposer. (9)

La mission a été confiée à l'Inspecteur B. Sol.

• A Paris, une commission présidée par J. Gaston et ayant comme rapporteur Monsieur le Gouverneur de Coppet fut chargée de prendre connaissance de tous les éléments du dossier, faire une synthèse des différents rapports, entendre tous les protagonistes (le Gouverneur Général Brévié, les Gouverneurs Tellier et Blacher, l'Inspecteur Sol, etc.) et présenter ses conclusions au Ministre des Colonies.

---

(6) Lettre du 9 avril 1932 du Président de la Ligue des Droits de l'Homme et du Citoyen au Ministre des Colonies, A.N./S.O.M., C592, dossier n° 2.

(7) Lettre du 21 avril 1932 du Ministre des Colonies au G.G./A.O.F. à Dakar, A.N./S.O.M. C592.

(8) Lettre du 13 mars 1932 du G.G./A.O.F. au Lt Gouverneur du Niger Tillet, même source.

(9) Lettre du 6 juillet 1932 du Ministère des Colonies, A.N./S.O.M., C592.

Si l'on ajoute à cela, qu'au mois de mai 1932, la Direction des Affaires Politiques du Ministère des Colonies apprend qu'une vingtaine de milliers d'indigènes sont morts par suite de cette famine et que la Commission Parlementaire des Colonies et Protectorats s'était saisie de l'affaire (10), tous les ingrédients d'un scandale politique se retrouvèrent alors réunis.

L'affaire tourna très vite en un bras de fer entre le Gouverneur Général Brévié et son ancien Gouverneur du Niger Blacher. Le premier essaya de couvrir l'administration en mettant la famine au compte de "(...) cette indifférence, cette apathie, cette imprévoyance, ce fatalisme extraordinaire des indigènes de cette région...", mais aussi au compte de "(...) l'inexpérience d'un gouverneur nouvellement venu ayant beaucoup à faire dans un territoire vaste et difficile à contrôler" (11).

M. Blacher, quant à lui, se livra, sans complexe aucun, à une attaque directe et en règle de la gestion des affaires paysannes par ses précédesseurs parmi lesquels se trouve le Gouverneur Général J. Brévié qui avait dirigé la colonie du Niger dans les années 1920 :

> Cela s'est toujours passé ainsi au cours des famines précédentes (1913, 1922, 1927, etc...). Les autorités coloniales ne se sont jamais souciées du sort des populations (...). Jamais aucun achat de grains à l'extérieur n'a été organisé par l'administration (...). Jamais elle n'est même intervenue pour assurer le ravitaillement des populations de cercle en cercle, fût-ce au cours des années critiques (...). Les populations se sont toujours débrouillées par leurs propres moyens (...). Il ne faut donc pas s'étonner que les populations se retrouvent désarmées (...). (12)

La conclusion retenue par la Commission de synthèse est celle contenue dans le rapport Sol :

> L'insuffisance de la récolte est due exclusivement aux invasions acridiennes ; quant à la famine, elle est due qu'aucune disposition n'a été prise en temps utile pour la combattre (...). (13)

La responsabilité collective de l'administration coloniale se trouve ainsi clairement et officiellement prononcée. Quant aux sanctions préconisées, seul le Gouverneur Blacher semble en avoir été victime. Il sera relevé de ses fonctions de Gouverneur du Dahomey, suite aux conclusions de cette enquête. Et en 1933, lorsqu'il fut nommé Gouverneur de la Côte des Somalies, la Chambre des Députés adressa une lettre au Président pour demander les motifs de cette nomination (14). En définitive, les plus lourdes sanctions ont été prises à l'encontre des chefs traditionnels auxquels il a été reproché de

(10) Exposé de Monsieur le Gouverneur Coppet, Rapporteur de la Commission d'Enquête, A.N./S.O.M., C592, p. 9.
(11) Rapport du Gouverneur Général à Monsieur le Ministre des Colonies, août 1932, A.N./S.O.M., C592.
(12) Rapport du Gouverneur des Colonies Blacher à Monsieur le Ministre des Colonies, A.N./S.O.M., C592.
(13) Rapport de l'Inspecteur des colonies B. Sol, A.N./S.O.M., C592.
(14) Lettre adressée au Président par la Commission de l'Algérie, des Colonies et des Protectorats, 12 avril 1933, C591.

n'avoir manifesté aucune inquiétude et d'avoir dit peu avant la famine que la récolte serait bonne : "Aucun chef, aucun notable, n'a jeté un cri d'alarme (...)" (15).

Au-delà des péripéties de cet épisode événementiel, au-delà du caractère anecdotique de cette affaire, quel enseignement peut-on en tirer ? L'approche politique de la crise alimentaire, même si elle s'intéresse peu ou prou aux préoccupations des populations, ne comporte pas moins quelques retombées positives.

1° La mise en place d'une commission d'enquête a favorisé la production d'une documentation abondante sur la période comprise entre 1928 et 1934, jamais réunie auparavant sur la famine (16).

2° L'intervention de la Ligue des Droits de l'Homme a permis de rompre avec le mutisme habituel qui entoure généralement ce genre d'événement.

3° Les correspondances du Gouverneur Blacher et le rapport Sol tranchent avec la littérature courtoise de l'administration coloniale. L'ensemble des rapports constituent en outre une source inépuisable de données sur les réalités socio-économiques et politiques dans les colonies à cette époque. Ils renferment des données statistiques sur la production, les prix, la population, etc...

4° Enfin, c'est grâce à ce scandale que, pour la première fois, plusieurs mesures préventives à court et moyen termes, ont été préconisées afin :

> (...) de protéger les populations contre les crises alimentaires :
> • mise en place de moyens de transports,
> • travaux hydrauliques,
> • introduction de nouvelles cultures et techniques culturales,
> • programme de lutte anti-acridienne,
> • réactualisation de l'institution des greniers de réserve (la tentative de leur mise en place après la grande famine de 1913-14 ayant échoué),
> • création des S.I.P. (Sociétés Indigènes de Prévoyance), etc... (17)

En guise de conclusion à cette analyse du document colonial, on peut dire que, pour une fois et de source autorisée, la famine n'est pas mise au seul compte de la nature. Elle reflète les conditions de production et de distribution des biens dans le système colonial : "La famine est l'effet conjoncturel d'un disfonctionnement structurel". (18)

---

(15) Rapport Coppet, p. 8.

(16) Les cartons 591 à 594 des archives du Ministère des Colonies ex-Section Outre-Mer (rue Oudinot) réunissent une documentation exclusive sur la famine de 1932 de plus de 500 pages. Elle rassemble, outre les rapports Coppet et Sol, les rapports Blacher et Brévié, tous les rapports agricoles annuels et trimestriels des cercles du Niger de 1929 à 1934 et une trentaine de correspondances relatives à cette famine. Contrairement à une idée répandue chez les différents auteurs qui ont traité cette famine, le rapport Sol généralement cité par tous les auteurs n'est pas le document essentiel. Le rapport le plus complet est celui du Gouverneur Coppet qui est une synthèse de l'ensemble des rapports établis et des procès-verbaux de toutes les auditions effectuées dans le cadre de l'enquête. Nous reproduisons en Annexe les correspondances de M. Blacher et de J. Brévié et la première lettre du Président de la Ligue des Droits de l'Homme et du Citoyen.

(17) Correspondance du Ministre des Colonies à tous les Gouverneurs Généraux, juillet 1933, A.N./S.O.M., C592.

(18) J. Egg *et al.*, *op. cit.*

Cela ne doit cependant pas nous faire perdre de vue le rôle du facteur écologique (climat et invasions acridiennes) qui est loin d'être négligeable dans les mécanismes de déclenchement de cette crise alimentaire. C'est l'objet de la deuxième partie de ce chapitre.

II. La controverse sur l'impact du facteur climatique

Les conditions climatiques et agro-météorologiques dans les années qui ont précédé la famine sont assez typiques de ce point de vue. Quelle était la situation à cette époque ?

Au niveau des sources orales, un grand nombre de personnes interrogées évoquent une saison agricole précoce pour l'année 1930 :

> Pendant l'année qui a vu l'arrivée des criquets, nous avons semé très tôt car il a plu suffisamment (...). Le mil a commencé à grandir ; à certains endroits, on ne distingue pas une chèvre. C'est à ce moment que les attaques commencèrent. Elles se poursuivent jusqu'à la récolte qui fut nulle (...). L'année d'après, les œufs laissés en terre sortirent des larves qui mangèrent le mil au fur et à mesure qu'il germait. (19)

A l'image de ce témoignage, les personnes interrogées ne font pas état de sécheresse ayant occasionné une mauvaise récolte. Au niveau des sources orales, la mauvaise production est attribuée uniquement à l'invasion acridienne. En ce qui concerne les sources écrites, les avis sont quelquefois contradictoires. Qu'est-il possible de dire par exemple à propos de la controverse qui oppose des auteurs comme A. Salifou ou F. Fuglestadt et H. Derriennic ? Pour les deux premiers, la famine fut provoquée par une "invasion acridienne et une sécheresse exceptionnelle". Ces deux fléaux auraient pris l'administration coloniale au dépourvu (20). Le second, se basant sur les relevés pluviométriques, a essayé de montrer qu'au contraire "l'année 1930 fut une année très favorable du point de vue climatique (...). l'une des années les plus favorables de la décennie 1925-1935 au niveau de plusieurs stations sahéliennes" (21). L'hypothèse défendue par les deux premiers auteurs ne repose ni sur des témoignages oraux, ni sur l'analyse de relevés pluviométriques. Elle s'appuie sur les rapports de l'administration coloniale. Celle défendue par H. Derriennic est une lecture de graphique de quatre stations de l'ouest du Niger qui ne peuvent pas être représentatives de l'ensemble du Sahel.

Pour essayer d'aller plus loin, nous avons examiné de très près les totaux, les indices et les pourcentages de déficit pluviométrique de trois stations dans trois pays difféents sur la décennie 1925-1935. Quelques constatations se dégagent :

- La première constatation est que l'on ne peut effectivement parler de

(19) Enquête orale.
(20) F. Fuglestadt, *op. cit.*, p. 20.
(21) H. Derriennic, *op. cit.*, p. 44.

sécheresse exceptionnelle, même si certaines années ont été très déficitaires (à Tillabéry, – 20 % en 1926 ; à Dori, les années 1926 et 1927 ont été très déficitaires, respectivement – 53 % et – 20 % ; à Gao, l'année 1929 a connu un déficit notable de – 40 %).

• La deuxième constatation est que la décennie a été également marquée par des années très excédentaires (+ 83 % en 1930 à Gao ; + 30 % à Tillabéry la même année ; + 20 % en 1929 à Dori). Partout ailleurs au niveau des autres stations sahéliennes la décennie fut relativement favorable. Les années déficitaires apparaissent ainsi isolées à l'intérieur d'une période assez bien arrosée. Dans la décennie 1925-1935, il y a eu des années effectivement sèches au niveau de certaines stations mais il ne s'agit pas de sécheresse dite agronomique : c'est-à-dire ayant eu un impact considérable sur le cycle végétatif.

• La troisième constatation est en rapport avec l'invasion acridienne. Les conditions favorables à une grégarisation acridienne nous semblent avoir été réunies.

Pour revenir au débat sur le rôle du climat dans la famine de 1931-32, notre point de vue est le suivant : dans la décennie qui précéda la famine, aucune station, dans les trois pays qui nous intéressent, n'a enregistré un déficit important à l'échelle de deux années consécutives. Par conséquent, on ne peut attribuer la famine à une sécheresse exceptionnelle. Cependant, dans l'ensemble du Sahel, toutes les conditions météorologiques favorables à un pullulement des criquets étaient réunies.

III. Invasion acridienne et crise de subsistance : les années 1928-1932 dans la boucle du Niger

La période comprise entre les deux guerres fut particulièrement critique en raison des répercussions de la crise mondiale (22). Face à une situation de plus en plus insupportable, une bonne partie de la population active émigra dans les territoires voisins : Côte-d'Ivoire, Ghana, Nigéria. Selon l'Inspecteur des Colonies B. Sol, depuis 1927, et malgré les prétendues bonnes récoltes mentionnées dans les rapports des commandants de cercles, il se produisit des disettes :

> Ces disettes étaient annuelles mais leurs effets vont en s'aggravant comme l'argent se raréfie et l'indigène dépourvu de récolte n'a plus de quoi se procurer contre espèce des denrées nécessaires. (23)

C'est dans ce contexte socio-économique difficile que se déclencha une invasion de criquets. Cette invasion a été d'une extrême gravité pour

(22) Sur les retombées de cette crise sur les économies africaines, voir *L'Afrique et la crise*, s/d C. Coquery-Vidrovitch, *Revue d'Histoire d'Outre-Mer*, LXII, n° 231-32, 1976, mais aussi la Thèse d'Etat de I. Kimba que nous avons déjà citée en ce qui concerne la partie nigérienne.
(23) Rapport Sol, *op. cit.*

l'ensemble de la zone sahélienne. Tous les cercles de l'ex-A.O.F. concernés par cette étude ont eu à souffrir des attaques acridiennes répétées pendant des années. Parmi les multiples causes de la famine intervenue en 1931 et 1932, celle-ci a été la plus déterminante à notre avis. L'examen des mécanismes de cette invasion et de ses effets sur les cultures permet de comprendre l'ampleur des dégâts occasionnés.

1. *L'invasion acridienne : mécanisme et évolution spatio-temporelle des vols*

L'invasion a débuté en 1928. Elle a pris fin entre 1932 et 1934 selon les régions. Dans la quasi totalité des cercles, les grandes attaques ont été observées entre 1930 et 1931. Des dizaines de vols composés de milliards d'insectes ont été signalés dans les cercles de Niafunké, Goundam, Tombouctou, Gao, Mopti, Bandiagara, Ansongo, Gourma-Rharous, etc. (24). Les témoignages des administrateurs en poste à Ouahigouya indique que, dans la région et les cercles voisins, aucune région n'a échappé aux attaques. En 1930, devant la menace imminente de la destruction totale des cultures, les populations ont dû faire prématurément les récoltes (25). Dans la colonie du Niger, la partie occidentale du pays a été la plus exposée (cercles de Tillabéry, Niamey, Dosso et dans une moindre mesure celui de Tahoua). Dans le cercle de Dosso, sur quatre cents villages que compte la subdivision, une quarantaine seulement furent épargnés. La plupart des villages recommencèrent en moyenne quatre ou cinq fois leur ensemencement. Quelques-uns mirent sept fois des graines dans la terre : presque tout fut dévoré (26).

Dès le début de l'invasion, des prélèvements d'échantillons ont permis d'identifier les espèces (27). Il s'agit pour l'essentiel du criquet migrateur africain (Locusta m. migratorioïde) entré en phase grégaire dans son lieu d'habitat traditionnel qui est le delta intérieur du Niger. Quelques essaims du criquet pèlerin (Schistocerca grégaria) ont pu être observés par endroits, notamment dans les régions semi-arides (nord de la boucle du Niger et massif de l'Aïr).

Les figures ci-après représentent le schéma général des mouvements saisonniers des vols tels qu'ils ont été observés par les populations et les administrateurs en place. Pendant la première phase de l'invasion (jusqu'en 1929), les plus grands vols ont été signalés dans les cercles situés dans la partie centrale de la boucle du Niger : cercles de Ouahigouya, Mopti, Goundam, etc... Il s'agit des essaims des premières générations issues des foyers primitifs de l'aire de grégarisation. Ces vols sont orientés en début de saison S.O./N.E., et en fin d'hivernage N.E./S.O. Entre 1929 et 1931 (phase critique), une fois que tous les foyers locaux sont contaminés dans les régions beaucoup plus au sud, les essaims sillonnent le Sahel dans tous les sens dès le mois de juillet. Puis ils

(24) *Rapport annuel - 1930*, Soudan, A.N./S.O.M., 2G30-3.
(25) J.-Y. Marchall, *op. cit.*, p. 20.
(26) *Rapport agricole du cercle de Dosso*, A.N.N., 22-1-3.
(27) P. Coleno, *op. cit.*, p. 225.

reviennent vers le sud en octobre/novembre pour envahir les champs de mil peu avant les récoltes.

On remarque également à travers ces figures que le facteur déterminant dans l'orientation des vols est la position de la zone de convergence intertropicale (limite des masses d'air sec du nord et humide du sud). Dans la boucle du Niger, l'orientation d'ensemble des vols au gré des courants aériens, correspond à un mouvement circulaire. Pour échapper aux masses d'air sec du nord, les criquets empruntent pour se déplacer, en début d'hivernage, la vallée du fleuve Niger et se concentrent en un certain nombre de points qui semblent être le lieu de passage obligé des essaims (l'axe Ouahigouya-Mopti-Tombouctou). Lorsque le degré d'hygrométrie ne permet pas aux essaims d'aller au-delà d'une certaine latitude (soit en raison de la présence des vents chauds, soit en raison d'un hivernage tardif dans le nord), on assiste à chaque invasion à des pontes plus importantes dans les cercles du sud (Niamey, Dori, Tillabéry, Ouahigouya, etc.) (28).

Ce sont ces mouvements migratoires qui permettent aux criquets, en suivant le déplacement des pluies qui accompagnent la convergence intertropicale, d'échapper à l'assèchement local et de réaliser plusieurs générations successives dans une même année (29). Ces figures montrent que les criquets provenant des premières éclosions (mai-juin) adoptent tous une direction S.O./N.E. L'origine du fléau se situerait alors dans la plaine d'inondation du delta intérieur du Niger d'où partent les premiers essaims et où l'on observe les premières pontes. A l'inverse, le nord et l'est de la boucle du Niger (cercle de Niamey, Gao, Tillabéry, Dosso) semblent avoir le plus souffert des derniers vols intervenus entre juillet et octobre des années 1931 et 1932. Cette hypothèse rejoint l'idée selon laquelle les cercles de l'ouest du Niger ont subi les plus grands dommages causés aux récoltes.

La corrélation entre migration saisonnière des criquets et évolution de la campagne agricole apparaît mieux sur le tableau XV établi à partir des documents d'archives (30).

Ce graphique montre qu'entre 1931 et 1932, les paysans ont souffert des criquets soit peu après les semis, c'est-à-dire au moment où les jeunes plants sortent de terre (mai-juin), soit au moment des récoltes, c'est-à-dire en septembre-octobre.

2. *L'ampleur de la crise : extension et importance des dégâts occasionnés*

D'une manière générale, la crise alimentaire est réduite du point de vue de son extension temporelle à la seule campagne 1931-32 et à trois cercles de l'ouest du Niger (Tillabéry, Niamey, Dosso) du point de vue de son extension spatiale (31). En ce qui concerne le deuxième point (les régions sahéliennes touchées par la famine), en territoire du Niger même, selon des sources

(28) *Rapport agricole annuel*, Soudan, A.N./S.M., 2G-32-60 200 MI 1749.
(29) Y. Gilon, *Le risque en agriculture*, (à paraître), p. 4.
(30) National Archives of Kaduna (Res-10 233 B/1938), cité par M. Watts, *op. cit.*, p. 320.
(31) F. Fuglestadt, *op. cit.* et J. Giri, *op. cit.*

TABLEAU XV :
Invasions du criquet migrateur dans la boucle du Niger : les migrations saisonnières (1928-1932)

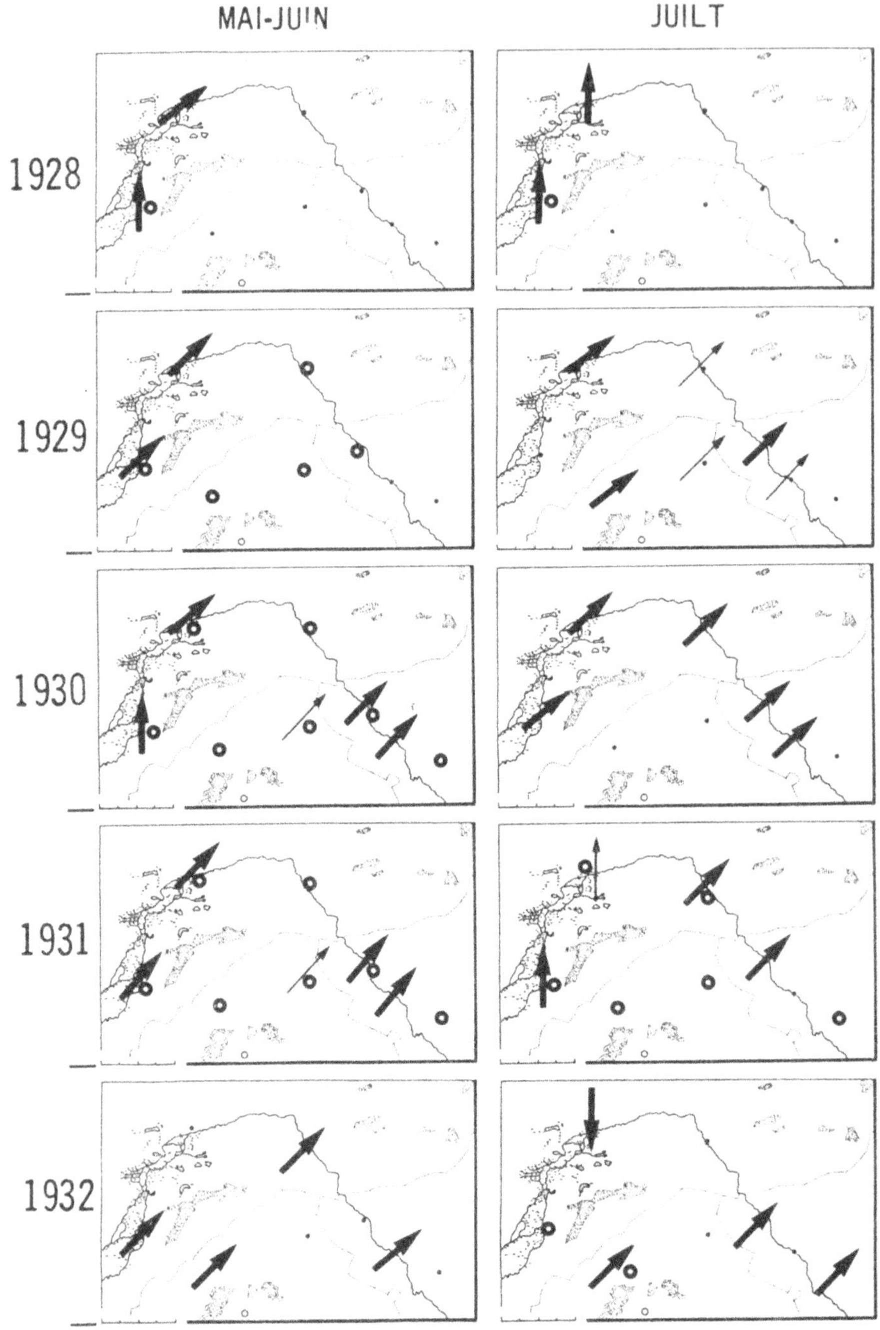

A.Gado.F.B.Vergneault

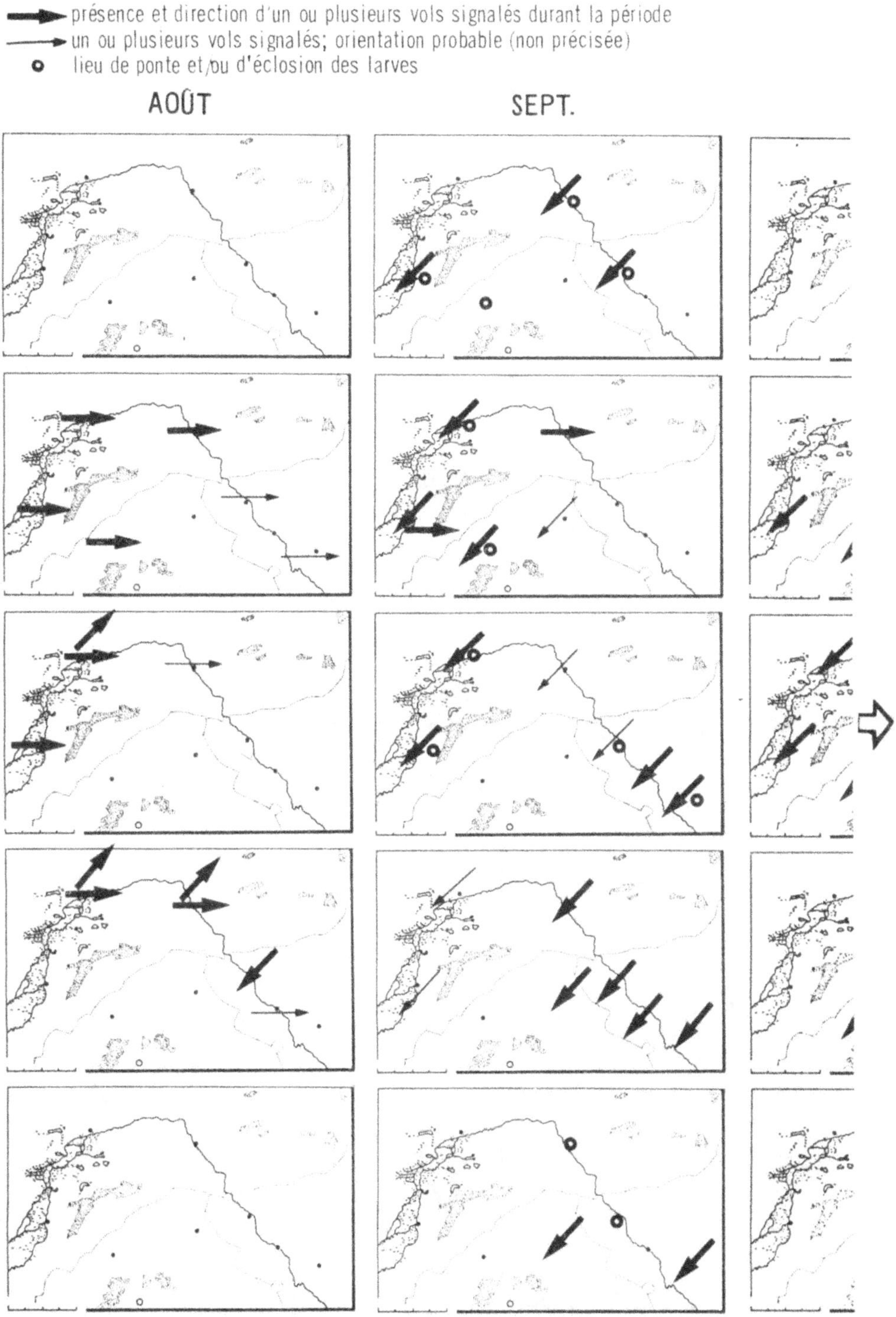
présence et direction d'un ou plusieurs vols signalés durant la période
un ou plusieurs vols signalés; orientation probable (non précisée)
lieu de ponte et/ou d'éclosion des larves
AOÛT
SEPT.

OCT-NOV.

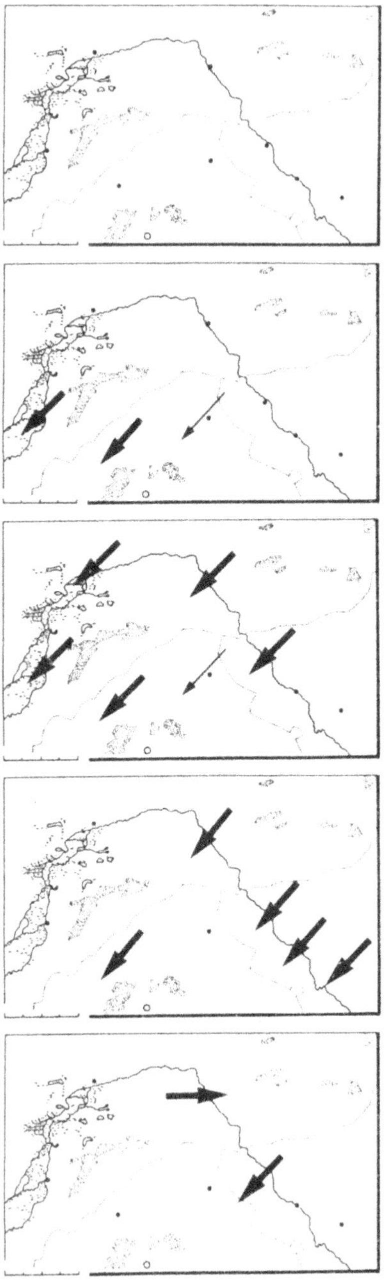

1928

1929

1930

1931

1932

Sources:
P.Coléno ,
Archives coloniales ,
sources orales ,
informations recueillies
par Cercle

A.Gado.F.B.Vergneault

TABLEAU XVI :
Invasions du criquet migrateur dans la boucle du Niger :
l'impact du fléau (1928-1932)

L'addition de tous les vols signalés par année puis pour toute la période de référence a permis de dresser une série de cartes qui mettent en évidence l'impact du fléau selon les régions et selon les années.

1928

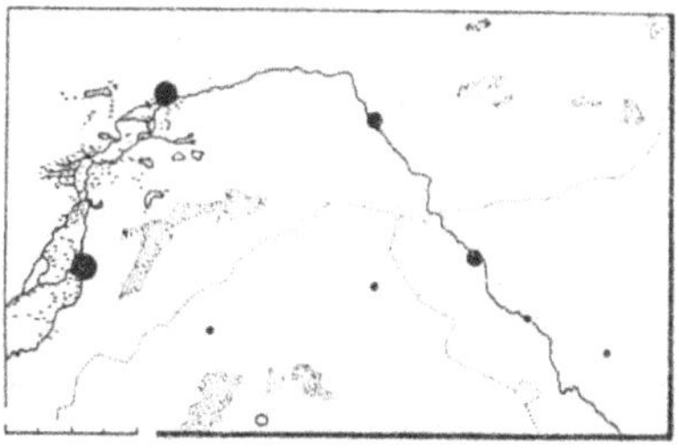

1929

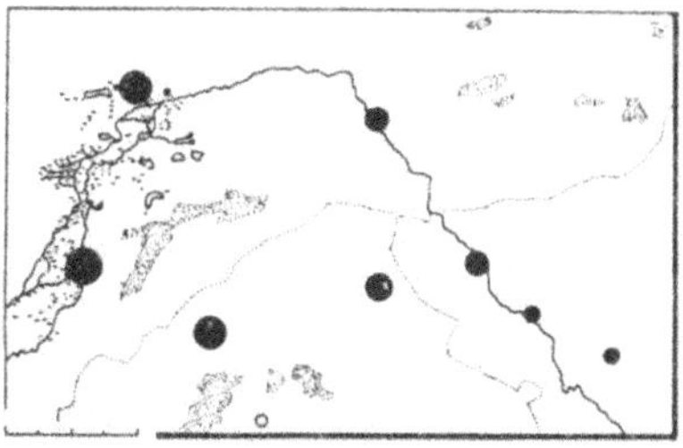

Légende des cartes :
nombre de mois durant lesquels un ou plusieurs vols ont été signalés dans le Cercle

1930

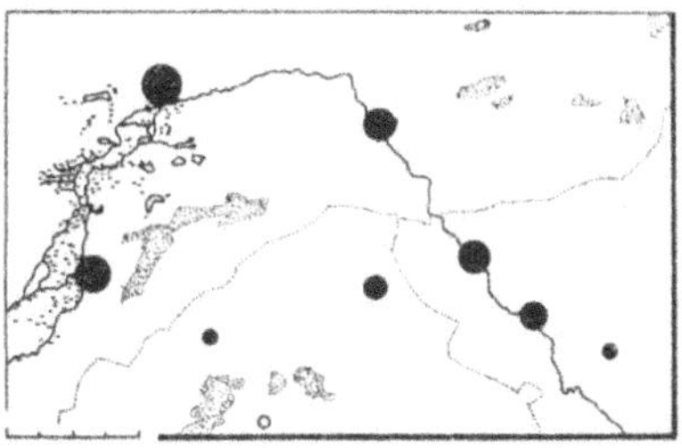

Les huit Cercles étudiés :

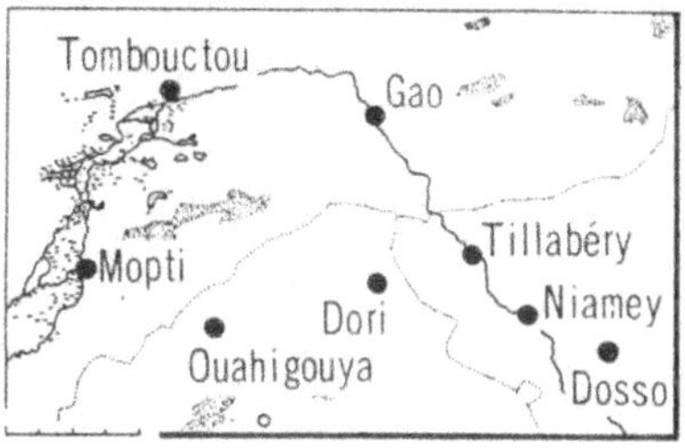

1931

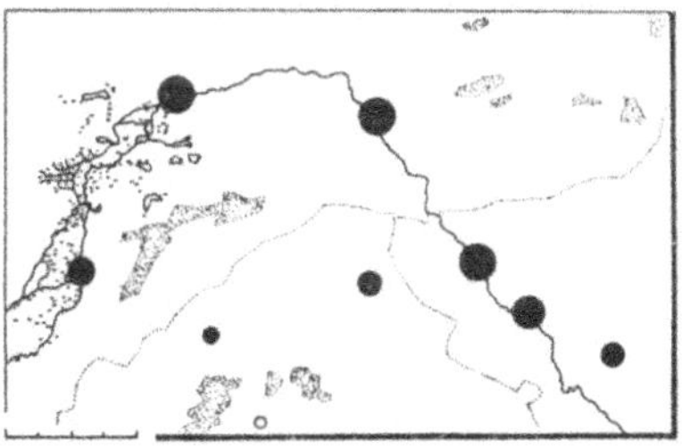

TOTALISATION DES VOLS
DE 1928 A 1932

1932

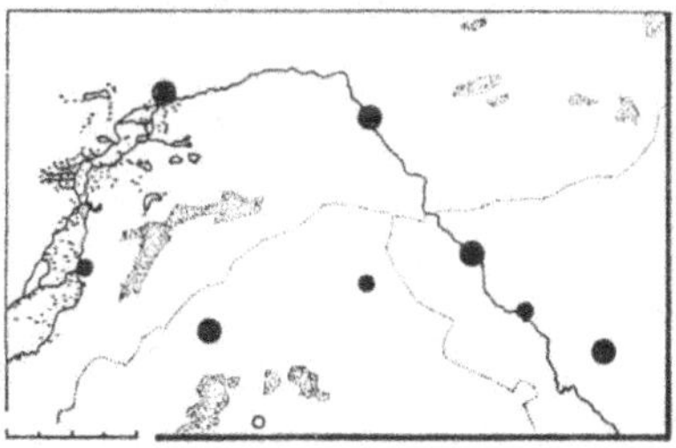

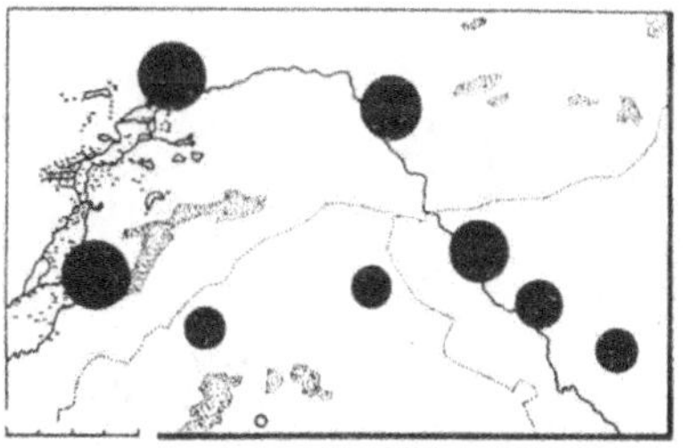

officielles, la famine n'a pas épargné d'autres cercles du nord et du centre (Agadez, Madaoua, Konni, Doutchi) gravement touchés par les invasions acridiennes (32). Les témoignages sont également sans équivoques en ce qui concerne le cercle de Ouahigouya qui fut parmi les régions les plus sinistrées :

> La récolte est sensiblement égale à zéro (...). En résumé, la question alimentaire des populationos du cercle reste extrêmement angoissante. (33)

Plus au nord, dans le Gourma voltaïque (pays Goundo, Mondoro, Séno), la famine appelée "*Tessa*" par les populations locales aurait provoqué une vague de migration jamais connue auparavant (34). La crise alimentaire consécutive à l'invasion acridienne a dépassé le cadre de la boucle du Niger. La F.A.O. donne des statistiques sur l'importance des dégâts commis dans d'autres régions africaines. En pays Soninké (Sénégal), l'année 1931 a été marquée par une famine mentionnée par M. Chastanet (35). Au Nigéria du Nord, l'invasion a provoqué une famine en 1930 et 1931 sur laquelle M. Watts a beaucoup insisté (36). Les enquêtes orales que nous avons menées dans l'Etat de Sokoto confirment cette hypothèse. Dans ces régions, la famine est connue sous le nom de "*Shude mu gayssa*" (37) ou "*Fara*" (criquet).

En ce qui concerne la durée, le déclenchement de la crise vivrière remonte à l'année 1927 qui a connu une disette générale dans l'ensemble du Sahel. Cette disette fut consécutive à une sécheresse enregistrée en 1926 (taux de déficit pluviométrique : Tombouctou, – 13 % ; Niamey, – 20 % ; Tillabéry, – 20 % ; Dori, – 50 % ; Ouallam, – 19 %). Les années 1928 et 1929 furent moyennes ou déficitaires selon les cercles en raison des attaques acridiennes. Elles furent suivies par deux années (l'une très catastrophique, l'autre très médiocre). Dans un certain nombre de cercles, la famine se perpétua jusqu'en 1933 (38), mais partout les années 1931 et 1932 furent plus critiques. L'évolution du prix du mil donne une idée sur la durée de la crise.

Contrairement aux idées reçues, il s'agit d'une crise alimentaire que rien ne permet de réduire temporellement à 1931 et spatialement au seul ouest du Niger. Est-il possible d'évaluer les pertes occasionnées par l'invasion acridienne ?

Il ne peut être question que d'ordre de grandeur. De nos jours encore, les estimations des dommages causés aux cultures par les criquets restent loin de la réalité. Dès janvier 1930, à partir des observations faites à Ouagadougou, les ravages furent estimés aux deux tiers des produits vivriers du pays (39). Le commandant de cercle de Ouahigouya a estimé les dégats importants :

(32) *Bulletin de l'Agence Economique de l'A.O.F. - 1932*, A.N./S.O.M., p. 37.
(33) J.-Y. Marchall, *op. cit.*, p. 139.
(34) J. Gallais, *op. cit.*, p. 111.
(35) M. Chastanet, *op. cit.*, p. 19.
(36) M. Watts, *op. cit.*, p. 320.
(37) Enquête orale.
(38) J. Egg et al., *op. cit.*, p. 18.
(39) P. Vayssiere, *op. cit.*, p. 8.

Tableau XVII

ÉVOLUTION DE LA PRODUCTION (MIL)
DANS LE CERCLE DE DOSSO DE 1932 A 1941
(en milliers de tonnes)

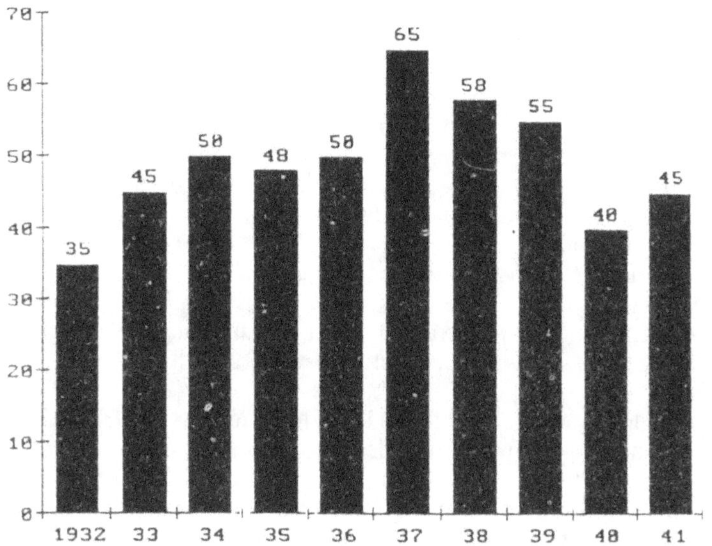

Source : A.N.S. 2G41-11

Tableau XVIII

ÉVOLUTION DU PRIX DU MIL SUR LE MARCHÉ DE SAY DE 1928 A 1932.
(en francs courants)

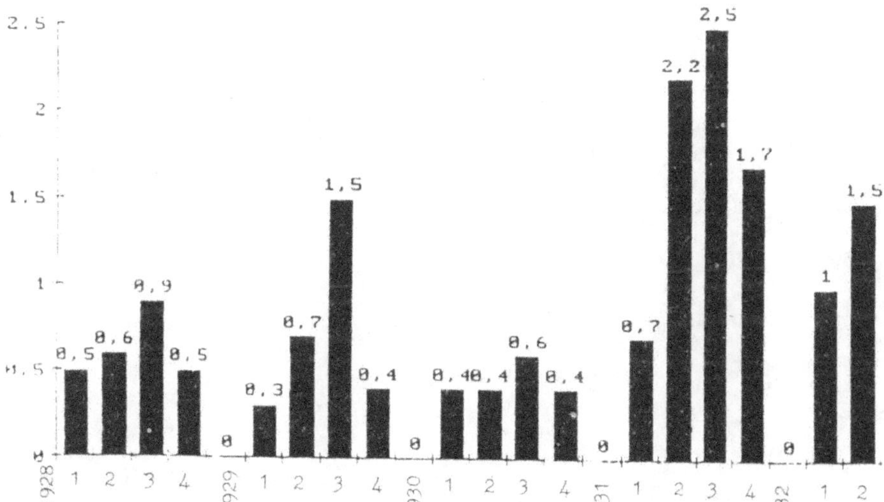

> A notre grand regret, nous ne pouvons que constater les inquiétudes précédentes (...). Nous avons la ferme conviction de n'exagérer nullement en estimant les pertes de 80 à 90 %. (40)

Dans les cercles de l'ouest du Niger (Niamey, Tillabéry, Dosso), le rapport Sol évalue les pertes aux deux tiers des récoltes (voir Tableau ci-après). Dans le cercle de Niamey par exemple, le recensement de la récolte de 1931 fait ressortir un déficit de l'ordre de 25 000 tonnes (41). Dans leur étude, J. Egg et al., qui estiment que le rapport Sol ne tient pas compte des décès et exodes, avancent le chiffre d'un "déficit vivrier par habitant proche de 50 %" (42). On ne doit pas perdre de vue également la destruction sans précédent du couvert végétal et le manque de pâturage qui en a résulté pour le troupeau.

L'ordre de grandeur des dégâts que nous proposons ici se base sur deux éléments d'appréciation :

- les estimations que fournissent les spécialistes sur les dégâts susceptibles d'être causés par les criquets ;
- une estimation très approximative de l'invasion acridienne d'après nos sources (nombre d'essaims, répartition des vols dans le temps, densité des essaims, etc.).

Le schéma général sur l'évolution des vols entre 1928 et 1932 (voir série de cartes) ne fournit pas l'importance des vols (nombre et densité). Certains témoignages comportent quelques informations que nous donnons ici à titre indicatif. Dans un village du Boboye (ouest du Niger), où des interlocuteurs affirment avoir compté les vols, il est fait état de 100 vols pendant l'année qui précéda "*Doa-Jiire*" (année des sauterelles), un nombre comparable la dernière grande année de vols, mais le double pendant l'année des larves ou "*Doa-Ize-Jiire*" (1931) (43). C'est ce qui fait dire dans ce village qu'il y a eu plus de 400 vols au total. Dans la région de Tombouctou, une personne interrogée estime qu'il y a eu en moyenne 5 vols par jour pendant deux à trois semaines en début et en fin d'hivernage (44). Cela donne, en trois ans, un total de vols supérieur à 600. Cela est-il possible ?

Quelques données comparatives permettent de répondre à cette question. Au cours de la dernière grande invasion du criquet pèlerin (années 1940 et 1950) beaucoup moins importantes que celle-ci, il a été observé, pour le seul mois de septembre 1942, 50 vols (45). Les archives de Kaduna (sources anglophones, Nigéria du Nord), comportent des statistiques sur le nombre de vols entre 1928 et 1933. En ce qui concerne le district de Zaria, il est fait état respectivement de 125, 317 et 102 vols pour les années 1930, 1931 et 1932, soit un total de 550 vols (46).

---

(40) J.-Y. Marchall, *op. cit.*, p. 145.
(41) *Rapport Sol, op. cit.*.
(42) J. Egg et al., *op. cit.*, p. 17.
(43) Enquête orale.
(44) Enquête orale.
(45) M. Leroy, *op. cit.*, p. 2.
(46) M. Watts, *op. cit.*, p. 320.

Tableau XIX

QUELQUES ESTIMATIONS DE PERTES OCCASIONNÉES PAR L'INVASION ACRIDIENNE DE 1931

LOCALITES (SUBDIVISIONS)	POPULATION	PRODUCTION TOTALE (TONNES)	PERTES %	RECOLTE NECESSAIRE
NIAMEY	100 000	5 000	75	20 000
SAY	40 000	3 000	37,5	8 000
KOURFEY	70 000	7 000	53,5	13 000
DOSSO	70 000	1 600		15 400
TILLABERY	13 000	6 575		
TERA	36 000	4 900		

(Pour l'ensemble du territoire, le déficit a été estimé aux deux tiers de la normale, soit environ 60 000 Tonnes)
Source : B. SOL, *op. cit.*, p. 55, A.N./S.O.M. C592

Tableau XVI

ÉVOLUTION DE LA PRODUCTION EN HAUTE-VOLTA

PRODUCTION	1924	1925	1926	1927	1928	1929	1930	1931	1932
MIL, SORGHO (milliers de tonnes)						673	590	489	689
COTON (tonnes)	673	707	1 247	640	515	551	849	379	490

Source : *Rapport agricole - 1931*, Haute-Volta, A.N./S.M., 2G-56 200 MI 1624

Au cours de l'année 1930, qui semble avoir connu le plus grand nombre de vols, mais aussi les plus importants, le passage de certains essaims aurait duré toute une matinée (47). Un vol d'une telle ampleur couvrirait une superficie de l'ordre de 100 km² avec une densité de 50 millions de criquets au km². Ce qui ne constitue pas un cas rare (48). De tels essaims compteraient alors jusqu'à 5 milliards d'insectes capables de consommer 10 000 tonnes de matières végétales en une journée (1 000 000 tonnes en 100 jours) (49). Des pertes estimées entre 50 et 75 % des récoltes effectuées en période normale fournies par plusieurs rapports agricoles ne nous semblent pas éloignées de la réalité.

Pour d'autres régions africaines, la F.A.O. fournit des estimations (en valeur de récoltes détruites) sur des pertes occasionnées au cours de cette même invasion. Ainsi, en Inde et au Kenya, les pertes ont été évaluées à 400 000 et 300 000 livres sterling, soit environ 2 000 000 de livres sterling pour chacune de ces colonies britanniques (50). En ce qui concerne le Sahel, un rapprochement avec les pertes occasionnées au cours des invasions récentes permet d'avoir un ordre de grandeur. Au cours de l'invasion de 1974-75, les pertes furent évaluées à 368 000 tonnes pour 350 000 ha touchés. Or, plusieurs travaux permettent d'affirmer que la plus grande invasion des années 1928-1933, de par les régions concernées et son ampleur, a été au moins trois fois plus importante que celle intervenue en 1974-75 (51). Dans ces conditions, des pertes de l'ordre de 500 000 tonnes à l'échelle sahélienne en une année est un minimum. Les pertes qui ont pu être enregistrées en trois années d'invasion auraient permis de nourrir 6 millions de sahéliens en un an.

De l'avis des populations locales, malgré l'importance de ce déficit vivrier, les conséquences de cette invasion se seraient limitées à des années de soudure difficile ou au plus à une année de disette généralisée (52). Malheureusement, "cette forme de tribut" que réclame périodiquement la nature a coïncidé avec un système d'exploitation économique coercitif, atteint de plein fouet par les répercussions de la crise mondiale :

> Malgré les criquets, nous aurions pu supporter le manque s'il n'y avait pas eu les impôts, les travaux forcés ; nous aurions pu supporter aussi les exigences des Blancs s'il n'y avait pas eu les criquets, mais pas les deux à la fois (...). Ce n'est pas tous les ans que la nature réclame son impôt. Cette année-là, il coïncida avec l'impôt des Blancs qui, lui, était prélevé tous les ans, bon an, mal an (...). Ce fut la famine deux années durant et des milliers de personnes moururent. (53)

(47) Enquête orale.
(48) O.C.L.A.L.A.V., in *Etudes scientifiques*, n° juin 1982, p. 5.
(49) *Idem*.
(50) Manuel anti-acridien de la F.A.O., in O.C.L.A.L.A.V., *op. cit.*, p. 7.
(51) E.-L. Saunion, *op. cit.*, p. 189. M. Descamp, *op. cit.*
(52) Enquête orale.
(53) Enquête orale.

Tableau XX

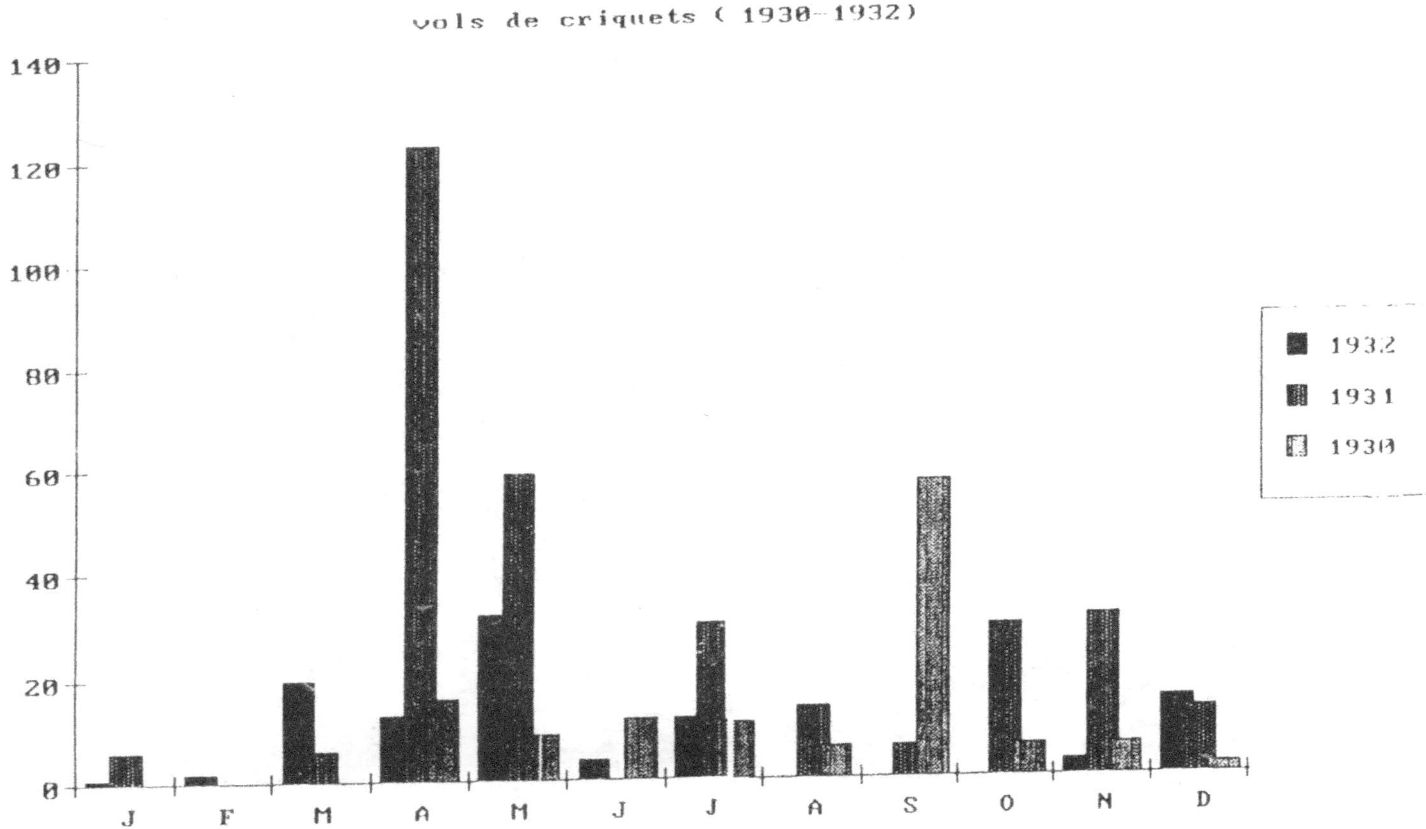

Source : M. WATTS, *op. cit.*, p. 320

Tel est le point de vue des sources orales, en ce qui concerne les causes de cette famine considérée comme la plus catastrophique depuis celle des années 1913-14.

Invasion acridienne ou exploitation coloniale ? De l'avis de l'Inspecteur des Colonies B. Sol, également, les responsabilités sont partagées entre l'impact des facteurs humains et le poids de la nature :

> L'insuffisance des récoltes est due exclusivement aux invasions acridiennes, quant à la famine, elle est due au fait qu'aucune disposition n'a été prise à temps utile pour la combattre. (54)

Nous pensions que l'expression "famine coloniale" ou "famine de type colonial" état abusive... Apparemment, il est des cas où elle se justifie.

3. *Les conséquences démographiques : la controverse des chiffres*

Une fois n'est pas coutume, des chiffres sont donnés (même s'ils ne concernent que l'ouest du Niger) sur le nombre de décès occasionnés par cette famine. Comme toutes les estimations, ils sont au centre d'un débat très controversé.

Avant d'entamer la bataille des chiffres, il convient de dire un mot sur des mouvements migratoires occasionnés par cette crise. Nous voulons souligner ici un cas précis de mutations profondes dans l'occupation de l'espace intervenues à la suite de cette famine. C'est le cas de Niamey, chef-lieu de la colonie du Niger qui nous semble de ce point de vue assez significatif. Dans les années 1920, Niamey n'était qu'un gros village abritant pour l'essentiel les fonctionnaires de l'administration coloniale. En 1930, la population est estimée à 1 642 habitants (55). A partir de 1931, l'afflux des populations rurales victimes de la famine va transformer radicalement l'aspect de cette ville. La majorité d'entre elles furent attirées par la distribution de vivres effectuée à partir du mois de mai 1931 : un millier de personnes parmi les plus atteintes (par la famine) sont choisies, auxquelles il est distribué 1/2 kg de mil par personne. On estimait entre 20 000 et 22 000 le nombre de femmes à sauver au milieu de l'année 1931 (56), c'est-à-dire plus de dix fois la population de la ville. Chaque jour, plus de 3 000 nouvelles autres personnes accouraient au bureau du cercle pour essayer d'obtenir une maigre ration journalière (57). Selon A.-H. Sidikou, la création d'une chefferie traditionnelle autonome à Niamey est née de la nécessité d'administrer cette population flottante, de plus en plus nombreuse. Les premières cases du célèbre quartier Boukoki (banlieue nord-est de la ville) dateraient de cette époque. C'est également au sortir de la famine de 1931-32 que vont naître un grand nombre de quartiers de la ville de Niamey où l'on fixa les populations sinistrées, dont la majorité

(54) Rapport Sol, *op. cit.*
(55) A.-H. Sidikou, *op. cit.*, p. 50.
(56) A. Salifou, *op. cit.*, p. 773.
(57) H.-A. Sidikou, *op. cit.*, p. 50.

serait originaire du Zarmaganda (Boukoki, Deyzeibon, Zameykouara, Foulankouara, etc.) (58). L'expansion démographique de Niamey est certes liée au transfert du chef-lieu de la colonie de Zinder à Niamey (59), mais son tournant décisif est l'afflux des populations victimes de la famine et la fixation sur place de la majorité d'entre elles.

En ce qui concerne le déficit démographique, l'ensemble des sources considèrent que le bilan a été très lourd pour la population.

A. Quelques estimations sur le nombre des décès

a) *Les informations orales*

Comme pour les famines précédentes, les témoignages oraux manquent de précision. Les personnes interrogées font une comparaison entre ce fléau et celui des années 1913-14. Elles estiment généralement que le nombre de décès occasionnés par "*Ada*" (coupe-coupe) est inférieur de moitié à celui occasionné par "*Gande-Beeri*" (grande poitrine, 1913-14). La différence entre les deux fléaux résiderait dans la durée de la période de forte mortalité :

> Dans les années 1913-14, chaque année, il mourait des dizaines de personnes par jour à Niamey pendant plusieurs mois ; dans les années 1931-32, la mortalité a été aussi forte aux périodes d'extrême misère mais seulement pendant deux ou trois mois (...). En outre, les gens ont pu être secourus dans les chefs-lieux de cercle comme Tillabéry, Dosso et Niamey (...). A Niamey, chaque jour, les morts étaient enterrés dans une fosse commune dans un cimetière sis entre les quartiers actuels de Lakurusu et Kwarataji (emplacement actuel du grand marché) (60).

Si c'était le cas, à notre avis, le nombre journalier de morts atteindrait ou dépasserait largement cinquante personnes ; car, seul un nombre élevé de décès nécessite l'utilisation de fosse commune. Selon un informateur, il a été enterré à Niamey au moins l'équivalent de trois fois la population de Niamey à la veille de la famine, en deux ans, c'est-à-dire environ 4 500 personnes, dont les quatre cinquièmes seraient étrangères à la ville. "Même si l'on connaissait le nombre de personnes enterrées dans les cimetières", ajoute un autre interlocuteur, "cela ne reflèterait pas la réalité, car un grand nombre de morts furent jetés dans le fleuve à la faveur de la nuit, sans compter les hommes ou les familles qui sont partis chercher la nourriture et dont on n'a jamais entendu parler (...)" (61).

(58) H.-A. Sidikou, *op. cit.*, p. 50.
(59) C'est également à l'époque de la famine que s'installèrent à Niamey les grandes maisons de commerce, parmi elles Personnaz et Garden, Duffour, Dejean, etc. (Import-Export).
(60) Enquête orale.
(61) Enquête orale.

b) *Les sources écrites*

• Le bilan de la famine établi par le Gouverneur Blacher (nov. 1931) (62).

Localités/Subdivisions	DECES	EXODES	TOTAL
NIAMEY	4 550	15 000	19 550
SAY	Aucune statistique n'a été fournie		
DOSSO	5 600	14 300	19 900
D. DOUTCHI	Très peu atteinte		
GAYA	Très peu atteinte		
TILLABERY	5 600	Exodes individuels/temporaires	
TERA	A fortement souffert, aucune estimation		
TOTAL	+ 15 000	Les exodes sont considérés comme temporaires, on escompte la rentrée totale des émigrés	

• Le bilan de la famine établi d'après le Gouverneur Tellier (Successeur de M. Blacher) (mai 1932) (63).

Localités/Cercles	DECES	EXODES	TOTAL
NIAMEY	8 864	8 720	17 584
TILLABERY	10 289	3 415	13 702
DOSSO	9 774	18 295	28 069
TOTAL	28 927	30 430	59 357

• Autres sources

A Salifou a fait un exposé comparatif des deux estimations contradictoires établies par le Gouverneur Blacher et son successeur. Il n'a pas donné sa propre estimation (64). Cette observation est valable pour H. Derriennic qui insiste sur l'incertitude des différentes estimations (F. Fuglestad, J. Egg et al., Rapport Sol, etc.). Il estime que toutes ces données sont sûrement en-dessous de la réalité (65).

---

(62) D'après le Rapport Coppet, A.N.N./S.O.M., C592 D, p. 8.
(63) *Idem.*
(64) A. Salifou, *op. cit.*, p. 773.
(65) H. Derriennic, *op. cit.*, p. 32.

— Estimation des décès et exodes d'après F. Fuglestad (66).

Localités	Population	Décès	Exodes	Total D + E
Cercle de Dosso : — DOSSO — DOUTCHI	 85 000 80 000	 5 600 (D + E =	 14 400 3 000)	 50 %
Total Cercle de Dosso	25 à 50 % de pertes			
Cercle de Niamey : — NIAMEY — FILINGUE — SAY — BOBOYE	 61 000 42 170	 5 090 3 352	 ? ?	 25 % 35 % ? 60 %
Cercle de Tillabéry : — OUALLAM	?	?	?	30 à 50 %
Cercle de Tahoua :	?	(D + E = 10 000)		?

Pertes de bétail :
"Les Peul ont sacrifié 90 % du troupeau pour subsister" (67).

— Estimation faite par J. Egg et al. (68) :
à partir d'une critique du rapport de l'Inspecteur des Colonies B. Sol :

> Nous pouvons supposer que la famine a provoqué une diminution de la population d'au moins 25 % dans les trois cercles, plus de 150 000 décès et exodes peuvent être dénombrés.

— Les pertes en vies humaines dues à la famine dans le Dallol Bosso d'après A. Beauvilain (69).

CANTONS	DECES		EXODES		TOTAL	
	Imp.	Non Imp.	Imp.	Non Imp.	Imp.	%
TAGAZAR	675	155	841	96	1 517	9
TODIKANDIA	1 501	357	1 246	181	2 747	27
IMANAN	201	56	225	25	426	9
KOURFEY	130	45	433	59	563	3

(66) F. Fuglestad, *op. cit.*, p. 26.
(67) *Idem.*
(68) J. Egg et al., *op. cit.*, p. 18.
(69) A. Beauvilain, "Les Peul du Dallol-Bosso et la sécheresse", in *Travaux et Documents du C.E.G.E.T.*, n° 30, 1977, s/d de J. Gallais, p. 178.

— Différence en pourcentage entre le recensement de 1928 et celui de 1933 (70).

Cantons	IMPOSABLES 1928	1933	%
BIRNI	22 834	16 547	27
KOYGOLO (Boboye)	8 574	3 712	56

Récapitulatif des estimations par sources (71)

Sources	Pertes	Populations concernées
F. Fuglestad	33 à 50 %	160/235 000 hts
A. Beauvilain	22 à 25 %	100 000 hts
J. Egg et al. (doc. I.N.R.A.)	25 %	150 000 hts
Estimation officielle (archives)	12 %	60 000 hts

Une synthèse de ces quatre hypothèses sur le bilan démographique d'ensemble dans l'ouest du Niger donne un chiffre moyen de 22,5 % de pertes, soit environ 100 000 habitants, sur une population d'ensemble de l'ouest du Niger évalué à 468 000 habitants, d'après un recensement effectué avant la famine (72).

Un certain nombre de considérations permettent de penser que cette estimation pourrait être en-dessous de la réalité :

1° Il s'agit généralement de chiffres qui ne concernent que les populations imposables (les tranches d'âge 0 à 10 ans et 60 et plus, c'est-à-dire les groupes les plus vulnérables en période de crise, ne sont pas comprises dans ces estimations).

2° Les chiffres ne prennent en compte que les recensements effectués entre 1931 et 1932, alors que la famine a persisté dans certaines régions jusqu'en 1933. Un recensement effectué en 1933 laisse apparaître pour la subdivision de Niamey une diminution de 25 % de la population (73).

(70) En pourcentage du nombre d'imposables (dans les années 1930, les imposables correspondent à la tranche de population comprise entre 9 et 59 ans).

(71) Rapport sur les chefferies indigènes de la colonie du Niger. Annexe au Rapport politique annuel, 1930, A.N.S., 2G30-11.

(72) *Idem.*

(73) Rapport du Gouverneur du Niger Bourgine, 1933, A.N./S.M., 2G33-31 200 MI 1755.

3° Enfin, au niveau du chiffre des décès, il n'est sûrement pas tenu compte des personnes mortes en territoire étranger comptabilisées dans le nombre des émigrés.

B. *Nos estimations*

Un document intitulé "Rapport sur les chefferies indigènes de la colonie du Niger" (74) comporte une série de recensements effectués avant et après la famine. Ce document sur lequel nous nous sommes basés pour faire nos propres estimations est malheureusement incomplet dans la mesure où les différents recensements ont été effectués à des périodes différentes selon les cercles, subdivisions ou cantons. En outre, dans plusieurs circonscriptions, des villages n'ont pas été recensés. Pour contourner cette difficulté, dans les circonscriptions pour lesquelles nous ne disposons pas de données, nous avons maintenu le chiffre moyen cité plus haut (moyenne des quatre propositions : pertes moyennes de 22,5 %).

Nos calculs ont donné les résultats suivants au niveau des seuls cantons pour lesquels nous estimons que les recensements sont assez représentatifs (tableau XXI).

Nos calculs aboutissent pour l'ensemble des 321 villages répartis dans deux des cercles de l'ouest du Niger les plus touchés par la famine à un déficit démographique (décès et exode de l'ordre de 44,24 %. Peut-on tirer des conclusions à partir de ces estimations qui ne concernent qu'une dizaine de cantons seulement ? Même si les recensements ont été effectués dans des conditions qui sont loin de leur attribuer des valeurs absolues, un certain nombre de constatations se dégagent :

1° Le canton du Boboye apparaît comme celui ayant enregistré le plus grand nombre de pertes. 56 % de la population totale selon A. Beauvilain ; 60 % selon F. Fuglestad ; et 56 % selon nos calculs.

2° Les chiffres auxquels nous sommes parvenus correspondent à peu près aux chiffres avancés pour certains cantons del'ouest du Niger qui ne font pas partie de nos calculs ; c'est le cas du Ouallam pour lequel les pertes ont été estimées entre 30 et 50 %.

3° L'accroissement de la population constaté dans les années qui suivirent la famine de l'ordre 10 à 15 % (cercle de Dosso) et qui serait dû en grande partie au retour des populations qui ont trouvé refuge au Nigéria ou au Ghana (75), permet de dire que dans ce pourcentage les exodes sont au moins deux fois supérieurs aux décès probables. Mais c'est une hypothèse qui doit être très nuancée car les administrateurs ont par ailleurs constaté que "de nombreuses familles se trouvant au Nigéria ou au Ghana ne sont pas revenues et ne reviendront probablement plus" (76). Des informations

(74) Annexe au Rapport annuel, 1930, A.N.S. et A.N./S.M. 2G30-11 200 MI 1729.

(75) Archives de l'I.R.S.H., cercle de Dosso, Rapport de tournée effectuée en août 1937 par le Commandant de cercle Robin.

(76) *Idem.*

TABLEAU XXI

S = Source des données (1)
V = Nombre de villages recensés
I = Population avant la famine
II = Population après la famine
III = Différence entre les deux recensements (I – II), ou perte démographique
IV = Pourcentage des pertes démographiques sur la population totale du canton

BILAN DE LA FAMINE D'APRES LES RECENSEMENTS EFFECTUES AVANT ET APRES LA FAMINE

Cantons	V	I	II	III	IV	S
DOSSO	34	4 428	2 470	1 958	44,20 %	S1
TOMBO K.	45	6 704	4 328	2 376	35,44 %	S2
MOKKO	28	7 282	3 928	3 354	46,05 %	S3
GOUBEYE	18	6 565	3 366	3 199	48,72 %	S4
MAYAKI K. (Falwel)	30	7 282	3 828	3 454	47,40 %	S5
BIRNI	15	1 449	599	650	65,20 %	S6
BOBOYE	35	8 520	3 727	4 793	56,20 %	S7
KIOTA	44	7 872	4 683	3 189	34,20 %	S8
KAYAN (Secteur)	14	2 479	1 834	645	26,00 %	S9

(1) Archives suivantes :

(S1) Archives de l'I.R.S.H., Rapport de tournée effectuée en juin 1932.
(S2) Archives du Niger, Rapport de tournée effectuée en mai 1933 par l'administrateur Graly.
(S3) Archives du Niger, Rapport de tournée effectuée en janvier 1933.
(S4) Archives du Niger, Dossier Niamey, Rapport de tournée effectuée en février 1933.
(S5) Archives du Niger, cercle de Dosso, Rapport de tournée effectuée en août 1933.
(S6) Archives du Niger, cercle de Dosso, Rapport de tournée effectuée en janvier 1933.
(S7) Archives du Niger, cercle de Niamey, Rapport de tournée effectuée en octobre 1933.
(S8) Archives du Niger, cercle de Niamey, Rapport de tournée effectuée en octobre 1933.
(S9) Archives du Niger, cercle de Dosso, Rapport de tournée effectuée en janvier 1933.

recueillies dans l'ouest auprès des populations originaires de l'ouest du Niger vivant dans l'Etat de Sokoto font ressortir qu'au moins 50 % des villages ont été créés entre 1930 et 1933 (77).

On doit également tenir compte de ce phénomène dans les évaluations des pertes occasionnées par la famine. C'est pourquoi nous proposons le tableau ci-après comme une des hypothèses possibles du bilan démographique d'ensemble à la suite de la famine de 1931-32.

	%	Nombre d'habitants
Population totale à la veille de la famine	100	480 000
Pertes sèches : (exode + décès)	44,20	212 160
dont : • exodes	30	144 000
• décès	14,20	68 160
Solde migratoire	7,5	36 000
Déficit démographique (décès + solde migr.)	21,70	104 000

Entre 1928 et 1932, l'ensemble de la boucle du Niger a connu une invasion acridienne d'une ampleur exceptionnelle. En raison de l'exploitation coloniale et des mauvaises récoltes occasionnées par les attaques répétées de criquets migrateurs, la situation alimentaire s'est détériorée créant çà et là une situation économique et démographique désastreuse. L'ouest du Niger fut l'une des régions où la situation alimentaire et démographique fut dramatique entre 1931 et 1932. Cette crise a non seulement occasionné la mort d'un nombre important de personnes (plus de 60 000 selon nos calculs), mais elle a drainé un nombre très important d'entre elles dans les territoires voisins, notamment les colonies anglophones. Même si la famine s'est étendue à d'autres régions de la boucle du Niger comme le Yatenga et les cercles de Gao et Tombouctou, les conclusions auxquelles nous avons abouti à partir de quelques cantons tests, en ce qui concerne le déficit démographique, ne peuvent pas être élargies à l'ensemble de la zone.

Troisième Partie

LES SOURCES DE L'HISTOIRE DES FAMINES AU SAHEL
(Instruments et méthode de travail)

Introduction

Dans les sociétés rurales africaines, le rythme et l'intensité des famines, disettes et épidémies constituent le symptôme le plus objectif des crises démographiques. Les travaux consacrés à l'étude des causes et des conséquences des fléaux du passé sont rares. Cela nécessite, souligne le Professeur E. M'Bokolo, "des sources très sûres, quelles qu'elles soient pour dater et décrire des choses aussi complexes qu'une situation de famine" (1). Les crises de subsistance relèvent du domaine du vécu quotidien des hommes. Leur description et leur analyse demandent une rigueur et une précision qui contrastent avec "la chronologie linéaire d'une histoire événementielle, politique et militaire", selon l'expression de H. Brunschwig (2).

Au-delà du repère chronologique, l'élément qui nous paraît fondamental dans un contexte de famine est l'ensemble des différents mécanismes à l'origine du déséquilibre alimentaire. Les famines, disettes et épidémies sont des événements conjoncturels résultant d'un ensemble de facteurs naturels et humains (les conditions climatiques, l'évolution démographique, les systèmes et les rapports sociaux de production, les conflits armés, etc.), dont les interactions s'inscrivent dans la longue durée. Les témoignages humains rapportent rarement de manière fidèle l'environnement consécutif à une situation de crise. Mais ils peuvent aider à établir les caractéristiques dominantes. C'est de ces témoignages et de leur critique qu'il s'agit ici :

(1) E. M'Bokolo, "L'histoire des famines", *Actuel Développement*, n° 68, 1985, p. 5.
(2) H. Brunschwig, "Une autre conception de l'histoire", *C.E.A.*, 61-62, XVI (1-2), 1976.

leur inventaire, l'analyse de leur contenu, leur valeur en tant qu'instruments de recherche capable de mettre en évidence les facteurs déterminants dans une situation de crise.

Avec quels moyens et comment? Ce sont là les deux questions essentielles d'ordre méthodologique auxquelles l'on est amené à répondre lorsque l'on entreprend une recherche. L'inventaire et l'analyse de nos sources nous permettront de répondre à la première. L'exposé de la problématique adoptée et des implications méthodologiques qui seront abordées plus loin permettra de répondre à la deuxième question. Aucune forme de témoignage n'a été volontairement privilégiée. Toutefois, l'ensemble du travail fait ressortir une prédominance des sources écrites (sources archivistiques et publications récentes, etc.). Sur un certain nombre de thèmes précis où de nombreuses zones d'ombre subsistent encore au niveau des documents écrits, les sources orales ont été un outil pratique, fournissant des résultats modestes mais utiles.

Chapitre 7

LES SOURCES ORALES

En Afrique sahélienne, l'essentiel des informations se transmettent encore de bouche à oreille. Le souvenir des événements exceptionnels au plan local est d'une vivacité insoupçonnable dans la mémoire collective. L'inventaire des données historiques sur les grandes crises du passé est possible. Pour recueillir les témoignages sur le passé, l'instrument de recherche le plus couramment utilisé est le témoignage oral (interviews collectives ou individualisées).

1. *Champ de recherche et contenu des enquêtes orales*

Sur certains aspects, la tradition orale est considérée comme une source fiable, parce qu'il s'agit de témoignages provenant directement des populations concernées. Le Professeur J. Ki-Zerbo compare la parole historique à "un fil d'Ariane bien fragile pour remonter le couloir obscur du labyrinthe du temps" (3). Cette fragilité nous paraît plus grande lorsqu'il s'agit de recueillir et d'interpréter des faits économiques et sociaux vieux de plusieurs générations. La mémoire collective excelle dans le domaine de l'histoire événementielle ; celle du temps court, de "l'histoire politique-ou-

(3) J. Ki-Zerbo, "Tradition orale", in *Problématique et méthodologie des sources de l'histoire africaine*, Ed. par D. Laya, U.N.E.S.C.O./C.R.D.T.O., 1972.

bataille" qui ne concerne qu'une croûte superficielle de l'histoire des hommes (4). Le fait quasi immobile de la longue durée échappe au discours transmis d'une génération à une autre. A travers les sources orales, les références aux événements démographiques sont toujours allusives ou indirectes. La tradition orale ne rapporte que :

> (...) les faits majeurs, en l'occurrence les catastrophes d'une exceptionnelle sévérité qui sont effectivement susceptibles d'avoir engendré des changements structurels fondamentaux. En revanche, les accidents normaux n'ont guère de raison d'être transmis aux générations futures (5).

Du point de vue de leur origine sociologique, les renseignements recueillis sont de trois ordres :

- Le savoir provenant directement de personnes qui, compte tenu de leur âge, nous ont rapporté des faits dont elles ont été les témoins oculaires.
- Le savoir transmis par des générations antérieures (génération du père ou du grand-père de l'informateur).

Dans ces deux premiers cas, les traditions recueillies concernent des événements de courte ou de moyenne durée (à l'échelle de deux, trois ou quatre générations au maximum).

- Enfin, le savoir contenu dans des documents écrits en arabe ou en *Ajami* (6) conservés jalousement par quelques rares lettrés qui ne les transmettent que sous forme d'information orale.

Dans ce dernier cas, il arrive que les personnes interrogées évoquent des événements d'une durée relativement longue.

Du point de vue de leur origine géographique, il s'agit des résultats d'enquêtes orales réalisées auprès des populations Zarma-Songhay vivant dans l'ouest du Niger et le nord-est de la République Fédérale du Nigéria (Etat de Sokoto) et de celles effectuées au Mali (milieux Peul et Songhay) et au Burkina-Faso chez les Mossi du Yatenga (Ouahigouya).

A. Les points d'enquête

Les interviews ont été réalisées entre 1984 et 1986. L'espace géographique pris comme champ d'étude est la boucle du Niger qui se singularise par sa position de contact entre le Sahara et les régions soudanaises, juxtaposant trois pays du Sahel (Burkina-Faso, Mali, Niger). En ce qui concerne le Niger, nous avons effectué trois séjours d'environ un mois chacun dans une vingtaine de localités de l'ouest du Niger. Des voyages d'étude nous ont permis d'effectuer à partir de Paris deux brefs séjours au Mali et au Burkina-Faso. Il existe une grande disparité régionale au niveau du nombre de localités visitées et d'interlocuteurs par point d'enquête. Des obstacles d'ordre

(4) M. Vovelle, "L'histoire et la longue durée", in *La nouvelle historie*, s/d de J. Le Goff, 1980, p. 330.
(5) C. Coquery-Vidrovitch, *Afrique Noire : permanence et rupture*, Payot, 1985, p. 398.
(6) *Ajami* : Tradition transcrite dans une langue locale à l'aide de l'alphabet arabe. Cette forme d'expression est courante dans les milieux "maraboutiques" d'Afrique Noire.

linguistique n'ont pas permis également d'équilibrer les témoignages au niveau des différents groupes ethniques qui peuplent la boucle du Niger. Pour des raisons diverses (proximité des lieux, diverses facilités, meilleure connaissance de la langue, etc...), plus des deux tiers des interviews ont été réalisées au Niger et dans le nord-est du Nigéria. Parmi les personnes interrogées, l'élément sédentaire Zarma-Songhay est majoritaire. Quelques témoignage ont été recueillis également auprès de groupes nomades (interlocuteurs Peul et Tamasheq).

Au Niger, les enquêtes ont concerné trois régions :
— le Zarmaganda (Ouallam, Todikiwindi),
— le Songhay (Téra, Tillabéry, Yatakala, Lossa, Sansone-Hausa, Karma),
— le Zarmatarey (Niamey, Dosso, Boboye, etc...).

En République du Mali, les informations ont été recueillies à Mopti, Tombouctou et Gao, qui correspondent respectivement aux 5e, 6e et 7e régions administratives. Le choix de ces points d'enquête répond à des critères géographiques et historiques. Au plan géographique, ces trois régions administratives du Mali forment la partie centrale et orientale de la boucle du Niger. Au plan ethno-linguistique, il s'agit d'une zone de peuplement Songhay, comme l'ouest du Niger et le nord-est du Burkina-Faso. L'un des objectifs de l'enquête orale est d'établir une série chronologique d'ensemble pour la boucle du Niger par analyse comparative des traditions recueillies dans plusieurs localités, en dépit des limites territoriales contemporaines. Enfin, au plan de la recherche historique, les matériaux qui ont permis de dresser une chronologie des famines et des épidémies dans la boucle du Niger entre le XVIe et le XVIIIe siècles ont été rédigés par des Uléma de Tombouctou. On peut penser que des sources orales complémentaires évoquant des calamités pour les époques postérieures permettront de compléter ces registres qui s'estompent malheureusement au milieu du XVIIIe siècle.

Au Burkina-Faso, les enquêtes orales ont eu lieu essentiellement à Ouahigouya (province historique du Yatenga en région Mossi).

Les enquêtes menées dans l'Etat de Sokoto (nord-est du Nigéria) ont concerné, quant à elles, le groupe d'origine Zarma-Songhay. Ce peuplement, dans sa majorité, résulte des vagues de migrations successives consécutives à des grandes calamités naturelles. Ce flux migratoire, qui est très ancien, se poursuit de nos jours. Ce cadre géographique et humain nous a paru bien indiqué pour enquêter sur le thyme "Sécheresses, famines et migrations".

B. La collecte des données

Toutes les méthodes d'investigation en milieu rural susceptibles de faire participer le maximum d'interlocuteurs ont été testées : causerie libre, interview dirigée à l'aide de questionnaire, entretien de groupe non directif, sondage d'opinion, etc.

Le procédé le plus souvent utilisé est l'entretien collectif plus ou moins dirigé selon les thèmes abordés. Cette méthode favorise la dynamique de groupe qui suscite l'esprit de contradiction. Elle permet de s'entretenir en un temps record avec un nombre important d'informateurs (sous l'arbre à

Tableau XXI

LES TROIS ZONES SUCCESSIVEMENT COUVERTES PAR L'ENQUÊTE ENTRE JUILLET 1984 ET SEPTEMBRE 1986 : itinéraire, points d'enquête orale, visites de projets, d'aide alimentaire au développement

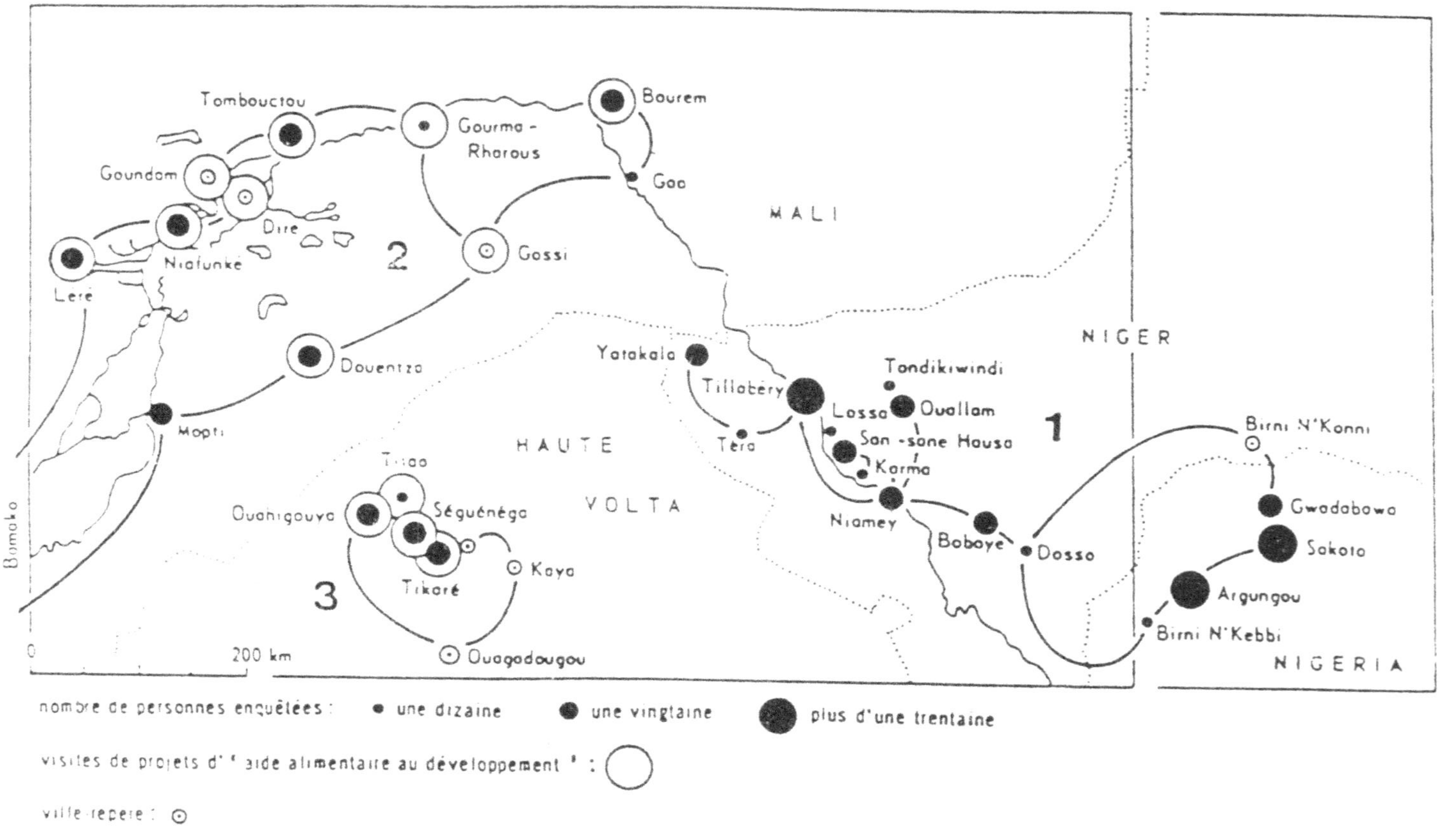

palabre ou autour du chef de village). Dans les causeries, nous laissons libre cours aux débats pour n'intervenir que dans deux cas :

— lorsque la discussion s'écarte un peu trop de nos préoccupations,

— lorsqu'un orateur aborde un aspect important que nous voulons approfondir.

Ce type d'entretien comporte néanmoins un certain nombre de difficultés. Les débats souvent vifs et orageux sont non seulement difficiles à maîtriser, en outre, ils ne favorisent pas de bonnes conditions d'enregistrement et de prise de notes.

L'entretien de groupe ne permet pas une exploitation intense des thèmes proposés. C'est pourquoi nous avons toujours essayé de compléter ces types d'entretien par des interviews individuelles. Les entrevues personnalisées "à bâtons rompus" sont généralement réalisées avec les informateurs très âgés qui préfèrent s'entretenir en dehors de toute indiscrétion. Il existe également des interlocuteurs privilégiés (traditionnistes confirmés) assez bien connus et recommandés par les chercheurs.

Avec ce type d'informateurs, il nous est arrivé d'utiliser un questionnaire détaillé. Ce questionnaire est élaboré en tenant compte de la spécificité du sujet, des domaines non encore exploités par les enquêtes antérieures, des conditions socio-psychologiques qui varient d'une région à une autre, d'un informateur à l'autre. Pour ne citer qu'un exemple, un questionnaire relatif à la chronologie des calamités connues par les populations et qui est soumis pratiquement à toutes les personnes interrogées est modifié selon les zones géographiques ou la catégorie socio-professionnelle des informateurs. En milieu sédentaire, le thème central tourne autour des périodes de famines, disettes et maladies humaines. Chez les pasteurs sahéliens, les entretiens ont été beaucoup plus orientés vers les épizooties. Ailleurs, dans certaines communautés, les événements les plus mémorables sont les grandes périodes d'exode massif. Elles correspondent à des calamités. Ces repères chronologiques sont les plus ancrés dans la mémoire collective. Dans ces milieux, le questionnaire-interview est centré sur les vagues de migrations, leurs causes et leurs interprétations.

Nous ne nous sommes pas contentés de la collecte des seuls récits qui constituent la base de l'histoire orale. Toutes les formes d'expression orale ont été explorées : poésie, chant, proverbes, contes, etc. (voir les recueils en Annexe I).

C. L'apport de la littérature orale

Pour reconstituer les phénomènes de crise dans leur contexte historique, nous tenons à souligner qu'il existe au niveau de la tradition orale une catégorie de sources très précieuses et qui a été jusqu'ici peu exploitée. Il s'agit de la littérature orale. Elle comporte un nombre importants de chants, poèmes, proverbes, etc., sur les sécheresses et famines. C'est pratiquement à la fin de nos travaux que nous nous sommes rendu compte de son importance pour l'histoire économique, sociale et culturelle lorsque l'on ne dispose pas de documents écrits. L'avantage de la littérature orale est que ses informations sont transmises de manière inconsciente. Elle échappe de ce fait à l'usure du temps (disparition des seuls dépositaires) et au parti pris idéologique du récit formalisé considéré comme la base de l'histoire orale.

Malheureusement, les chants provoquent l'inhibition chez les historiens qui les considèrent à tort comme la chasse gardée des ethnologues et autres musicologues. Il est vrai aussi qu'après avoir enregistré un chant, l'on ne sait qu'en faire (7). C'est ce qui explique le peu d'importance que nous avons accordé au départ aux chants et autres proverbes qui apparaissent de temps en temps dans les témoignages sur l'histoire des famines.

Contrairement au récit, le fait d'enregistrer une chanson ou un poème ne suffit pas pour avoir accès aux informationos historiques. Encore faudrait-il les comprendre, et la littérature orale pose des problèmes de compréhension, donc d'analyse et d'interprétation. Mais une fois le message décodé, les chants et les poèmes consacrés à une famine plongent l'historien dans le contexte social, économique ou politique de l'époque. Il s'agit de sources figées plus précises quant à la transmission des informations historiques car en principe rares sont celles qui veulent transmettre consciemment des données historiques.

C'est pour toutes ces raisons que nous avons jugé utile de recueillir un certain nombre de chants, poèmes et proverbes consacrés aux famines. Les chants peuvent comporter plusieurs thèmes, comme par exemple :

— les comportements sociaux en temps de pénurie,
— l'attitude d'un chef pendant la crise,
— l'importance du problème de la faim dans la culture,
— les mentalités de groupe, etc...

Le fait que certaines personnes âgées, notamment les femmes et les griots, connaissent les motivations, la date de la composition et le nom des compositeurs de certaines chansons apporte d'autres éclairages sur les réalités du moment et la possibilité de dater l'événement avec précision.

Quelques extraits de chants sur la famine de 1913-14 :

"KAKA-LABA" (ventre creux) (8)
Kaka-Laba Bakar yunwa / (Kaka-laba la famine noire)
Gyalllare may sa maza kuka / (Elle fait pleurer les hommes)
.... (...)

"YOLLU-MORU" (caresser les tresses)
Yollo-Moru Kan na zarmay da barey /
(Yollo-Moru qui a changé la mentalité des Zarma)
Kurnye dan Wande ga car kar dobu se /
(Mari et femme se battent à cause du son de mil)
.... (...)

(7) E.-J. Aloga, "Le chant comme source d'information historique", in *Tradition orale : problématique et méthodologie*, Ed. par D. Laya, p. 178.
(8) Chant recueilli par l'auteur.

Ces deux brefs extraits de chants fournissent des informations sur l'intensité des famines et les comportements individuels face à la crise. Ils montrent de manière indiscutable qu'il s'agit d'une crise alimentaire au cours de laquelle les comportements individuels ont atteint des points extrêmes : des hommes qui pleurent, des époux qui se battent à cause de la nourriture ; la famine est ainsi un facteur d'éclatement des rapports sociaux et des liens de solidarité les plus solides que symbolisent ici les liens de mariage.

2. *L'exploitation des données*

Quelques indications d'ordre socio-psychologique ont souvent orienté notre jugement quant à la sincérité de l'informaeur ou l'authenticité de la source : les motivations de l'informateur, son origine sociale, ses rapports avec les faits qu'il relate, son âge ou celui des personnes dont il détient les informations au moment des faits, ses prises de positions par rapport aux événements, son choix des événements à relater, la clarté du discours, l'intérêt que l'informateur aurait à falsifier les faits et dans quel but ?

Deux autres éléments nous ont permis de vérifier la source des informations qui nous sont fournies. Il s'agit des généalogies familiales et dynastiques. Quel que soit notre thème de recherche, dans toutes les localités que nous visitons, nous commençons par dresser la généalogie de nos informateurs et la liste des souverains dans l'ordre chonologique. En Afrique sahélienne, d'une manière générale, les repères chronologiques les plus utilisés pour situer une calamité sont la référence à une filiation généalogique ou au souverain de l'époque. C'est pourquoi un certain nombre de famines portent des noms de souverains. Il est facile par la suite de vérifier la probabilité de concomitance entre l'événement cité et le personnage pris comme repère chronologique.

Cette étape procède par confrontation des sources orales entre elles, la plus probable devant l'emporter en cas de contradiction. Au cours du dépouillement des témoignages, nous vérifions l'uniformité et la similitude des réponses au niveau local ou régional. Sur les causes d'une calamité (sécheresse, invasion acridienne, inondation, etc.) par exemple, si, sur une dizaine de personnes interrogées, huit évoquent des attaques acridiennes, cette hypothèse est la plus probable. Il existe malheureusement des cas où l'on ne doit pas se baser sur la multiplicité des témoignages, mais sur leur clarté ou sur la probabilité des faits. En effet, "les versions publiées" (ou les plus courantes) deviennent facilement "les versions officielles, (...) sortes de mythe testament pour tout le peuple" (9). La multiplication des versions (par diversification des témoignages au niveau d'une famille, d'un village, d'une région, selon les communautés ethno-linguistiques, les catégories socio-professionnelles, etc.) permet de faire ressortir au moment de l'analyse des données la concordance ou les contradictions des témoignages. Dans les cas

(9) C.-W. Timothy, "L'histoire socio-économique des peuples : problèmes et perspectives de recherche", *C.E.A.*, 61-62, XVI (1-2), p. 397.

où cela a été possible, nous avons confronté également les sources orales avec des sources écrites disponibles sur le sujet.

Une fois que nous avons examiné toutes les informations qui nous ont été transmises, nous les classons dans un ordre qui permet leur utilisation en fonction des objectifs que nous nous sommes fixés. Tous les repères chronologiques, tous les concepts, toutes les opinions exprimées sont inventoriés thème par thème. Les différents recoupements laissent apparaître des liens entre les témoignages recueilis et certains résultats auxquels nous pouvons prétendre. Certaines hypothèses commencent à être vérifiées alors que d'autres sont infirmées. Ces constatations nous ont amené à nous poser d'autres questions, à admettre d'autres hypothèses. Cela nous a conduits, dans certains cas, à retourner sur le terrain pour recueillir des informations complémentaires ou reformuler les questionnaires. Sur l'histoire des familles et des épidémies du Sahel, la synthèse des informations orales recueillies permet de regrouper les données en trois grandes catégories :

• Les concepts de sécheresse, famine et épidémie, et leurs repères chronologiques :

La nomenclature, la chronologie relative, les causes des calamités, les éléments de typologie, etc. L'essentiel des récits sur les sécheresses et les famines porte sur la nature des calamités, leurs causes, les terminologies locales utilisées pour désigner ces calamités, des repères chronologiques qui permettent de mettre en relation ces événements du passé avec leur époque. Les témoignages comportent également quelques détails sur l'ampleur de la calamité, le degré de son intensité et les région touchées.

• Les attitudes de l'homme face aux calamités :

Ce thème est la deuxième catégorie de faits que les témoignages évoquent. Les récits comportent de nombreuses références aux stratégies alimentaires (les systèmes de conservation et de gestion des réserves alimentaires, l'alimentation de substitution, les formes ou l'absence de solidarité humaine en période de pénurie alimentaire, etc.), mais aussi des références à l'attitude des pouvoirs : à l'époque pré-coloniale (largesse de certains chefs traditionnels), à l'époque coloniale (forme coercitive du pouvoir malgré la famine : impôts, réquisitions, corvées, cultures obligatoires), mais aussi méthodes coloniales de lutte contre les famines (greniers de réserve, méthode de lutte anti-acridienne, etc.).

• Les comportements démographiques :

C'est la troisième catégorie d'informations abordées à travers les sources orales. Sur ce thème, le plus grand nombre de renseignements concernent les mouvements migratoires (fuite devant les calamités). Les pertes humaines sont toujours évoquées mais de manière très vague (absence de données quantitatives).

3. *Ecueils et limites*

Nous venons de rendre compte de la façon dont nous avons procédé pour avoir les différentes données dont il sera question tout au long de cette étude.

Nous aimerions à présent évoquer quelques aspects qui témoignent des limites des sources orales. Ces difficultés sont de deux ordres :

— les difficultés d'ordre méthodologique,
— les difficultés d'ordre matériel et socio-psychologique.

Quand on utilise la tradition orale comme source d'information (sur l'histoire économique et sociale en général, l'histoire des sécheresses et des famines en particulier), les deux principaux écueils sont : les problèmes chronologiques (datation des calamités) et les problèmes démographiques (évaluation des groupes humains, ampleur des pertes humaines causées par les calamités, etc.).

a) Les repères chronologiques et leur interprétation

Le problème de la chronologie est encore au centre des débats entre partisans et adversaires des sources orales. Les adversaires de la tradition orale qualifiée de "chronophiles" (10) lui reprochent son manque de système chronologique ni absolu ni même relatif. L'analyse et l'interprétation des repères chronologiques relatifs et leur conversion en chronologie absolue est un véritable casse-tête. Mais oser affirmer que la tradition orale ne comporte aucun système chronologique, ni relatif ni absolu, relève du domaine de l'ignorance. Pour illustrer les difficultés énormes que pose souvent l'utilisation des sources orales, nous avons choisi d'exposer la perception de l'espace temporel chez les populations sahéliennes et les systèmes de périodisation qui permettent de mettre en relation des faits du passé avec leur contexte historique.

Pour un observateur non averti, les textes oraux paraissent comme dénués de tout système chronologique. Chez les populations Zarma-Songhay, les récits renferment des éléments de chronologie. Les différents témoignages comportent en effet des formes d'expression particulières qui servent à établir un agencement des faits les uns par rapport aux autres. Certaines de ces tournures font référence à un espace temporel plus ou moins long (chronologie relative). D'autres font référence à un espace chronologique relativement court et précis (chronologie absolue). Ces formules de datation sont surtout utilisées par les personnes très âgées ou les traditionnistes confirmés.

(10) J. Ki-Zerbo, *op. cit.*, p. 9.

QUELQUES TOURNURES CHRONOLOGIQUES
UTILISÉES CHEZ LES ZARMA-SONGHAY

Chronologie relative :

Dates	Concepts Zarma-Songhay	Traduction
Avant 1900	Za don boray wate Za iri hanga sihamay Za iri kayay wate	L'époque des hommes d'autrefois L'époque de nos ancêtres Au temps de nos grands-parents
Après 1900	Annasaray wate/ ou Poltolo wate	La période coloniale/ ou L'époque du travail forcé
Après 1960	Bonduure wate	L'après-indépendance
Après 1974	Soojay-Meera	Le régime militaire

Chronologie absolue :

Dates	Concepts Zarma-Songhay	Traduction
1898-99	Sar-Sar (guerre et famine)	Passage de la Mission Voulet-Chanoine
1913-15	Gande-Beeri	Famine "grande poitrine"
1954-55	Gaaro-Jiire	Famine "l'année de la farine de manioc"
1956	Sankansisi	Année de l'introduction d'une pièce de monnaie de cinq francs
1960	Bonduure-Jiire	Année de l'indépendance
1966-68	Bandabaari	Famine et exode massif vers Niamey, date de la création d'un grand quartier de Niaymey par les populations victimes de la sécheresse
1973-74	Soojay-Meera	Famine puis coup d'état militaire

Comme on le constate, les éléments du rythme temporel sont en effet des calamités naturelles ou des faits marquant la vie de la collectivité. Les repères chronologiques des traditions conservées par les populations migrantes sont parmi les plus précis. Les émigrés installés de longue date par suite de calamités ou de troubles socio-politiques utilisent assez souvent comme repère chronologique ces calamités et les vagues de migrations successives qui les ont conduits dans leur site actuel.

Les populations Zarma-Songhay du Nigéria par exemple distinguent cinq grandes phases de migrations qui correspondent aux cinq grands troubles socio-économiques et politiques qui ont marqué leur histoire.

Première vague : (début XIXe)	Elle est appelée *"Jiihad-Jiito"* (11) (les départs ou les fuites de l'époque du Jiihad, guerre sainte d'Ousmane Dan Fodio).
Deuxième vague : (1898-1900)	Elle est appelée *"Sar-Sar-Jiito"* (les départs ou les fuites consécutifs au passage de la mission Voulet-Chanoine et à la famine de la même époque).
Troisième vague : (1913-1918)	Elle est appelée *"Gande-Beeri"* (les fuites de la famine "grande poitrine").
Quatrième vague : (1929-1932)	Elle est appelée *"Dwa-Jiito"* (fuites de "l'année des criquets").
Cinquième vague : (1968-1973)	Citée seulement par quelques informateurs, elle est connue sous le nom *"Bandabaari-Jiito"* (départs consécutifs à la sécheresse des années 1960).

Il convient de préciser que pour la période coloniale, à travers les interviews, les mobiles de départ généralement évoqués sont, d'une part, ce que les populations appellent *"Lapal-Jiito"* (fuites devant le recrutement militaire) et, d'autre part, *"Poltol-Jiito"* (fuites devant le travail forcé, notamment la construction des routes : *"Dolefonda"* ou les routes de la force).

Les repères de chronologie recueillis permettent généralement sans extrapolation de situer avec une quasi certitude des événements de l'ordre du siècle. Les problèmes de datation se posent avec acuité pour des calamités antérieures à 1880. Seule la conversion de la chronologie relative en chronologie absolue (qui comporte une marge d'erreur de l'ordre de deux à cinq ans) permet de dater les calamités vieilles de plusieurs générations.

Les généalogies familiales et les listes dynastiques que nous établissons au début de chaque interview servent non seulement à vérifier l'origine de la source et la sincérité des informateurs, mais elles aident également à convertir une chronologie relative en chronologie absolue. Une fois connues, les listes généalogiques ou les durées moyennes de règne (et leur concomitance avec les événements cités), il est possible de faire cette conversion. L'utilisation de la durée moyenne d'une génération qui oscille entre 26 et 32 ans (12) permet d'avoir des estimations, certes discutables, mais pour l'heure irremplaçables en l'absence de méthode plus rigoureuse. Des extrapolations avec des éléments de généalogie complets permettent de remonter dans certains cas jusqu'au début du XIXe siècle, mais rarement au-delà.

---

(11) *"Jiiti"* est un terme Zarma-Songhay qui signifie : fuite, débâcle (face à un péril). Au sens propre, l'expression est utilisée en cas de "sauve-qui-peut" généralisé devant une calamité (famine, épidémie, guerre, etc.).

(12) Il s'agit là de la fourchette proposée par J. Vansina, "La tradition orale et sa méthodologie", in *Histoire générale de l'Afrique*, Ed. U.N.E.S.C.O., J. Afrique, p. 173.

Lorsque les témoignages comportent toutes les données nécessaires, la date d'une calamité peut s'obetnir à partir d'une opération arithmétique simple comme le montre l'exemple ci-après :

CALCUL DE LA DATE D'UNE CALAMITÉ À PARTIR DE REPÈRES CHRONOLOGIQUES DE LA TRADITION ORALE

Données nécessaires :

E = Date de l'enquête
A1 = Age de l'informateur (au moment de l'enquête)
A2 = Age de l'informateur (au moment de la calamité)
G1-G2-G3 = Nombre de générations (familiales ou dynastiques) depuis la calamité
R1-R2-R3 = Autres repères chronologiques fournis par l'informateur

Exemple :

D = Chronologie absolue recherchée (date précise de la calamité)
E = 1984 (date de l'enquête)
R1 = 1er repère chronologique (date de création du site) = 205 ans
R2 = 2e repère chronologique : temps écoulé entre la date de création du site et la calamité = 91 ans
A1 = Age de l'informateur au moment de l'enquête
G = Nombre de générations depuis la calamité

1er cas : Calcul de la date de la calamité sans tenir compte de la généalogie :

D = E − (R1 + R2)
= 1984 − (205 + 91)
= T 1870

2e cas : Calcul de la dae probable de la calamité en se basant sur les données généalogiques (en prenant 30 ans comme durée D moyenne d'une génération :

D = E − (G1 + G2 + G3 + G4)
= 1984 − (30 + 30 + 30 + 30)
= T 1874

Par la suite, des recoupements avec des sources écrites autorisent la mise au point de canevas chronologiques acceptables. C'est à partir de ce procédé qu'ont été datées les années de famines, d'épidémies ou d'épizooties. Tous les concepts locaux utilisés par nos informateurs comme repères chronologiques sont répertoriés en annexe.

Tout le monde est d'accord pour affirmer que l'utilisation des durées moyennes (de générations familiales ou règnes dynastiques) "constitue un procédé commode mais dont le caractère abstrait saute aux yeux (...). Projeter dans le passé la moyenne arithmétique tirée des règnes les plus récents est une extrapolation qui revêt souvent un caractère incertain" (13). Mais disposons-

(13) J. Ki-Zerbo, *op. cit.*, p. 105.

nous d'arguments assez solides pour rejeter ce procédé qui permet de restituer les événements dans leur cadre temporel ?

Le problème de la chronologie n'est pas le seul domaine controversé de la tradition orale. La quasi impossibilité d'obtenir des données quantitatives sur les événements démographiques est un élément qui renforce l'idée selon laquelle la tradition orale serait une source "molle" conduisant seulement à de simples probabilités (14).

b) Sources orales et démographie historique

La mise en contexte historique de chaque événement nécessite, outre l'évaluation de l'importance numérique des groupes humains, leur répartition dans l'espace mais aussi un examen attentif des comportements démographiques : les mouvements naturels (décès occasionnés par les calamités, capacité de retour d'une population à l'état de stabilité après une calamité, etc.) et les mouvements migratoires (exodes massifs consécutifs aux différentes calamités).

Ces deux phénomènes apparaissent-ils à travers les sources orales . Sous quelles formes ? Comment ces crises démographiques sont-elles interprétées par les différentes populations ? Existe-t-il une approche méthodologique susceptible de mieux faire apparaître puis apprécier les événements démographiques à travers les récits historiques ? L'histoire démographique ne peut pas attendre de miracles dans ce domaine. Tout au moins, peut-on réunir un ensemble d'éléments favorables à des hypothèses.

Dans cette optique, nous nous sommes intéressés à deux types de faits : au plan interne, l'ampleur des pertes humaines ; au plan externe, l'orientation et l'importance des flux migatoires occasionnés au fil du temps entre les zones à équilibre écologique fragile et les régions les moins hostiles.

Estimation des pertes démographiques

Aucune estimation des pertes en vies humaines occasionnées par une famine ou une épidémie n'a pu être établie à partir des seules sources orales. Les indices démographiques contenus dans les sources orales ne permettent de constituer que des ordres de grandeur. Ces données doivent être interprétées avec délicatesse.

Si les sources orales ne permettent pas "de donner en elles-mêmes l'ensemble d'une tendance démographique", elles sont en revanche "riches d'informations sociales et de faits de mentalité, c'est-à-dire la réalité qualitative qui permet de saisir comment une crise démographique s'est nouée au niveau du vécu quotidien" (15).

L'analyse et l'interprétation de recueils de généalogies familiales, la recherche puis le dénombrement de villages disparus définitivement par suite de calamités (à ne pas confondre avec les villages déplacés), les récits

(14) J. Ki-Zerbo, *op. cit.*, *idem*, citant le point de vue de Herskovits.
(15) J.-P. Chrétien, "Démographie et écologie en Afrique Orientale à la fin du XIXe siècle", Actes du Colloque sur *Le peuplement de l'Afrique jusqu'à la décolonisation*, C.R.A., octobre 1985, p. 12.

historiques sur les périodes d'abondance et les périodes de déclin démographique, sont des thèmes à partir desquels "les sources orales attestent le caractère massif du choc (rupture démographique) tel qu'il a été vécu mentalement avec sans doute des effets sur les conduites natalistes" (16). Dans les pays du Sahel, contrairement aux constatations faites par C.-H. Perrot (17), en ce qui concerne le sud-est de la Côte-d'Ivoire, les personnes interrogées éprouvent une certaine gêne à rappeler les périodes de difficultés démographiques. Ce sont les périodes d'abondance qui prennent une place importante dans les récits historiques qui ne font pas une référence systématique à une calamté. L'analyse et l'interprétation des généalogies familiales laissent apparaître des "troubles démographiques" (ruptures de lignage) à des périodes précises. Pour que ce type d'enquête donne des résultats significatifs, "une confrontation de plusieurs sources concernant les mêmes généalogies et les mêmes événements capables de révéler des discordances est nécessaire" (18).

En ce qui concerne les généalogies dynastiques que nous avons pu analyser, nous n'avons pas pu vérifier (sans doute en raison du nombre réduit de généalogies recueillies) également l'hypothèse selon laquelle "les crises démographiques se traduisent par le manque d'héritiers mâles et la vacance des pouvoirs pendant un temps plus ou moins long pendant lequel la conduite des affaires est assurée par les femmes" (19).

Par contre, il nous a été possible de constater sur le terrain dans le Zarmaganda (Niger) un nombre important de villages disparus ou qui ont abandonné le site ancien. Les interprétations données par les populations rejoignent les remarques faites par C.-H. Perrot sur le péhnomène constaté en Côte-d'Ivoire où "les villages riverains du fleuve Comoe ont connu plusieurs changements de site en raison du niveau élevé de la mortalité attribuée aux génies propriétaires des lieux" (20).

Dans les études de cas précis de calamités, certaines estimations fournies par les témoignages, même dans des termes très vagues, peuvent être interprétées en fonction de l'intensité de la crise, de son extension spatiale et temporelle. C'est à travers des références à l'état d'esprit de la population pendant les événements qu'apparaissent des traces d'une ponction démographique importante, à l'image de ce genre de témoignages :

> Le nombre de morts était tel qu'il n'était pas possible de les enterrer tous (...). Les gens étaient épuisés, on se contentait de traîner les morts et de les jeter derrière le village. (21)

---

(16) J.-P. Chrétien, *op. cit.*, p. 13.

(17) C.-H. Perrot, "Sensibilité des sociétés Akan du sud-est de la Côte-d'Ivoire aux fluctuations démographiques", in *Colloque du C.R.A.*, octobre 1985.

(18) G. Pison, "Recueil de généalogies orales : Intérêt et limite pour l'histoire démographique de l'Afrique", in *Colloque du C.R.A.*, octobre 1985.

(19) C.-H. Perrot, *op. cit.*, p. 4.

(20) *Idem.*

(21) Enquête orale.

Ou encore :

> Devant le nombre considérable de décès, celui qui a perdu tois enfants sur six mettait en gage un ou deux pour sauver la vie des autres membres de la famille pendant quelques temps (...). On estimait à plus de la moitié de la population le nombre de vies humaines emportées par cette calamité. (22).

Les termes utilisés pour désigner certaines calamités sont aussi révélateurs de l'ampleur des dégats occasionnés. Des famines ont pris ainsi les noms de "*Kuru-Kuru*" (traîner traîner) ou "*Kuru ga Furu*" (traîne et jette), "*Zama-Kano*" (couteau tranchant), "*Ada*" (coupe-coupe), "*Bassasa*" ou "*Hamada*" (grand malheur).

Il s'agit là d'indications insuffisantes pour estimer des effectifs ou des taux démographiques. Seules des sources écrites, en l'occurrence des opérations statistiques de collecte de données démographiques lorsqu'elles existent, ce qui est rare pour la période coloniale), permettent des analyses à partir desquelles on peut avancer des hypothèses fiables sur les régressions démographiques.

L'orientation et l'ampleur des flux migratoires

Le deuxième thème, choisi à titre d'exemple pour illustrer notre approche méthodologique en milieu rural sur les rapports entre démographie et crise, porte sur le processus de mobilité du monde paysan qui accompagne les sécheresses et famines du Sahel. Bien sûr, les réseaux et les procès migratoires ayant été l'objet d'une multitude de travaux à caractère sociologique et socio-historique, il n'est pas question pour nous ici de nous attarder sur des analyses d'ordre typologique. Les mouvements des peuples et les migrations de populations sont définis et étudiés selon des critères de classification bien connus (23). Nos propos se limiteront à un examen des relations de cause à effet entre une situation de crise alimentaire et les déplacements de population qui, même s'ils connaissent une extension et un développement considérables observés de nos jours, présentent des similitudes avec des mouvements de longue date (période pré-coloniale et coloniale). Les enquêtes orales menées dans ce domaine visent à déceler (à travers les récits et les interprétations que font les populations à propos du phénomène migratoire) deux types d'indications :

— la recherche de corrélation entre les périodes de grande calamité et les périodes d'exode massif,

— la recherche de corrélation entre l'origine de ces migations et les régions sahéliennes les plus exposées aux aléas climatiques.

Ces indications sont de nature à permettre une meilleure appréciation des ponctions démographiques consécutives aux crises alimentaires.

Pour des raisons déjà évoquées, l'enquête a concerné la communauté

(22) Enquête orale.

(23) Voir à ce sujet Samir Amin, *Modern Migration in West Africa*, International African Institute, O.U.P., 1974 ; *Les migrations africaines*, s/d de J.-L. Amselle, Maspéro, 1976.

Zarma-Songhay émigrée au Nigéria du Nord (Etat de Sokoto). Dans l'impossibilité de faire une enquête exhaustive, en l'absence de recensement et de toute donnée estimative sur l'importance, l'évolution et la répartition de cette population, le procédé que nous avons utilisé s'apparente aux méthodes de sondage.

Il a consisté à recueillir des renseignements à partir d'un questionnaire standardisé sur un échantillon de la population immigrée. Certains comportements démographiques (apports de la migration dans l'accroissement de la population du milieu d'accueil, les pertes pour les régions d'origine, les transformations des cartes ethno-linguistiques) pourraient être connus. Dans cette optique, une étude systématique pouvant aboutir à des hypothèses statistiques acceptables était possible si le nombre des populations déplacées était connu et si les caractéristiques des éléments que nous avons choisis comme échantillons étaient les mêmes que celles de la population totale. Ce n'est pas le cas. Dans ces conditions, nous n'avons pas pris le risque d'extrapolation des données pour en faire des estimations numériques et des hypothèses sur les caractéristiques, le nombre et les tendances évolutives des populations étudiées. Ce sondage avait un objectif très modeste : déceler des corrélations entre un certain nombre de variables préalablement définies, période de départs (période pré-coloniale, coloniale), mobile des départs (famines, conflits sociaux, exactions coloniales, etc.).

B. Les difficultés d'ordre matériel et socio-psychologique

Nous pensons que les conditions dans lesquelles la recherche a eu lieu méritent d'être soulignées. Certaines insuffisances au niveau des résultats ont pour origine les limites d'ordre matériel. Bien souvent, le choix des points d'enquête a été fonction de nos propres moyens et de quelques occasions offertes par certaines administrations sollicitées.

Le problème le plus souvent rencontré au cours des enquêtes est la réserve, voire la suspicion pour toute question liée au pouvoir. Le paysan considère le chercheur comme un représentant de l'Etat, du pouvoir, donc de l'ordre public. Les multples enquêtes socio-économiques réalisées dans le cadre de projets de développement, les discours politiques des autorités locales et nationales, les propos que tiennent les agents de développement sont truffés de promesses jamais tenues. Le paysan sahélien croit peu en la sincérité de tous ceux qui (fonctionnaires ou chercheurs) viennent de la ville pour leur poser des questions sur leur mode de vie passé ou actuel. Cet état d'esprit n'est peut-être pas étranger au peu de témoignages que nous avons pu recueillir sur l'attitude du pouvoir face aux famines.

Le deuxième grand obstacle rencontré est également d'ordre psycho-sociologique. Il concerne le sujet de recherche même. En Afrique sahélienne, disait le sage A. Hampâté Bâ,

> (....) la tradition confère à la parole non seulement une puissance créatrice, mais aussi une double fonction de conservation et de destruction (...). Un seul mot mal venu peut déclencher une calamité. (24)

(24) A. Hampate Ba, "La tradition vivante", in *Histoire générale de l'Afrique*, p. 197.

Certains vocables comme "*Ganji*", "*Cerkaw*" (sorcier, vampire) ou "*Haarey*" (famine) sont bannis du vocabulaire courant parce que présage d'un malheur "*Aleesi yaamo*". Toute référence inopportune à un sinistre est considérée comme une provocation des esprits du mal ("*Ibilisi*"). En outre, dans certaines régions comme le Zarmaganda (Ouallam, Niger), le cercle de Bourem (Mali), les provinces du Soum et de l'Oudalan au Burkina-Faso, véritables "crève-la-faim", qui connaissent une disette généralisée une année sur deux et une crise alimentaire aiguë en moyenne tous les quatre à cinq ans depuis le début du siècle, les populations éprouvent un certain embarras à évoquer le problème des sécheresses et famines. Dans le Zarmaganda nigérien par exemple, les personnes interrogées ont tendance à réduire la liste des calamités à l'inverse des populations riveraines du fleuve pour lesquelles toutes les famines ont pour origine cette région.

Une autre difficulté, et non des moindres, pour le sujet que nous traitons, est le refus systématique de toute forme de comptabilité : nombre de décès, inventaire des membres de la famille, composition et nombre de têtes de bétail, etc. Le seul fait d'évoquer le nom d'une personne décédée ou le nombre d'animaux que compte un troupeau avant ou après une sécheresse, est considéré comme un mauvais présage pour l'avenir.

Les plus grosses difficultés ont été rencontrées au cours de nos enquêtes menées au Nigéria du Nord, où les personnes interrogées ont, dans leur majorité, émigré par suite de famine. Le contexte socio-politique de l'époque était défavorable à nos enquêtes. C'était l'année où le Nigéria a procédé à l'expulsion des immigrés. Nos enquêtes étaient considérées comme un recensement destiné à déterminer le nombre de Nigériens résidant au Nigéria en vue de leur expulsion. Dans de nombreux villages, ce fut le mutisme total. Par ailleurs, ce n'est pas toujours volontiers que les personnes enquêtées avouent être venues dans leur lieu de résidence actuel par suite de calamité.

Chapitre 8

LES SOURCES ECRITES

L'analyse des sources orales a permis de constater que malgré son utilité, cette méthode de recherche a des limites. Les insuffisances peuvent être comblées par les témoignages écrits, là où ils existent, quand ils sont complets et bien entretenus.

En Afrique, au sud du Sahara, ce n'est qu'exceptionnellement que ces trois conditions sont réunies sur un même terrain. En Angola, par exemple, une chronologie des famines et épidémies a pu être dressée et l'étude des comportements démographiques à travers ces crises a pu être réalisée (1) grâce à la présence des sources statistiques sur le climat et la population établies par les Portugais. C'est également le cas en Ethiopie où les chroniques royales écrites dans une langue autochtone (le Guez) comportent des références à des famines et épidémies (2). La rédaction de ces annales aurait commencé dès le XIIIe siècle et se serait poursuivie jusqu'au début du XXe siècle (3).

Pour l'espace géographique (la boucle du Niger) et la période qui nous intéressent, les sources écrites de cette nature sont plus rares. Les données quantifiables ne sont l'objet de séries systématiques qu'au lendemain de la

(1) J. Diae, "Famines and Diseases in the History of Angola, 1830-1930", *J.A.H.*, XXI, 3, 1981, p. 349-378.

(2) C.-A. Wood, "Preliminary chronology of Ethiopian Droughts", in *Drought in Africa II*, Ed. by D. Dalby, 1977, p. 68-73.

(3) *Idem.*

seconde guerre mondiale. Au niveau des sources archivistiques des pays du Sahel par exemple (Mali, Burkina-Faso, Niger), les rapports des services agricoles et sanitaires se caractérisent par une grande discontinuité. En raison de la diversité des sources susceptibles de fournir des données relatives aux crises de subsistance, nous les avons classées en trois grandes catégories :

1° Les sources dites "narratives", pour lesquelles nous distinguons des sources "narratives d'origine interne" et des sources "narratives d'origine externe" (4).

2° Les documents d'archives officielles.

3° Les publications contemporaines sur le phénomène de la sécheresse et des famines au Sahel.

1. *Les sources narratives*

Nous entendons par sources "narratives d'origine interne" (ou sources écrites d'origine locale), les témoignages écrits élaborés par les populations concernées : chroniques, annales, documents familiaux, correspondances diverses, etc. Ces documents sont rédigés généralement en arabe (qui est de longue date le moyen d'expression privilégié des populations du Sahel) ou en *Adjami*. Les "sources narratives d'origine externe" sont des témoignages établis par les Européens à l'occasion des missions d'exploration ou de missions scientifiques, religieuses ou militaires.

A. Les sources narratives d'origine interne

Dans l'ensemble, on constate une grande disproportion entre la profusion des témoignages oraux et la quasi inexistence de textes écrits à partir desquels on peut reconstituer l'histoire des calamités. Il est possible qu'un grand nombre de documents écrits inaccessibles (jalousement conservés par quelques rares lettrés musulmans) comportent des témoignages sur les famines et épidémies. L'essentiel des sources écrites auxquelles on a accès se compose de généalogies dynastiques, quelques correspondances à caractère religieux et quelques rares calendriers historiques chez les Touareg dont la langue, le Tamasheq, possède son propre système graphique (le Tifinar). Les calendriers historiques des Touareg font référence à des événements climatiques (sécheresses catastrophiques ayant occasionné un manque de pâturage et des migrations), des maladies humaines et animales. A travers ces traditions décrites, chaque année porte généralement le nom du fait ayant le plus marqué la communauté. Ainsi chez les Kel Dinnik (fraction Touareg des Oullimenden vivant au Niger et au Mali), les années 1902, 1916 et 1930 portent respectivement les noms de "*Esaya wan eit idzn Tabegat*" (année où les gens nomadisent à Tabegut), "*Ewatei wan koten*" (année des rats-peste), "*Ewatai wan azual*" (année des sauterelles) (5).

(4) Cette terminologie est celle utilisée dans le premier volume de l'*Histoire générale de l'Afrique*, *op. cit.*, consacré aux problèmes des sources et de méthodologie.

(5) F. Nicolas, *Tamesna, les Oullimenden de l'Est*, Imprimerie Nationale, 1950, p. 79.

Pour la période comprise entre le XVIe siècle et le XVIIIe siècle, quelques sources narratives d'origine interne permettent de dresser une chronologie des grands fléaux. Parmi ces sources, les plus connues, mais aussi les plus fournies, sont les chroniques de Tombouctou. A notre connaissance, aucune source comparable n'a étudié les fléaux qui ont affecté la région qui nous concerne aux époques antérieures. Les trois ouvrages essentiels sont : le *Tarikh es-Soudan* (6), le *Tarikh el-Fettach* (7) et le *Tedzkiret en-Nisyan* (8). Le premier a été rédigé par un témoin direct des événements qui ont marqué la conquête et l'occupation marocaine de l'empire Songhay, Abdarhamane Sadi, qui vécut à Djenné puis à Tombouctou (9). A ce titre, les informations qu'il rapporte peuvent être considérées comme dignes de foi. La critique historique est moins unanime quant à l'ouvrage de Mohamed Kati, pour lequel les spécialistes pensent qu'une bonne partie du contenu a pu être manipulée par Shayku Amadou (10). Cette controverse ne met cependant pas en cause l'authenticité des renseignements sur les calamités citées. Quant au *Tedzkiret en-Nisyan*, "dictionnaire biographique de tous les Pachas qui ont gouverné à Tombouctou jusqu'au milieu du XVIIIe siècle" (11), ses informations sur les calamités complètent les données fournies par le *Tarikh es-Soudan*. La grande lacune des chroniques de Tombouctou est que les informations qu'elles rapportent ne concernent pour l'essentiel que les XVIe, XVIIe et XVIIIe siècles. Ainsi, si l'on se limite strictement à l'espace géographique pris comme cadre d'étude, ces chroniques anciennes relatent des faits qui sortent des limites temporelles de notre sujet.

En considérant l'ensemble du Sahel occidental, les famines et les épidémies ont été étudiées au XIXe siècle, même s'il s'agit d'une zone géographique relativement éloignée de celle qui nous intéresse. Il s'agit des chroniques de Walata et de Tichit, pour lesquelles les événements rapportés couvrent tout le XIXe siècle (12). Elles constituent à cet effet des sources complémentaires dignes d'intérêt. Il en est de même en ce qui concerne le Soudan Central. Nous disposons de renseignements analogues grâce aux chroniques de Kano, d'Agadez et du Bornou.

Devons-nous tenir compte des restrictions ci-dessus évoquées pour limiter la réflexion au seul cadre spatial et temporel initialement défini comme objet d'étude ? Nous ne le pensons pas. Les conclusions auxquelles ont abouti les différents auteurs qui ont puisé dans les chroniques anciennes permettent de faire des comparaisons avec des données concernant des zones géographiques juxtaposées. Elles peuvent également permettre de parachever des séries chronologiques fragmentaires, en l'occurrence celles établies à partir de témoignages provenant des sources orales ou des relations de voyage.

(6) A. Sadi, *Tarikh es-Soudan*, trad. par O. Houdas et M. Delafosse, Leroux, 1913.
(7) M. Kati, *Tarikh el-Fettach*, trad. par O. Houdas, Leroux, 1898.
(8) *Tedzkiret en-Nisyan*, trad. par O. Houdas, Maisonneuve, 1966.
(9) M. Abitbol, *Tombouctou et les Arma*, Maisonneuve, 1979, p. 5.
(10) *Idem.*
(11) *Ibid.*
(12) "Les chroniques de Walata et de Néma", trad. par P. Mary, *R.E.I.*, t. I, 1927. "Les chroniques de Tichit", trad. par V. Monteil, *B.I.F.A.N.*, t. I, fasc. 1, 1939.

qui, en ce qui concerne la deuxième moitié du siècle dernier, fournissent des indications intéressantes qui ne pourraient être crédibles qu'une fois confrontées à d'autres sources.

B. Les sources narratives d'origine externe

L'intérêt pour la connaissance du continent africain a donné lieu à une littérature abondante de la part d'un certain nombre d'explorateurs, de missionnaires ou de conquérants militaires. Pour le Sahel Central, ces récits portent en général sur la deuxième moitié du XIXe siècle. Certains de ces récits fournissent des descriptions détaillées sur la situation économique et sociale des régions traversées. Il s'agit sans nul doute de sources précieuses pour l'histoire de l'Afrique. C'est le cas notamment des récits des explorateurs H. Barth et G. Nachtigal, si l'on considère le progrès considérable réalisé par l'historiographie à partir de leurs témoignages sur le Kanem-Bournou et le Songhay (13). Mais, dans certains domaines, l'apport des explorateurs a été à notre avis surestimé. A propos de la situation alimentaire, des densités humaines, des crises de subsistance, le point de vue d'un explorateur ou d'un missionnaire doit être jugé avec beaucoup de réserve. Quel crédit peut-on accorder à l'évaluation du nombre d'habitants d'une localité où le visiteur n'a pu séjourner que quelques heures ? Un missionnaire de passage peut-il apprécier à sa juste valeur une crise de subsistance dont il ignore les origines et les mécanismes socio-économiques ? Dans ces conditions, toute interprétation de phénomènes aussi complexes qu'une situation de famine ou de disette ne peut être que discutable en l'absence de toute information complémentaire.

Dans certains cas, l'intérêt particulier des auteurs pour les faits rapportés et la rigueur de leur analyse autorisent une certaine crédibilité. A travers l'ouvrage de H. Barth, par exemple, même s'il faut prendre ses évaluations démographiques avec toutes les réserves nécessaires, ses observations climatiques, ses remarques sur l'état des cultures et les fluctuations des prix des céréales offrent pour certaines régions un matériel permettant de se faire une idée sur l'état d'esprit de la population et la situation d'ensemble de l'économie de la région au moment de son passage.

Il en est de même pour l'ouvrage de G. Nachtigal (décrivant les pays tchadiens) qui ne concerne pas notre espace géographique. C'est un des rares travaux qui comportent des références assez nombreuses sur les crises écologiques et d'importants relevés pluviométriques.

L'œuvre du Colonel Monteil renferme également des témoignages sur la situation socio-économique des régions qui nous intéressent à la veille de la pénétration française (14). Il a notamment décrit la longue épizootie des années 1890 à laquelle les sources orales recueillies chez les éleveurs du Sahel font beaucoup allusion. Il rapporte aussi des renseignements pris auprès des populations sur les maladies humaines et animales passées. Ces informations

(13) H. Barth, *Travels and discoveries in Northern and Central Africa*, F. Cass, 1965. G. Nachtigal, *Sahara and Sudan*, Brochum Valey, 1889.
(14) Colonel Monteil, *De Saint-Louis à Tripoli par le Tchad*, Alkan, 1894.

peuvent être considérées comme étant dignes de foi en raison de leur concordance avec plusieurs autres témoignages.

Beaucoup plus denses sont les renseignements provenant de missions scientifiques du début du XXe siècle débarrassées de l'exotisme et du goût de l'aventure qui caractérisent la littérature narrative des explorateurs du XIXe siècle. Les documents scientifiques de la Mission Tilho (15) contiennent à cet égard une masse considérable d'informations sur l'évolution du climat sahélien au cours du XIXe siècle. L'analyse des données hydrographiques sur la périodicité des eaux du Lac Tchad, notamment, fait apparaître des périodes sèches qui recoupent d'autres sources.

Il existe certes des éléments d'appréciation sur la situation socio-économique à la fin du XIXe siècle et au début du XXe siècle à travers les récits des explorateurs et missionnaires, mais dans leur ensemble ces récits se sont peu préoccupés des rapports entre les sociétés qu'ils décrivent et leur environnement. Leurs soucis majeurs sont d'ordre géographique, commercial et stratégique. Comme les sources orales, cette littérature, malgré son abondance, est en définitive avare sur les questions de démographie et de crise alimentaire qu'elle n'aborde que de manière laconique.

Il faut attendre les premières notices, monographies et rapports de l'administration coloniale pour voir apparaître les indices indiscutables de pénurie alimentaires, famines et disettes : déficit pluviométriques, invasions acridiennes, migrations de populations par suite de famines, etc.

2. *Les archives publiques*

Les documents d'archives officielles que nous avons pu exploiter ont été consultés à trois niveaux :

— les anciens fonds du Gouvernement Général de l'ex-A.O.F. qui se trouvent à Dakar,

— les archives nationales de France,

— les dépôts d'archives nationales des Etats sahéliens concernés par notre étude (Burkina-Faso, Mali, Niger).

Le répertoire des archives de Dakar comporte les séries les plus complètes. Nous nous sommes intéressés particulièrement à la sous-série G (rapports des anciens commandants de cercle sur l'agriculture, l'élevage, la météorologie, la santé, les rapports économiques annuels d'ensemble) qui a fait l'objet d'un dépouillement systématique. Seul le répertoire des fonds de Dakar comporte des séries qui vont de 1895 au début des années 1960 (16).

En France, les deux principaux dépôts sont le service des microfilms (rue des Francs-Bourgeois) et celui de la Section Outre-Mer (rue Oudinot). Le

(15) *Les documents scientifiques de la Mission Tilho*, Larose, 1911.

(16) Une deuxième tranche de la sous-série G concerne les rapports périodiques 1941-1960. Comme la première tranche (1895-1940), ce répertoire recense également les rapports d'activité périodiques mensuels, trimestriels, semestriels et annuels des gouverneurs et administrateurs en chef en service en A.O.F. Il existe même une troisième tranche (inventoriée sur fiche) du répertoire de la sous-série G qui commence à partir de 1961.

répertoire du service des microfilms compense en partie l'absence à Paris de la totalité des séries de l'ex-A.O.F. Dans la série G, par exemple, beaucoup de rapports manquent entre 1895 et 1920. A la rue Oudinot, il s'agit de dépôts relativement récents (à partir des années 1920). Un classement thématique et géographique par cartons rend ce dépôt beaucoup plus accessible (17).

Les multiples réorganisations des entités géographiques qui ont fait partie à un moment ou à un autre des anciennes colonies du Soudan, du Niger ou de la Haute-Volta, ont considérablement compliqué la consultation des archives (18). Cela nous a conduit à prospecter au niveau de plusieurs répertoires géographiques (Soudan, Premier Territoire Militaire, Deuxième Territoire Militaire, Haut-Sénégal-Niger, Haut-Sénégal et Moyen-Niger, Territoire Militaire du Niger, Haute-Volta, Niger, etc.).

A l'exception des archives du Niger, l'essentiel des dépôts relatifs au pays du Sahel (Mali, Burkina-Faso) ont été consultés à Dakar ou à Paris. Pour des séries identiques, les conditions d'accès et d'exploitation des fonds nous ont paru meilleures en France ou au Sénégal. Pour le cas particulier du Burkina-Faso, les archives sont en voie de reconstitution en raison de l'histoire mouvementée de la formation de cette colonie.

Des dépôts relativement importants existent à l'échelle locale dans des centres régionaux comme Tombouctou, Gao, Tillabéry, Dosso, Ouahigouya, etc., mais ils sont en très mauvais état. En raison du peu d'intérêt que portent les autorités locales à ces dépôts, certains d'entre eux ne doivent leur existence qu'aux chercheurs qui procèdent au regroupement et à la classification des documents généralement abandonnés dans des locaux vétustes. Les archives locales demeurent malgré tout une source irremplaçable. C'est seulement au niveau local que l'on découvre des sources inédites : rapports de tournées

---

(17) A partir de juin 1986, l'ensemble du dépôt de l'ancien Ministère des Colonies (27, rue Oudinot) et sa bibliothèque ont été transférés à Aix-Marseille, où se trouve désormais concentré l'essentiel des archives de l'ex-A.O.F.

(18) **Quelques grandes dates de l'évolution administrative dans la boucle du Niger :**

1899 : Dislocation du Soudan, formation de deux Territoires Militaires et du Territoire Militaire du Haut-Sénégal-Niger.

1900 : Création d'un Troisième Territoire.

1911 : Création d'un Territoire Militaire du Niger englobant les régions de Tombouctou et de Gao.

1920 : Création de la colonie de la Haute-Volta.
Rétablissement du Soudan Français et création d'un Territoire Civil Autonome du Niger.

1922 : Création de la colonie du Niger.

1927 : Rattachement de la rive droite du fleuve Niger à la Colonie de la Haute-Volta.

1932 : Suppression de la Haute-Volta et partage du territoire entre les colonies du Soudan, de la Côte-d'Ivoire et du Niger.

1947 : Rétablissement de la colonie de la Haute-Volta.

Au niveau de la colonie du Niger, par exemple, l'année 1911 a été une année de très grande mutation :

- Les régions de Tombouctou et les contrées de la rive droite du Niger qui appartenaient au cercle de Gao, Tillabéry et Djerma furent rattachées directement au Haut-Sénégal-Niger.
- La limite du Territoire a éé fixée à la rive droite du fleuve.
- Le cercle de Gao fit partie des sept cercles de la colonie (juin).
- Le cercle de Gao fut rattaché à la région de Tombouctou (Soudan) (décembre).

détaillés sur le vécu quotidien des populations concernées (procès-verbaux de conseils de notables, recensements, événements démographiques, état sanitaire et alimentaire des populations, mercuriales, comportements individuels et collectifs face aux situations de crise, etc.).

A travers les rapports officiels, il n'est pas rare de constater des divergences, voire des contradictions entre les points de vue de deux administrateurs coloniaux (surtout lorsqu'il s'agit d'un administrateur civil et d'un officier). Des mises en cause systématiques des faits rapportés par leurs prédécesseurs, par un commandant de cercle ou un gouverneur, sont fréquentes. Les crises de subsistance, quant à elles, dans certains cas, ne sont évoquées qu'au stade ultime de leur évolution, pour des raisons administratives et politiques. Ainsi, à propos de la crise alimentaire de 1931 au Niger, l'administrateur gouverneur de la colonie du Niger a répliqué en ces termes à un de ses collègues lui reprochant son mutisme total : "Si vous croyez que je vais crier sur tous les toits qu'il y a la famine au Niger". Dans d'autres cas, la moindre soudure est amplifiée par le commandant de cercle ou le gouverneur cherchant un alibi pour justifier le retard dans la rentrée des impôts.

Les archives coloniales comportent certes de nombreuses lacunes, mais elles ne constituent pas moins la principale source pour cette période. C'est à travers ses propres contradictions qu'il faut chercher les éléments de la critique historique pour cette catégorie de source.

En dehors de la tradition orale des sources narratives et des archives coloniales, l'élaboration de ce travail a nécessité une mise à jour des connaissances à partir de publications récentes disponibles dans les bibliothèques et centres de documentation spécialisés.

3. *Etat de la recherche sur les crises du passé*

Sur le phénomène de la sécheresse et de la famine au Sahel, la quasi totalité de la littérature disponible porte sur les dernières grandes sécheresses (1968-1974). Il n'existe pratiquement pas de travaux consacrés aux crises du passé, exception faite des travaux déjà évoqués ayant puisé dans les chroniques anciennes et de quelques articles consacrés à la famine de 1931 au Niger. Sur la toute dernière famine (1984-85), les seuls documents originaux disponibles émanent des organes de publications officiels (quotidiens et périodiques gouvernementaux et revues des associations caritatives).

Deux brefs séjours, l'un à Londres, l'autre en République Fédérale du Nigéria, nous ont permis d'apprécier la richesse de la littérature anglophone sur le thème de la sécheresse et des famines. La bibliothèque de S.O.A.S. (School of Oriental and African Studies), à l'Université de Londres, dispose, en dehors de multiples travaux en langue anglaise (qui ne sont pas encore traduits en français), de toutes les études publiées en français sur la sécheresse au Sahel, dont certains titres sont introuvables en France. Nos déplacements sur le terrain ont été mis à profit pour visiter les centres de documentation dans quatre pays : Sénégal, Mali, Niger, Burkina-Faso. Sur le sujet, les bibliothèques des centres les plus spécialisés sont celles de l'Institut du Sahel à Bamako, du Centre Agrhymet à Niamey (ces deux institutions dépendent du C.I.L.S.S.), de l'E.N.D.A. (Environnement et Développement du Tiers-Monde) et de l'I.F.A.N. à Dakar. Mais le moyen le plus sûr d'être à jour sur les publications paraissant sur le sujet reste l'exploitation systématique d'un certain nombre de revues et de périodiques : le *Bulletin de l'I.F.A.N.* (série B), *The Journal of African Studies*, *The International Journal of African Historical Studies*, les *Cahiers de l'O.R.S.T.O.M.* (série B), *C.E.A. (Cahier d'Etudes Africaines)*, etc.

Parmi les auteurs qui ont puisé dans les chroniques locales pour rendre compte des calamités qui ont affecté les régions sahéliennes, M. Tymowski et S.-M. Cissoko ont fait œuvre de pionniers. Il s'agit de deux spécialistes du monde Songhay qui ont consacré plusieurs ouvrages à l'évolution économique, sociale et politique de cette région à l'époque des grands empires soudanais. Ce sont des écrivains qui connaissent bien la situation générale de la boucle du Niger au cours des siècles derniers. Dans son ouvrage intitulé *Le développement et la régression chez les peuples de la boucle du Niger*, M. Tymowski aborde largement la question des famines et épidémies avant et après l'occupation marocaine (19). Il fournit une chronologie des calamités plus détaillée que celle établie par S.-M. Cissoko (20). Les différentes calamités rapportées par M. Tymowski sont replacées dans leur contexte politique, économique et social. S.-M. Cissoko et M. Tymowski tirent l'essentiel de leurs informations des trois ouvrages fondamentaux, communément appelés "Chroniques de Tombouctou", qui sont le *Tarikh el-Fettach* (21), le *Tarikh es-Soudan* (22) et le *Tedzkiret en-Nisyan* (23). Dans la même catégorie d'auteurs, il convient de souligner également l'ouvrage de M. Abitbol (24) qui accorde une place importante à la description des fléaux qui ont affecté Tombouctou et la boucle du Niger. M. Abitbol a utilisé d'autres sources complémentaires et fait référence à des calamités intervenues au XIXe siècle contrairement aux registres que proposent S.-M. Cissoko et M. Tymowski. Pour le XIXe siècle, M. Tymowski présente une analyse critique très intéressante sur les chroniques de Walata et de Tichit (25). La littérature anglophone présente pour le Soudan Central des chroniques qui décrivent les grandes calamités intervenues au cours des siècles derniers (Kano, Bornou, Agadez) (26). (Voir en Annexe les travaux ayant fait état des crises du passé).

(19) M. Tymowski, *Le développement et la régression chez les peuples de la boucle du Niger à l'époque pré-coloniale*, Ed. W.U.N. 1974.
(20) S.-M. Cissoko, "Famines et épidémies à Tombouctou et dans la boucle du Niger entre le XVIe et le XVIIIe siècles", in *B.I.F.A.N.*
(21) M. Katin, *op. cit.*
(22) A. Sadi, *op. cit.*
(23) *Tedzkiret en-Nisyan*, op. cit.
(24) M. Abitbol, *op. cit.*
(25) M. Tymowski, "Famines et épidémies à Walata et Tichit au XIXe siècle", *Africana Bulletin*, n° 27, 1974, p. 35-53.
(26) *Chronique de Kano*, as translate in H.R. Palmer, *Sudanese Memoirs*, 1928. *Chronique d'Agadez*, par I. Urvoy, *Journal de la société africaniste*, t. IV, fasc. 2, 1949.

4. Les sources statistiques et le traitement graphique des données

a) Sources des données statistiques

Une de nos préoccupations majeures a été d'essayer de reconstituer, autant que faire se peut, des séries en vue d'un traitement de données d'histoire quantitatives. Partout où cela est possible, nous avons tenté "la substitution de la série à l'événement" (27). Mais cet exercice suppose au moins "l'existence de longues séries de données homogènes et comparables" (28). Contrairement à l'Europe (par exemple), où en général le problème que pose l'historiographie sérielle est essentiellement d'ordre méthodologique, en Afrique sahélienne la question fondamentale reste encore l'existence même de l'événement de base qu'est la source de données quantitatives. Les seules sources statistiques à partir desquelles on peut établir les ébauches de séries de longue durée sont les archives coloniales. Or, pour la production alimentaire par exemple (élément central de notre étude), les rapports agricoles systématiques et chiffrés n'apparaissent qu'au début des années 1920. Auparavant, les rapports annuels (poliiques, économiques) ne fournissent que des appréciations globales de l'ordre de : mauvaises récoltes, bonnes récoltes, récoltes passables, etc. (29). Aussi, les quelques séries qui ont pu être reconstituées sur la production vivrière, l'évolution du cheptel, les mercuriales, etc., restent très fragmentaires. Compte tenu de l'importance que revêtent les statistiques sur la population, "aucune science n'a besoin autant que la démographie de la longue durée" (30), un effort particulier a été fait dans la constitution de matériaux d'analyse dans ce domaine.

S'il a été possible d'évaluer la tendance générale de la population par colonie à des périodes bien déterminées, les fluctuations locales ont été plus difficiles à cerner. Nous ne nous faisions pas beaucoup d'illusions en ce qui concerne les données chiffrées contenues dans les rapports officiels. Au niveau des recensements et de l'évaluation de la production agricole, les préoccupations fiscales l'emportent le plus souvent sur la réalité du terrain. Le nombre de contribuables est volontairement gonflé en fonction des prélèvements d'impôts ou des besoins en main-d'œuvre. Ainsi, dans son rapport politique du mois d'octobre 1914, le commandant de cercle de Ouahigouya dénonce, de manière peu orthodoxe dans les milieux coloniaux, le recensement effectué par son prédécesseur, qu'il accuse de ne pas tenir compte des décès occasionnés par la grande famine des années 1913-14 : "Il y a donc lieu de suspendre momentanément tous recensement qui ne pourrait accuser que des données fausses" (31).

(27) En anglais, les principales publications sont celles de "Food Fierst" (San Francisco) :
— J. Collins et al., *World Hunger : Twelve Myths*, Grove Press, New York, 1986,
— E. Clay et al., *Food as Aid : Food for Thought*, I.D.S., Bulletin of April 1983, vol. 14, n° 2.

(28) F. Furet, "L'histoire quantitative et la construction du fait historique", *Annales*, janvier 1971, p. 63-75.

(29) Dans la sous-série 2G des archives de Dakar, le premier rapport de service d'agriculture (Niger) date de 1922 (2G22-6/2G22-53).

(30) P. Chaunu, "L'histoire sérielle : bilan et perspective", *Revue historique*, juin 1980, p. 297-320.

(31) J.-Y. Marchal, *Chronique d'un cercle de l'A.O.F. : Ouahigouya, Haute-Volta, 1908-1941*, Travaux et documents de l'O.R.S.T.O.M., n° 125, 1980, p. 64.

L'exploitation des recensements ponctuels (entrepris à des fins fiscales où ne sont dénombrées que les populations imposables) est rendu difficile en raison des multiples modifications des frontières des territoires et circonscriptions administratives. Dans de telles conditions, il n'est pas toujours facile de savoir à partir de quelle date faire partir une série concernant l'évolution de la population d'un territoire, d'une circonscription administrative. A cet égard, la formation de la colonie de la Haute-Volta est très significative (constitution, dislocation puis reconstitution dans des frontières différentes).

Face à ces divers obstacles, nous avons choisi d'intensifier nos opérations de collecte de données démographiques sur une région relativement limitée, en espérant que les conclusions tirées de l'analyse et de l'interprétation de ces données pourraient être éventuellement élargies à d'autres régions sahéliennes qui ont les mêmes caractéristiques démographiques et ont connu les mêmes calamités aux mêmes époques.

• **Le dénombrement des populations** organisé par les autorités coloniales permet de dresser une évolution des effectifs par territoires et des séries intermittentes par régions administratives. Fort heureusement, ces données ont été rassemblées par le Groupe de Démographie Africaine de l'I.N.E.D. (32). Les séries disponibles vont des années 1910-1920 aux années 1975-1977, avec une projection des tendances actuelles jusqu'en 1990. Dans les trois pays du Sahel, les premiers recensements généraux de la population ont eu lieu entre 1975 et 1977 (33). Au Niger, le deuxième recensement vient d'avoir lieu (mai, juin 1988), mais les résultats officiels ne seront connus qu'en 1990-1992.

• En ce qui concerne **l'impact démographique des crises de subsistance**, des séries relativement complètes ont pu être réalisées à partir d'une étude localisée dans l'ouest du Niger. Elles ne couvrent qu'une période de 15 à 20 ans selon les données (1930-1950) : état comparatif des recensements avant et après deux famines, celle de 1931-32 et celle de 1941-42.

• **Des statistiques agricoles** existent pour la période coloniale, mais elles sont sujettes à caution. Les séries les plus complètes couvrent une période de 30 à 40 ans. Pour la période post-coloniale, les séries que publient les organisations internationales (F.A.O., C.I.L.S.S., etc.) sont à jour.

• **Les séries sur les mercuriales** (mil, bétail) que nous donnons proviennent de données fragmentaires contenues dans les rapports et complétées par celles obtenues à partir d'informations orales, d'où leur fragilité. Ces mercuriales ne présentent un intérêt que pour le court terme, en raison des disparités régionales et des fortes variations saisonnières.

• Un des domaines où les renseignements fournis par les administrateurs coloniaux sont les moins empreints d'impartialité est l'information d'ordre météorologique, en l'occurrence **les relevés pluviométriques.** Même là, le manque de personnel qualifié et la vétusté du matériel amènent à s'interroger sur la fiabilité de certains relevés. Mais dans ce domaine, le

(32) *Evaluation des effectifs de la population des pays africains*, t. I et II, G.D.A.I.N.E.D., 1977.

(33) Burkina-Faso (1975), Mali (1976), Niger (1977).

véritable obstacle est le manque de données avant les années 1920-1930 pour la plus grande partie des stations qui nous intéressent. A quelques rares exceptions près, les informations pluviométriques permettent un taitement statistique de séries pratiquement des origines à nos jours pour la quasi totalité des stations nous concernant : Gao et Tombouctou (Mali) ; Dosso, Niamey et Tillabéry (Niger) ; Dori et Ouahigouya (Burkina-Faso). Dans cette zone, les stations les plus anciennes sont celles de Tombouctou (1897) et Niamey (1905). Ces deux stations disposent des séries les plus longues disponibles au niveau des pays sahéliens. Les autres stations couvrent une période de 55 à 60 ans : Gao (1919), Ouahigouya (1920), Dori (1920), Tillabéry (1923), Dosso (1931). Un recoupement des relevés publiés par l'O.R.S.T.O.M. (34) avec les relevés disponibles dans les services nationaux de météorologie et ceux contenus dans les archives coloniales qui sont les documents originaux, a permis de vérifier la conformité entre ces différentes sources, ou de compléter les observations manquantes (35).

• Enfin, un certain nombre de service publics ou institutions internationale (36) disposent de quelques annuaires statistiques et documents officiels comportant des éléments d'analyse de l'aide alimentaire en direction des pays du Sahel au cours des vingt dernières années : flux d'importation de céréales, volume de l'aide alimentaire, volume des déficits de la production agricole des pays du Sahel, etc.

b) Le traitement graphique des données

La représentation graphique est définie comme la transcription dans le système des signes, d'une pensée, d'une information connues par l'intermédiaire d'un système de signes quelconque (37).

L'outil graphique nous a permis de redécouvrir nos informations et de les analyser sous un regard autre que le déchiffrage du document brut présenté sus forme de texte ou de série statistique, qui ne permet pas toujours de dégager très rapidement un ordre de grandeur, une tendance. La représentation graphique des phénomènes que nous étudions (sécheresses, famines, épidémies, etc.) a permis aussi de déceler des erreurs, des anomalies ou des insuffisances dans la collecte des données. Le cas des séries pluviométriques est, sur ce plan, très significatif. Dans certains cas, nous avons pu comparer des phénomènes apparemment identiques mais qui, en réalité, présentent des dissemblances. Le graphique sur la comparaison du cycle agricole à

(34) *Précipitations journalières de l'origine des stations à 1965*, O.R.S.T.O.M., 1976.
(35) Tombouctou connaissant une rupture de série pendant les années 1920, 1930, 1940, nous avons utilisé les données de la station de Kabara (7 km de Tombouctou). Les autres stations connaissent des lacunes avant 1930 ou commencent à cette date.
(36) Ces données sont disponibles dans les centres de documentation des institutions suivantes :
• Ministère de la Coopération,
• Institut National des Statistiques et des Etudes Economiques (I.N.S.E.E.),
• Bureau pour le Développement et la Production Agricole (B.D.P.A.),
• Organisation de Coopération et de Développement Economique (O.C.D.E.),
• Club du Sahel.
(37) J. Bertin, *Sémiologie graphique*, Mouton, 1967, p. 8.

Tombouctou et à Niamey a mis en valeur l'influence de la variable temps (saison) et du facteur climat (pluviométrie, crue du fleuve Niger) sur le rythme de la vie agricole au Sahel. Enfin l'outil graphique est un instrument de contrôle de la validité des données recueillies. Il met en relief la fragilité des sources. Au niveau de la représentation spatio-temporelle des fléaux de la boucle du Niger par exemple, le déséquilibre est frappant entre les périodes où les sources sont abondantes (périodes coloniale et postcoloniale) et la période où la source prédominante est l'information orale.

Pour toutes ces raisons, nous tenons à souligner que pour les jeunes chercheurs en sciences de l'homme et de la société en général, et en histoire économique en particulier, le concours d'un "cartographe conseil" est une des étapes essentielles du travail. Cette phase lui permettra de découvrir progressivement une autre façon de considérer le graphique, de le voir en relation comme l'une des facettes possibles de la réalité, une étape, un outil, parmi d'autres pour aller plus loin, une expérience ludique qui anime l'imagination (38). Nous avons eu recours à d'autres techniques de représentation des phénomènes étudiés comme la photographie, les schémas et les croquis, mais nous n'évoquons ici que les grandes étapes de l'élaboration des graphiques et de la cartographie :

— **Les graphiques :** Les séries pour lesquelles il s'agit de mettre en relation deux composantes pour représenter la variation du phénomène à étudier en fonction du temps (temps en abscisse, phénomène à étudier en ordonnée), l'information a été traitée par l'outil informatique (pluviométrie, démographie, prix, production, etc.). Si les données sont bien saisies, l'outil informatique permet de sortir des graphiques bien élaborés. D'immenses possibilités sont offertes du point de vue de la forme (lignes, histogramme, camembert, etc.) ou du contenu (analyse de série, calcul de tendance, écart à la tendance ou "trend", calcul de moyenne mobile, courbe de valeurs moyennes, échelle logarithmique ou semi-logarithmique, etc.). Notre travail véritable a consisté à analyser et interpréter les graphiques.

— **La cartographie :** Il s'agit non seulement de représenter les différents phénomènes sur une carte à une période donnée afin de les mettre en relation les uns par rapport aux autres, mais aussi de représenter la dynamique de leur évolution dans le temps et dans l'espace. Il nous a fallu trouver d'abord des cartes références pour les données de base (fonds de carte, localités repères, points d'enquêtes, etc.). Puis nous avons choisi des signes permettant d'exprimer visuellement les témoignages recueillis (exemples : soleil pour la sécheresse, un gros point noir pour la famine, un petit point pour la disette, une flèche pour la présence et l'orientation de vols de criquets, etc.). La légende est ainsi constituée. Nous avons opté généralement pour une collection d'images (série de cartes successives à l'échelle commune) pour repré-

(38) T. Vergneault, F. Belmont, "Cartes et graphiques pour la recherche : bilan d'un enseignement informel de cartographie expérimentale", Acte du Colloque *Géopoint. La carte pour qui ? La carte pour quoi ?*, 1988.

senter la diachronie, avec au besoin une image de synthèse (ou une carte de totalisation) des phénomènes observés simultanément au nivau des différents points d'enquête et pendant toute la période étudiée. Les signes établis dans un premier temps sur une "carte-brouillon" (maquette) sont ensuite reportés fidèlement sur la carte de travail. Ces différentes étapes : le choix de fond de carte, la traduction des données en signes, la dénomination des signes (légende), le report des signes sur les fonds de cartes, etc., ne sont qu'une pratique de routine qui ne demande au chercheur qu'un peu de bon sens, un peu d'imagination et beaucoup d'application. C'est la première étape, celle pendant laquelle on élabore un bordereau de collecte des données qui doivent figurer sur la carte qui est l'étape décisive. Moins les sources sont sûres, plus la collecte doit être rigoureuse. Plus la collecte est rigoureuse, plus leur report sur la carte et leur interprétation se fait avec un moindre risque d'erreur. En ce qui concerne les sources de nos données, pour l'ensemble des cartes élaborées, il s'agit d'une combinaison de trois catégories de sources : sources publiées, données d'archives et sources orales.

Tableau XXII

EXEMPLE DE BORDEREAU DE COLLECTE DE DONNÉES POUR LA RÉALISATION D'UNE CARTE REPRÉSENTANT L'ÉVOLUTION DES INVASIONS ACRIDIENNES DANS LA BOUCLE DU NIGER DE 1928 A 1932
(Bordereau n° 3)

. Nature des sources : Sources orales recueillies sur le terrain, rapport des cercles, P. Coléno, op. cit.
. Date de l'enquête : Juillet 1986
. Projet graphique : Invasion acridienne (cartes)
. Année : 1930
. Colonie : Soudan

. Phénomènes observés :

1 = Vols signalés et orientation des vols :
(**S** = sud, **N** = nord, **E** = est, **O** = ouest)
2 = Observation de ponte ou éclosion d'oeufs dans le mois (*)
3 = Espèces acridiennes : **C.M.** = criquet migrateur
C.P. = criquet pèlerin

MOIS	FAITS OBSERVES	TOMBOUCTOU	GAO	MOPTI
Mai/ juin	1 2 3	SO-NE * C.M./ C.P.	- * C.M.	SO-NE * C.M.
Juillet	1 2 3	SO-NE SO-NE C.M.	SO-NE SO-NE C.M.	SO-NE SO-NE C.M.
Août	1 2 3	O-NE - C.M.	E-O - C.M.	E-O - C.M.
Sept.	1 2 3	NE-SO * C.M./ C.P.	NE-SO - C.M.	NE-SO * C.M.
Oct./nov.	1 2 3	NE-SO - C.M.	NE-SO - C.M.	NE-SO - C.M.
TOTAL (mois d'observation de vols dans l'année)		5	4	4

Conclusion

En abordant ce travail, nous avons tenu à présenter avec le plus de clarté possible les raisons à l'origine du choix de ce sujet et le champ d'étude (les limites spatiales et temporelles). Les moyens dont nous avons pu disposer pour mener cette recherche, notre méthode d'approche pour l'analyse des phénomènes de sécheresse et de famine dans un milieu sahélien.

Au terme de cette étude sur les crises alimentaires en Afrique sahélienne, les enseignements que nous tirons sont de trois ordres :

— L'étude des crises alimentaires en Afrique sahélienne au cours des deux derniers siècles est possible. Toutefois, l'analyse de certains facteurs liés au phénomène de crise alimentaire comme le problème démographique, comporte des difficultés pratiquement insurmontables en ce qui concerne le XIXe siècle où aucune source statistique n'existe pour cette région.

— cette étude permet d'apporter des éléments de réponse sur certains comportements des populations en période de crise alimentaire mais aussi face à cette forme de stratégie alimentaire que leur proposent les pouvoirs publics.

— La connaissance des crises du passé et l'attitude des populations pendant les périodes de famine permettent de tirer des leçons pour l'avenir.

L'analyse approfondie des grandes crises alimentaires de la période coloniale nous a permis d'aborder, de manière assez timide certes, la question fondamentale qui se trouve au cœur des rapports entre démographie et crise : l'estimation du déficit démographique consécutif aux trois principales crises alimentaires de la période coloniale. Pour la famine des années 1901-1903, nous avons estimé que la calamité a occasionné un abaissement de la population de la région d'au moins 100 000 à 120 000 habitants. En ce qui concerne la grande famine des années 1913-14, la mortalité globale fut beaucoup plus importante. Nous l'avons estimée de 25 % à 30 % de la population totale. L'évaluation du déficit démographique de la famine de 1931-32 dans l'ouest du Niger, qui a été réalisée à partir d'un traitement de sources statistiques, nous paraît plus proche de la réalité. Selon nos estimations, pour la seule colonie du Niger, cette famine a occasionné une perte totale de 21 % de la population, soit environ 212 000 habitants dont plus de 68 000 décès.

— Le taux de croissance annuel moyen doit être de l'ordre de 0,5 % pour le tournant du siècle et de l'ordre de 1 % à 1,5 % au cours des premières décennies de présence coloniale selon plusieurs sources. Notre opinion est que l'évolution démographique de la région a été plus contrastée. Elle a été certainement plus lente au début du siècle avec deux périodes de ruptures majeures consécutives aux famines des années 1909-1913 et 1913-1914. Dans l'une ou l'autre des deux hypothèses, la région a connu une forte régression démographique consécutive à ces famines.

Les famines et les épidémies répétées qui se sont déroulées dans les premières décennies de ce siècle ont été à l'origine d'une ponction démographique importante qui, malheureusement, en l'absence de sources écrites fiables, ne peut être correctement estimée. Cette période marque en tout cas un renversement de tendance démographique et il faudra attendre la fin des années 1930 et le début des années 1940 pour observer une reprise et une accélération de la croissance démographique.

ANNEXE I

Date : Août 1984
Lieu de l'enquête : Tera (Niger)
Thème : Chronologie des famines
Série A : Interview n° 6 (1)
(Interview réalisée en pays Songhay, à Tera (Niger) ; l'informateur principal s'appelle *Amadou Soumaila Banto*)

Question : Quels sont les différentes communautés ethno-linguistiques dans cette région ?

Réponse : Les plus nombreuses sont les Songhay et les Zarma, puis viennent les Peul, les Gourmantché. J'ai oublié les Bella (Touareg) qui sont très nombreux aussi dans cette région.

Question : Connaissez-vous la date de création de cette ville ?

Réponse : Certains disent 205 ans. C'est mon avis. D'autres pensent que l'implantation de la ville est plus vieille, car avant la création de la ville il existait de petits hameaux de cultures qui se seraient regroupés pour leur sécurité et former ainsi une grande agglomération.

Question : Existe-t-il encore dans la ville des vieux qui connaissent l'arrivée des "blancs" (1898-1900) ?

Réponse : — Ouh ! c'est difficile mais quelques-uns vivent encore (intervention d'un autre interlocuteur)
— C'est l'âge de mon frère. Il n'est pas là ; il a aujourd'hui 85 ans. Il nous a parlé souvent de *Sar-Sar* (passage de la mission Voulet et Chanoine).

Question : Quel âge avez-vous ?

Réponse : Tenez (il me tend sa carte d'identité nationale), c'est écrit dessus : lisez vous-même. (Il est porté sur la pièce d'état-civil "né vers 1912"). (Puis s'adressant à notre interlocuteur principal) il y a 6 ans entre nous.

Question : Les vieux vous ont-ils parlé des grands événements intervenus avant l'arrivée des blancs ?

Réponse : J'ai entendu parler des *Futanké* (passage de *Skayku Amadou* fils d'*Elhadj. Omar* et *Albury N'Diaye* poursuivis par *Archinard*). On m'a parlé aussi de *Sannu*, une maladie des animaux et *Gasu-borgu* (la famine des calebasses).

Question : Parlez-moi de *Gasu-borgu*.

Réponse : Même mon père disait qu'il n'était pas né à cette époque. Nous savons seulement que ce fut une famine très sévère. La pénurie en grains fut telle que les gens se sont mis à manger des calebasses. (bahinia reticulata) (le deuxième orateur poursuivit). J'ai entendu dire de *Gasu-borgu* que les anciens ont compté 91 ans jour pour jour entre la création de la ville et cette famine appelée Gasu-borgu. (le premier orateur lui coupe la parole). J'ai entendu dire aussi qu'une grande calamité s'est propagée dans tous les pays des noirs 20 ans après le passage d'un *Anassara* (terme utilisé par le Zarma-Songhay pour désigner les européens) qui sait qu'il se rendait à Tombouctou. (Passage de l'explorateur H. Barth en 1853). C'est un marabout de passage à Tera et qui possède un texte où les événements sont écrits qui l'a dit à mon père.

Question : Où se trouve ce marabout ?

Réponse : Le marabout était venu au marché ; depuis il est reparti vers le Hausa (Nigéria).

Question : Peut-on trouver une copie de ce texte ou des textes semblables où les grandes calamités du passé sont évoquées ?

Réponse : (instant d'hésitation) Je connais un marabout de Dori (Burkina-Faso) qui en possède. Mais je peux vous procurer des textes qui parlent d'Askia Mohamed.

Question : Quels sont les grandes calamités intervenues après *Sar-Sar* ?

Réponse : Tera Wango (la guerre de Tera, Karma Kwaro (le massacre de Karma), *Gande-beeri*, c'est une famine. La plus sévère depuis l'arrivée de "blancs". Seule la famine d'il y a 10 ans lui ressemble un peu (1972-73). La famine fut consécutive à sept années de sécheresse dont deux saisons agricoles sans récolte. J'étais encore au dos.

Question : Pourquoi l'appelle-t-on *Gande-beeri* ?

Réponse : Gande-beeri veut dire espace étendu à perte de vue : la famine a touché le monde entier : aucune région n'y a échappé (intervention du deuxième orateur). Non. La famine est appelée *Gande-beeri* qui veut dire *poitrine large*, parce que au moment de la famine quand on voit quelqu'un au loin, de tout son corps on n'aperçoit que sa poitrine, seule partie de son corps encore visible.

Question : Parlez-moi des famines intervenues après Gande-beeri.

Réponse : Après Gande-beeri, il y eut deux disettes. La première est appelée *Monno*, la deuxième *Gourmakona* (famine du Gourma ou de la rive droite ; *Gourma* veut dire rive droite) parce que les gens se rendaient dans le Gourma pour chercher du mil.

Question : Après Gande-beeri, quelle a été la famine la plus sévère ?

Réponse : Wande-Wasu (qui veut dire chasser son épouse), causée par une invasion de criquets. Je ne peux pas me tromper sur la date de *Wande-Wasu* car j'étais marié et c'est nous qui avons enterré les morts.

Question : Peut-on estimer le nombre de morts occasionnées par cett famine ?

Réponse : Dieu seul sait. Souvent pendant un mois tous les jours on allait enterrer au moins 10 à 20 personnes ; surtout des enfants et des vieillards qui ne peuvent pas se déplacer pour aller chercher à manger. C'est *Wande-Wasu* 2 qui a fait beaucoup de victimes. Il est arrivé un moment où nous faisions un seul trou pour tout le monde. Bien sûr je ne compte pas les gens qui meurent en brousse.

Question : Il y a donc eu plus de morts que pendant Gande-beeri ?

Réponse : C'est autre chose. Tout a péri : les hommes, le bétail, toutes les mares ont tari... le gibier de la brousse également est mort... Au cours de *Wande-Wasu*, les blancs ont pu distribuer un peu de mil qui se trouvait dans les *Suri* (greniers de réserve) ; le bétail n'a pas beaucoup souffert car il y avait de l'herbe. Les survivants ont pu s'enfuir au pays Mossi, au Nigéria où il y avait encore à manger... mais au cours de *Gande-beeri* aucune région n'a été épargnée. Les cadavres jonchaient le long des routes. Des dizaines de villages ont disparu. Personne ne s'occupait des morts.

Question : Que veut dire Wande-Wasu ?

Réponse : Wande Wansu veut dire renvoyer son épouse chez elle. N'ayant rien à manger, les hommes se débarrassaient de leurs épouses. Il y eut *Wande-wasu 1* et *Wande-Wasu 2*, deux famines qui se suivent.

Question : Y a-t-il eu d'autres famines après Wande-Wasu ?

Réponse : Pas d'assez grandes pénuries en dehors de celle que nous avons connue avant l'arrivée des militaires au pouvoir (1972). Peu après Wande-Wasu nous avons connu *Hamo jiire* (l'année du sorgho), on nous a distribué du sorgho rouge ; quelques années après vint *Banjo-kona*, la disette de Banjo ; les gens allaient chercher du mil au marché du Banjo... C'est ce que nous avons connu comme famine, en ce qui nous concerne, gens du Songhay.

Question : Il y a de cela combien d'années depuis Garo-jiire ?

Réponse : Garo-jiire ? Mais c'est avant-hier ; tu as quel âge toi ? (je lui répondis 35 ans) 35 ans ? Tu es plus âgé que Garo-jiire de quelques années. C'est l'âge d'un de mes enfants né à l'époque, 30 ans (1954).
— Astangafurulahi !!! (que Dieu me pardonne), après Garo-jiire, nous avons connu une famine assez sévère appelée *Bandabari* (1967) (tourner le dos). D'ailleurs depuis Bandabari nous n'avons plus eu de récolte satisfaisante jusqu'à l'arrivée des militaires au pouvoir consécutive à la famine qu'on appelle *Dabéré* (changer de comportement).

ANNEXE 2

***Inventaire des famines et disettes : sources orales recueillies dans l'ouest du Niger* (synthèse des interviews)**

L'information la plus reculée remonte vers 1870. Cette crise alimentaire appelée *Gasu-Borgu* est citée en moyenne par un informateur sur deux.
"I kaayi no I ma ga gasu borgu ciine te ; boray ci yanso ga Tesa".
"Kwaara sinji yanso banda jiiri wayga da fo no gsu borgu te. Naari kuluu".

"Sino kala gasu kan wayboray ga borgu humbuuray ra a se no i ne ase gasu-borgu" (J'ai entendu mon arrière-grand-père dire que la famine Gasu borgu est intervenue 91 ans après la création de la ville de Tera. Il n'y avait comme nourriture que les calebasses que les femmes pilaient dans les mortiers). Selon cet informateur la famine aurait sévi 91 ans jour pour jour après la création de la ville de Tera (Niger) qui selon lui est vieille aujourd'hui de 205 ans. S'agissant du même événement un informateur affirme avoir entendu son père évoquer une calamité qui serait intervenue une vingtaine d'hivernages après le passage d'un *Annassara* se faisant passer pour un arabe. Il s'agit des seuls cas où des repères chronologiques relativement précis nous ont été fournis à propos de cette famine qui est la plus ancienne que mentionnent les sources orales de l'ouest du Niger.

Gasu-Borgu (qui veut dire piler les calebasses) est le terme le plus couramment utilisé (*Gasu* : lagenarra siceraria cucurbitacée ; *borgu* : piler dans un mortier). Cette famine serait consécutive à une longue période de sécheresse. Parmi les autres noms évoqués par d'autres témoins (pour le même événement) on note :

— *Gasu Kama* ("croquer les calebasses") cité en région Zarma.

— *Cok-cok* (le bruit que produisent les pilons dans le mortier).

— *Nywan Korya* (famine des calebasses) cité par un informateur qui a précisé que ce terme est l'équivalent hausa de *Gasu-borgu* qui est une terminologie songhay.

Ize neere (*ize* veut dire enfant ; *neere* veut dire vente) "la vente des enfants".
"*Ize neere se no i ga ne Zarmaganda. Sar-Sar waate no a te.*
"*A na boray tabandi gumo. Zarmaganda boray nga izey no iga kande habey ra ka tolme. Jiiri hinka no ay se kan a te*". (C'est la famine qui porte le nom de Zarmaganda qu'on appelle *Ize-neere*. C'est à l'époque de la mission Voulet-Chanoine qu'elle a eu lieu. Les gens du Zarmaganda amenaient leurs enfants sur les marchés pour les mettre en gage. J'avais deux ans à l'époque). "Au cours de cette famine beaucoup d'enfants ont été vendus par leurs parents en échange de grains ; il ne s'agit pas à proprement parler de vente mais de mise en gage ("*Tolme*") parce que plus tard l'enfant peut être rendu à sa famille : c'est généralement le fils de la sœur ("*Weymey ize*") qui est concerné dans ce genre de transaction". Ce commerce semi-esclavagiste aurait été massivement pratiqué par les populations du *Zarmaganda*. Le terme *Zarmaganda* est d'ailleurs utilisé dans certaines régions pour désigner cette même famine. "*Nous l'appelons ainsi parce que c'est là-bas que la famine a éclaté avant de s'étendre dans nos régions*". La famine *Ize-neere* a provoqué un exode massif de population de l'ouest du Niger vers le nord Nigeria, principalement la région de Sokoto. A Sokoto, les rares survivants que nous avons eu la chance d'interviewer désignent cette famine sous le nom de *Sar-sara* ("semer les dégâts". D'après ces témoignages la famine a été provoquée par les dommages occasionnés par le passage de la mission Voulet-Chanoine dans la région. *Zama-kano* est aussi un terme couramment utilisé pour désigner cette famine. *Zama-kana* veut dire "couteau tranchant", "*c'est à cause du nombre de morts... la fréquence des décès fait penser à un couteau tranchant qui fait tomber des têtes...*". En pays Zarma-Songhay, l'expression "*Kuru-kuru*" (traîner traîner) et sa variante dialectale "*Kuru-ga-furu*" (traîner et jeter) désignent le même fléau. "*Au cours de "kuru-kuru"*, nous a-t-on dit, *les gens étaient tellement éprouvés par la famine qu'ils n'avaient pas la force d'enterrer les morts. Le nombre de cadavres était tel qu'on se contentait de les traîner et de les jeter derrière les cases*".
Cette famine qui apparaît peu au niveau des sources écrites a touché très probablement beaucoup de régions sahéliennes. Le fait qu'elle soit appelée *Zarmaganda* par certaines populations nigériennes a pu laisser croire qu'elle n'a touché que cette région.

Chronologie : Une vieille femme âgée d'environ 105 ans, interviewée à Birni-Kebbi (Nigéria du Nord), déclare avoir à l'époque une vingtaine d'années et un fils. Elle affirme également qu'il n'y a qu'un hivernage (*Kaydia*) entre le passage de la mission Voulet-Chanoine et cet événement. Deux autres informateurs, l'un né en 1900, l'autre vers 1902 serait né à cette époque.

Tableau récapitulatif des différents termes utilisés pour désigner la famine Ize-nere

1. *Ize-nere* ("vente des enfants") terme utilisé en pays Zarma.
2. *Zama-kano* ("couteau tranchant") terme utilisé en pays Zarma (Boboye).
3. *Zarmaganda* (du nom de la région où la famine aurait éclaté).
4. *Sar-sara* ("semer les dégâts") terminologie Zarma-Songhay.
5. *Kuru-kuru* ou *Kuru-ga-furu* ("traîner-traîner ou traîne et jette"). Terminologie Zarma-Soghay.

GANDE-BERI (1913-14)

Traduction littérale :
Gande veut dire poitrine (sens propre) et signifie également direction de la voie suivie par quelque chose, par extension *Gande* veut dire surface.
Beri veut dire grand ou large.
Gande-Beri est généralement traduit par "*grande poitrine*" ou "*poitrine large*".
Dans ce cas précis, l'expression signifie "*grande surface*" : ou "espace étendu à perte de vue".
"*Gande-beri wate ay furu farmi Haaray no kan na ndunnya kuulu na. Kogondi no na te*" *(A l'époque de Gande beri, j'ai commencé à cultiver. La famine a été provoquée par la sécheresse : elle a touché le monde entier...*".
"*On l'appelle Gande-béri à cause de l'étendue des régions touchées : c'est une famine qui a touché le monde entier.* Selon un informateur, la terminologie utilisée pour désigner cette famine est à mettre en rapport avec les formes squelettiques des gens au moment de la famine. "*De tout le corps il ne restait que la poitrine, seule partie encore charnue de l'ensemble du corps qu'on aperçoit de loin*". L'équivalent hausa est *kaka-laba* (ventre creux). Plusieurs témoignages semblent indiquer que cette famine a dépassé le cadre sahélien pour s'étendre au-delà. En tous cas aucune région sahélienne n'y a échappé. Tous les témoignages concordent pour la présenter comme la famine la plus désastreuse de l'histoire du Sahel. Elle serait consécutive à sept années successives de sécheresse.
L'expression est utilisée dans le Boboye, le Ziji, et dans les communautés Zarma-Songhay du Nigéria du Nord. Ailleurs, notamment en pays Songhay et dans le Zarmaganda, il nous a été notifié que les termes *Sambu-ga-faru* et *Yoolo-moru* désignent la même famine. Yoolo-moru ("caresser les tresses") serait une expression qui a été beaucoup utilisée pour se moquer des jeunes mariés de l'époque. "*Pendant la famine, en pilant le mil les femmes profitaient d'un moment d'inattention des autres pour glisser le grain de mil dans la*

bouche. Lorsqu'elles sont surprises, elles font semblant de caresser les tresses de leurs cheveux : d'où l'expression caresser les tresses" qui a fini par s'imposer comme nom à la famine de l'époque".

La deuxième expression évoque également une histoire analogue : "le mil étant rare, dans les familles où l'on arrive à s'en procurer, pour travailler le mil, au lieu de rester debout comme à l'accoutumée, les femmes s'accroupissent pour ne pas attirer l'attention des passants". C'est l'origine de l'expression *Sambu-ga-faru* (s'accroupir pour séparer le mil des balles).
Enfin dans le haut Dallol-Bosso, chez les Kurfey, (région de Filingué) quelques sujets interrogés parlent de *Tamâ-ba-nyayze ("un centime vaut mieux qu'un parent")* (*"celui qui a un peu d'argent fait semblant de ne plus reconnaître les siens"*).

Autres expressions utilisées pour désigner la même famine :
Sans que nous puissions l'affirmer avec certitude, il est très probable que la famine dite famine des *Buzu* (*Nywan buzaye*) qui est citée assez souvent, surtout en milieu Zarma hausaphone, désigne également la même calamité que *Gande-beri*.
"Nous l'appelons ainsi à cause du grand nombre de Buzu (Touareg) qui ont quitté leur zone d'habitation traditionnelle pour chercher refuge dans les régions septentrionales : beaucoup ont franchi la frontière anglaise pour s'installer au Nigéria".

En pays Zarma, les gens qui sont partis à la suite de cette famine pour s'installer définitivement au Nigéria sont appelés "les gens du "*Kangay-Dangu*". *Kangay-Dangu* veut dire "arracher les pieux" morceau de bois utilisé pour attacher les animaux). En d'autres termes, détacher les animaux pour s'en aller. "Au cours de cette famine tout celui qui a un animal se précipite pour le détacher pour aller le vendre ou abandonner définitivement le lieu". *Kangay-Dangu* exprime ainsi l'action de partir, la fuite en avant face à la sécheresse et à la famine.

Chronologie : Un chef de canton âgé de 70 ans au moment de l'enquête a qualifié l'époque "d'années apocalyptiques" à cause des effets simultanés de plusieurs calamités : la guerre des blancs (la 1re), épidémies humaines et animales (*Albana*), famines, razzias, etc. Par ailleurs, l'événement étant relativement récent, un grand nombre d'interlocuteurs l'ont vécu alors qu'ils avaient deux, cinq ou dix ans. La date de cette famine est non seulement connue avec précision, mais elle est assez souvent fournie en français dans un grand nombre de cas (chefs coutumiers, anciens combattants, etc.).

Récapitulatif des différents termes utilisés pour désigner
la famine Gande-beri (poitrine large)

1. *Gande-beri* (poitrine large ou grande étendue) terminologie Zarma-Songhay.

2. *Kaka-laba* (ventre creux) terminologie Hausa.
3. *Kangay-dagu* "détacher les animaux" terminologie Zarma-Songhay (Boboye).
4. *Nywan-buzaye* ("famine des Touareg") terminologie Hausa.
5. *Yoolo-moru* ("caresser les tresses") terminologie Zarma-Songhay.
6. *Sambu-gafaru* ("s'accroupir pour déballer le mil") Songhay.
7. *Tamâ-ba-nyayze* ("un centime vaut mieux qu'un parent") terminologie Zarma (Filingué).

Les années 1920-1930 sont deux décades comportant un grand nombre d'années défavorables. Un nombre impressionnant de disettes est mentionné à travers les sources orales. La multiplicité des témoignages pour cette période contraste avec l'imprécision des repères chronologiques fournis. Si la famine des années 1931-32 très connue est située sans ambiguïté, il n'en est pas de même pour les autres fléaux signalés. Malgré les différents recoupements auxquels nous avons procédé, nous ne donnons, pour les différents événements que des dates approximatives qui, nous l'espérons, après l'analyse des archives coloniales, seront plus précises.

La période immédiatement antérieure à la grande famine des années 1913-14 a été exceptionnelle sur le plan alimentaire. "Après *Gande-beeri, nous avons eu une production très bonne. Celui qui a l'habitude d'avoir 500 bottes de mil en récoltait 1000. J'ai connu un cultivateur qui a récolté 3000 bottes de mil...*". Peu après, (l'année du Samari). Elle serait intervenue 6 à 7 années après *Gande Beeri* ce qui situe la disette aux environs des années 1922-23. A Tera, en région Songhay nos interlocuteurs ont distingué pour cette période, deux années de pénurie alimentaire : 1922 et 1924 :

— Une disette connue sous le nom de "*Monno*" qui se traduit par "négligence" parce que personne ne s'attendait à cette pénurie.

— Une autre disette appelée "*Gurma Kona*" ou le "ravitaillement de la rive droite", au cours de laquelle les populations Zarma de la rive gauche du fleuve auraient envahi le *Gurma* (rive droite pour venir se ravitailler en grains). Cette dernière disette est mentionnée également dans le Boboye où elle est appelée *Gourma Hara* (la famine de *Gourma*). Les années 1927-28 ont été marquées par une famine localisée qui n'est mentionnée que dans les traditions orales du Boboye de Tillabéry où nos interlocuteurs ont évoqué *Tiguiri* qui se traduit par "*rester debout*" ou "inamovible". Selon les uns la disette, que l'on avait pensé très passagère a fini par s'installer et se généraliser ; selon les autres l'expression a pour origine l'image des enfants affamés qui, lorsqu'ils trouvent des personnes en train de manger, restent plantés autour d'eux en espérant profiter des miettes à la fin des repas. Enfin une dernière interprétation du terme *Tiguiri* recueillie en milieu Zarma du Nigéria du nord (originaire du Boboye) fait un rapprochement entre ce terme et les travaux forcés pour la construction des routes pendant la colonisation. La main d'œuvre réquisitionnée passait des journées entières sur les chantiers de construction ("*Daba poltol séno i ga ne Tuguiri*", sans manger en raison de la pénurie de grain.

Pour cette même période d'autres termes sont utilisés pour désigner des années de disette ou de famine généralement localisée. On distingue :

— *Hawgara jiire* (l'année du beret de mil). Il s'agit d'un sac (1927) traditionnel en natte d'environ 70 à 80 kg dans lequel le mil était vendu à l'époque.

— *Temede* (1927). Terme utilisé par les populations "Bella" (Touareg du Songhay). *Temede* veut dire 500 F. Le mil contenu dans les sacs apportés sur le marché au moment de la disette se vendait à 500 F.

— *Conconga* (Tchontchonga) (ou brochette en Songhay). Disette enregistrée en 1927. Cette famine avait eu comme conséquence entre autres l'apparition sur les marchés en pays Songhay d'une nouvelle marchandise : les brochettes de viande grillée appelée *Conconga*.

— *Bon wissi*. Expression utilisée par nos interlocuteurs de Tillabéry (Niger) pour désigner une époque pendant laquelle les gens secouaient la tête en guise de refus.
Bon (tête) *Wisi* (secouer).

Récapitulation des concepts locaux utilisés pour désigner les années de famines localisées ou de disette intervenues entre 1922 et 1927 en pays Zarma-Songhay (Niger)

1. *Samari Jiire* : concept Zarma (Niamey) qui veut dire "année du Samari" (1922).
2. *Monno* (1922-23) : Concept Songhay de Tera qui veut dire "Négligence".
3. *Gurma Kone* (1923-24) (concept Songhay de Tera) qui veut dire "le ravitaillement du Gurma".
4. *Gurma Hara* : concept Zarma (Boboye) qui veut dire la famine du Gurma.
5. *Hawgara* (1927) : concept Zarma (Niamey) qui veut dire "le sac en natte".
6. *Temede* (1927) : concept Touareg (Tera) qui veut dire 500 F.
7. *Conconga* (Tchintchinga) : concept Songhay qui veut dire "brochette".

La famine des années 1931-32

De toutes les famines évoquées au cours des enquêtes orales, celle qui a eu lieu entre 1931 et 1932 au Niger, est de loin la plus vivace dans la mémoire des personnes interrogées. Elle comporte une multiplicité de termes synonymiques. Cela s'explique par le fait qu'elle est la dernière des plus grandes calamités de l'histoire du Sahel ayant occasionné un nombre incalculable de morts. L'invasion acridienne à l'origine de la famine ayant concerné pratiquement tout l'espace sahélien, cela a donné naissance à un grand nombre de concepts locaux désignant soit l'invasion acridienne, soit la crise alimentaire consécutive ou les deux à la fois. La dernière raison est que, cette famine étant relativement récente, la totalité des personnes interrogées sont des témoins occulaires de l'événement. L'information n'a pu être altérée par l'usure du temps.

Il est impossible d'évoquer ici toutes les expressions qui sont utilisées pour désigner cette famine. Nous nous contentons de ne citer que les plus significatives. Les expressions les plus courantes sont :

— *Wande-Wasu* (écarter sa femme)
— *Dwa-jiire* (l'année des "sauterelles")
— *Fara* (terminologie hausa qui veut dire "sauterelles")
— *Soudan*
— *Ada* (coupe-coupe)
— *Dazey* (qui veut dire s'éparpiller ou se répandre partout)
— *Harey-beero* (la grande famine)
— *Kuuru-ga-furu* (traîne et jette)
— *Hammaada* (terminologie hausa qui veut dire calamité)
— *Bassassa* (terminologie hausa qui veut dire calamité)

Toutes les personnes interrogées ont tenu à préciser qu'il y eut deux années de famines distinctes : première année très dure et une deuxième moins sévère. C'est pourquoi le plus souvent c'est un couplet de noms qui est donné pour désigner cette calamité : Ex "Soudan da soudan Kaine" qui veut dire "Soudan et Soudan cadet" ou encore "Dwa jiire da do ize jiire" qui veut dire "l'année des sauterelles et l'année de larves de sauterelles".

Dwa-jiire et wande-wasu

Le concept Zarma le plus couramment utilisé pour désigner cette famine est *Dwa* (le criquet) ou *Dwa jiire* (l'année de l'invasion acridienne). Les personnes interrogées distinguent deux années : *Dwa Jiire* (année des criquets) et *Dwa Ize Jiire* (l'année des larves de criquet). Le concept Songhay le plus couramment utilisé est *Wande-Wasu* (qui veut dire chasser sa femme). En raison des difficultés alimentaires les hommes se débarrassaient de leur épouse. D'autres expressions sont utilisées pour désigner la famine des années 1931-32.

— *Soudan* et *Soudan Kayne* (Soudan et Soudan cadet) (en référence à l'origine de l'invasion acridienne qui, selon les personnes interrogées, a pour origine le Soudan Français, actuel Mali).

— *Adaa* qui veut dire coupe-coupe en Zarma-Songhay. Ce terme évoque le rythme accéléré des décès au cours de cette famine qui est comparable à un coupe-coupe qui fait tomber des têtes.

"Ce sont les criquets qui sont à l'origine de la famine que nous appelons *Adaa* (coupe-coupe). Il y eut coupe-coupe et coupe-coupe cadet ; nous l'appelons coupe-coupe à cause du nombre des morts. Le mil a presque mûri quand les criquets sont venus... Les criquets ont tout mangé y compris les arbres. L'année d'après les criquets sont revenus. Mais ce sont les larves des criquets que nous appelons "*Fanaka*" qui ont fait beaucoup de dégâts. "Ces insectes, quelques jours seulement après l'éclosion des œufs des criquets ont rempli les cases, montant sur les lits, etc.

Seules quelques personnes qui avaient des champs de manioc ont pu avoir de quoi manger au cours de la famine. A l'époque j'avais déjà 30 ans et je me rappelle que les *Annassara* nous avaient réunis pour nous demander de citer les moyens utilisés par nos grands parents pour tuer les criquets. *Baabati* (terminologie *Hausa* pour désigner l'année des vols de criquets).

Zama-Kano (couteau tranchant) a été utilisé dans certaines interviews.

Dazey : Ce terme évoque l'idée de dispersion et d'éparpillement dans l'espace. Il s'agit de la dispersion des personnes fuyant la famine. "Cette famine a pris le nom de *Dazey* parce que tout le monde fuyait la famine. La famine a éparpillé les gens un peu partout". "Les gens allaient chercher du mil partout : dans le Dendi, le Gurma, le Hausa... C'est au moment où la famine a commencé à tuer beaucoup de gens que les Blancs se sont mis à distribuer du mil alors qu'il y avait du mil dans les magasins de Niamey.

Yeda Kona (1943-44) : Les sources orales recueillies en pays Zarma-Songhay évoquent très peu de famines et disettes avant les années 1960. Une période de disette consécutive à une sécheresse est mentionnée en région Songhay : *Banjo Kona* (la disette de Banjo). L'équivalent Zarma est *Yeda Kona* (la disette de Yeda). Yeda est une localité située dans le Dallol Bosso (Boboye) où les populations allaient chercher du grain. Il s'agirait donc d'une disette généralisée dans tout l'ouest de Niger au cours des années 1943-44.

Gaaro Jiire (1954) : Il s'agit d'un repère chronologique bien connu surtout en pays Zarma où l'événement est cité parmi les famines. *Gari* veut dire (farine de manioc). A l'époque, la pénurie alimentaire a pu être circonscrite grâce à l'apport massif de farine de manioc importé de la colonie voisine (ex. Dahomey). Beaucoup de personnes sont mortes par suite de la consommation abusive de ce produit nouveau. Les témoignages recueillis en région Songhay, bien que connaissant l'événement, ne le mentionnent pas parmi les famines. La pénurie alimentaire serait consécutive à une inondation et des vols de criquets.

Banda-Baari (1966-67) : Il s'agit de la première grande pénurie alimentaire qui déclencha la grande série de crises des années 1960. Un grand nombre de témoignages considèrent que depuis cette époque, les populations connaissent une période interrompue de pénurie alimentaire chronique. *Banda* (dos) *Baari* (tourner). Pendant cette famine, ceux qui avaient à manger tournaient le dos à leurs proches (parents et amis).
Pour d'autres personnes interrogées, *Banda-Baari* évoque plutôt l'action de tourner le dos aux siens et de partir à cause de la famine. "La situation étant intenable, on fait ses bagages, on tourne le dos et on s'en va pour ne plus revenir". Un quartier de Niamey, créé à l'origine par l'exode massif des populations victimes de cette famine, a pris le nom de *Banda-Baari*.

Dabaare ou **Dabaari Ban** ou **Saabara** (1972-73) : Elle est considérée dans plusieurs régions comme le prolongement de *Bandabaari* qui a duré jusqu'en 1969.

Les populations comparent les privations qu'elles ont connues au cours de cette famine à celles des années 1913-14. Parmi les termes utilisés pour désigner cette famine, les plus courants sont :

— *Tamo* : concept Zarma qui veut dire esclave et évoque l'idée de dépendance.

— *Daabaare* : qui peut se traduire par : "les attitudes ou les comportements ont changé".

— *Daabari-Baan* : "rien à faire" ou "impuissance".

— *Saaga Jiire* : concept Zarma (Zarmaganda). A l'époque les populations du Zarmaganda ont été amenées en masse à Saga (près de Niamey) pour être initiées à la riziculture. Une expérience mal inspirée qui a échoué lamentablement. Les populations ont conservé le terme en souvenir de cette famine.

— *Soojay meera* ou "l'année de la prise du pouvoir par les militaires. Dans la région de Yatakala (Songhay), cette famine est connue sous le nom de *Ganda Wasa* (*Ganda* : poitrine ; *Wasa* : rapidité) en raison de l'immensité des espaces touchés et de son intensité.

Le terme *Saabara* est quelquefois utilisé. *Saabara* est le nom donné dans certaines régions Zarma au criquet sénégalais (Œdalus Senegalensis) qui est à l'origine des invasions acridiennes des années 1974-75.

Tche-Taffaa (1984-85) ou **Mayga Asi :** La dernière grande famine a eu une intensité comparable à celles des années 1913-14 et 1972-73. Elle est appelée *May ga Asi* (qui n'est pas touché ?) dans la région de Niamey ou *Tche taffa* dans la région de Tillabéry. L'expression *Tche Taffa* exprime l'immensité des régions touchées. *Tche* (pied en Zarma) ; *Taffa* (large).

ANNEXE 3

ÉVOLUTION DU PRIX DU MIL
SUR LES MARCHÉS DE L'OUEST DU NIGER
DE 1928 A 1932

	SAY	NIAMEY	FILINGUE	TILLABERY	TERA
1928					
1° trim.	0,5	0,5	0,3	0,3	
2° trim.	0,6	0,5	0,5	0,4	
3° trim.	0,9	1,2	0,5	0,5	
4° trim.	0,5	0,2	0,2	0,4	
1929					
1° trim.	0,3	0,3	0,2	1,2	
2° trim.	0,7	0,7	0,4	0,4	0,4
3° trim.	1,5	0,5	0,4	0,5	0,5
4° trim.	0,4	0,2	0,2	0,4	0,4
1930					
1° trim.	0,4	0,3	0,4	0,4	0,4
2° trim.	0,4	0,6		0,5	0,4
3° trim.	0,6	0,6	0,4	0,8	0,7
4° trim.	0,4	0,5	0,3	0,4	0,6
1931					
1° trim.	0,7		0,4	0,7	0,6
2° trim.	2,2	2,2	2	1,2	0,9
3° trim.	2,5	2,5	3	1,7	3,5
4° trim.	1,7	1	0,5	0,5	0,5
1932					
1° trim.	1	1,5	1	0,5	1
2° trim.	1,5	1	1	1,5	1

Source : A.N./S.O.M., Niger, AP C.592

ANNEXE 4

POPULATION DE L'OUEST DU NIGER A LA VEILLE DE LA FAMINE DE 1931-32

CANTONS	POPULATIONS	BABOUSSAYE	1048		52474
	158476	BIRNI	17834	IMANAN	4600
	65292	BOBOYE	8742	KOURFEY	15637
DOSSO	39725	DOUNGA	2703	TONDIKAND	13962
GOUBEYE	6478	FAKARA	1747	TAGAZA	17513
KIOTA	7872	HAMDALAYE	4561	G.NOMADE	862
MAYAKI	3234	KARMA	10828		141751
SOKORBE	5674	KOURE	6960		10916
P.DJUIGUI	15556	LAMORDE	13554	OUALLAM	10816
P.KIOTA	753	LIBORE	3176	SIMIRI	10000
		NAMARO	5863	TONDIKIWIN	13129
	60398	SAGA	1566		39556
	22786	NIAMEY V	2796		
	168757		35006		
	81277				

Source : rapport sur les chefferies indigènes de la colonie du Niger. Archives du Sénégal 2G30/11, ANS.

ANNEXE 5

LA POPULATION DE L'OUEST DU NIGER AVANT ET APRÈS LA FAMINE DE 1931-32

Cantons	Population avant la famine			Population après la famine		
	I	II	Total	I	II	Total
1 - Subdivision de Dosso						
Goubeye	6413	1206	7819	2803	1105	3708
Dosso	2794	830	3624	1548	648	2198
Kiota	3029	868	3913	1889	588	2477
2 - Subdivision de Niamey						
Boboye	5077			1743		
Lamorde	3248			2759		

(I : Population imposable)

(II : Population non imposable)

Source : Rapport sur les chefferies indigènes de la Colonie du Niger, ANS, 2G30-11 (ce rapport contient les chiffres pour chaque village des cantons mentionnés ici).

BIBLIOGRAPHIE THÉMATIQUE

1. *Les travaux et ouvrages de référence*

ABITBOL M., *Tombouctou et les Arma*, Maisonneuve, Paris, 1979, 350 p.

AG MAHMOUD M., *Le cercle de Gourma harous ou le Haut-Gourma Central*, Ministère du Développement Rural, Bamako, Mali, 1980, 201 p.

BAIERS S., *An Economic History of Central Niger*, Clarendon Press, Oxford, 1980, 325 p.

BEAUVILAIN A., "Les Peul du Dallol Bosso", *Etudes Nigériennes*, n° 42, I.R.S.H., Niamey, 1977.

BERNUS E., *Les Touareg nigériens : unité culturelle et diversités régionales d'un peuple pasteur*, Mémoire de l'O.R.S.T.O.M. n° 94, 1981.

COQUERY-VIDROVITCH C., MONIOT H.,
— *L'Afrique Noire de 1800 à nos jours*, P.U.F., Paris, 1974, 246 p.
— *Afrique Noire : Permanence et rupture*, Payot, Paris, 1985, 388 p.

DONAINT P., "Le cadre géographique à travers les langues du Niger, *Etudes Nigériennes*, n° 37, I.R.S.H., Niamey, 1975, 286 p.

DUMONT R., *L'Afrique Noire est mal partie*, Seuil, Paris, 1975, 245 p.

GADO Boubé, "Le Zarmatarey", *Etudes Nigériennes*, n° 45, I.R.S.H., Niamey, 1980, 356 p.

GALLAIS J., *Pasteurs et éleveurs du Gourma*, C.N.R.S., Paris, 1975, 239 p.

KIMBA I.,
— *La formation de la colonie du Niger*. Thèse de Doctorat es-Lettres, 6 vol., Paris, 1988, 2800 p.
— *Guerres et sociétés : les populations du Niger Occidental et leurs réactions face à la colonisation*. Thèse de Doctorat de 3e cycle, Université Paris VII, 1979, 460 p.

KLATZMAN J., *Nourrir dix milliards d'hommes*, P.U.F., Paris, 1975, 290 p.

KONGSTOM B., *Les grands bouleversements mondiaux*, Gouland, Paris, 1979, 336 p.

LABOURET H., *Paysans d'Afrique Noire*, Gallimard, Paris, 1971.

MEILLASSOUX C. (dir. par),
— *L'esclavage en Afrique Noire*, Maspéro, Paris, 1975, 280 p.
— *Femmes, greniers et capitaux*, Maspéro, Paris, 1975, 251 p.

NICOLAS F., *Tamesna, les Oullimenden de l'est*, Imprimerie Nationale, Paris, 1943.

OLIVIER DE SARDAN J.-P., *Les sociétés Zarma-Songhay (Mali, Niger)*, Karthala, Paris, 1984, 300 p.

POLET E., WINTER G., *La société Soninké*, Editions de l'Université de Bruxelles, 1971.

RASH Y., *Un établissement colonial sans histoire : les premières années françaises au Niger*, Thèse de Doctorat de 3e cycle, Paris, 1972.

SALIFOU A., *Colonisation et sociétés indigènes au Niger*, Thèse de Doctorat es-Lettres, 2 vol., Université de Toulouse, 1977.

SIDIKOU H.-A., "Sédentarité et mobilité entre Niger et Zgaret", *Etudes Nigériennes*, n° 34, I.R.S.H., Niamey, 1975, 250 p.

SURET-CANALE J.,
— *L'Afrique Noire : géographie, civilisation et histoire*, Editions Sociales, Paris, 1968, 335 p.
— *L'Afrique Noire : l'ère coloniale (1900-1945)*, Editions Sociales, Paris, 1971, 636 p.
— *L'Afrique Noire : de la colonisation aux indépendances*, Editions Sociales, Paris, 1972, 430 p.

TAUXIER F., "Les Noirs du Yatenga", *Etudes Soudanaises*, Larose, Paris, 1917, 324 p.

TYMOWSKI M.,
— *Le développement et la régression chez les peuples de la boucle du Niger à l'époque précoloniale*, Editions W.U.N., Varsovie, 1974, 152 p. ;
— "Les domaines des princes du Songhay (Soudan Occidental)", *Annales*, 25e année, n° 6, 1970, p. 1637-1657.

. Les sources publiées : souces narratives, chroniques, récits de voyages

BARTH H., *Travels and discoveries in Northern and central Africa*, 3 vol., London F.C., 1965.

"Chronique de Kano", *in* R. Palmer *Sudanese Memoirs*, London, 1928.

HOURST Ct de Vaisseau, *La mission Hourst : sur le Niger et en pays Touareg*, Plon, Paris, 1897, 418 p.

KATI M., *Tarikh el-fettach*, trad. par O. Houdas et M. Delafosse, Maisonneuve, Paris, 1966.

MARTY P., "Les chroniques de Walata et de Néma", *Revue d'Etudes Islamiques*, t. I, 1927, p. 355-426 et 531-575.

MONTEIL Colonel, *De Saint-Louis à Tripoli par le Tchad*, Alkan, Paris, 1894, 465 p.

MONTEIL V., *Les chroniques de Tichit*, B.I.F.A.N., t. I, fasc. 1, 1939.

NACHTIGAL G., *Sahara and Sudan*, Brochaun Valey, Leipzig, 1889.

SADI A., *Tarikh es-Soudan*, trad. par O. Houdas, Maisonneuve, Paris, 1964, 540 p.

Tedzkiret en-Nisyan, trad. par O. Houdas, Maisonneuve, Paris, 1966.

TILHO J., *Documents scientifiques de la mission Tilho*, Larose, Paris, 1910.

URVOY I., "Chroniques d'Agadez", *Journal de la société des africanistes*, t. IV, fasc. 2.

3. Travaux d'ordre méthodologique et bibliographies sélectives sur la sécheresse et les famines du Sahel

BERTIN J., *Sémiologie graphique*, Mouton, Paris, 431 p.

BEUDOT F., *Eléments for a Bibliography of the Sahel Drought*, Paris, O.C.D.E., vol. 7, 8 et 9, 1985.

BILAZ R., DIAWARA I., *Enquête en milieu rural sahélien*, P.U.F., Paris, 1981, 120 p.

BRUNSCHWIG H., "Une autre conception de l'histoire", *Cahiers d'Etudes Africaines*, Paris, 61-62, XVI (1-2), 1976, p. 59-65.

CHAUNU P., "L'histoire sérielle, bilan et perspectives", *Revue Historique*, avril-juin 1970, CCXLIII, 2, p. 298-320.

CLUB DU SAHEL, *Bibliographie*, Document diffusé par le C.I.L.S.S./le Club du Sahel/ l'O.C.D.E., 1986, 50 p.

COQUERY-VIDROVITCH C.,

— "L'histoire vivante", *Cahier d'Etudes Africaines*, vol. 16, n° 61-62, 1976, p. 7-58 et 67-75 ;

— *Histoire démographique africaine : l'état de la question dans la littérature anglophone*, Université de Paris VII/ W. Wilson Center, Washington D.C., 1987.

DUCROZ J.-M., CHARLES M.-C., *Lexique Songhay-Français*, L'Harmattan, Paris, 1978, 285 p.

F.A.O., *La zone sahélienne : bibliographie sélective pour l'étude du problème*, Rome, 1983, 68 p.

FURET F., "L'histoire quantitative et la construction du fait historique", *Annales*, Paris, janvier 1971, p. 63-75.

GRAVITZ M., *Méthodes des Sciences Sociales*, Dalloz, Paris, 1986, 1 105 p.

HAMPATEBÂ A., "La tradition vivante", *Histoire générale de l'Afrique*, t. I, U.N.E.S.C.O./Jeune Afrique, Paris, 1980.

INSTITUT DU SAHEL/C.I.L.S.S., *La sécheresse au Sahel : bibliographie sélective*, Bamako, 1985, 56 p.

KI-JERBO J.,

— *Histoire générale de l'Afrique*, vol. 1, *Méthodologie et préhistoire*, U.N.E.S.C.O./Jeune Afrique, Paris, 1980 ;

— Préface à *Tradition orale : problématique et méthodologie de l'histoire africaine*, Ed. par D. Laya/C.R.D.T.O. Niamey, 1972.

LAYA D., *Tradition orale : problématique et méthodologie*, C.R.D.T.O., Niamey, 1972, 197 p.

LE GOFF J., *Faire de l'histoire : nouvelle approche*, Gallimard, Paris, 252 p.

LE HOUEROU H.-N., *Contribution à une bibliographie des phénomènes de désertification*, Nouakchot, 1973, 120 p.

MESSIANT C., "Bibliographie sur la sécheresse et les famines du Sahel", *Sécheresse et famines du Sahel*, dir. par J. Copans, vol. 2, Paris, 1976, p. 120-143.

NICHOLSON S., "The Methodology of Historical Climate Reconstruction and its Application to Africa", *J.A.H.*, XX, 1, 1979, p. 31-49.

PERSON I., "Tradition orale et chronologie", *Cahier d'Etudes Africaines*, n° 7, Paris, 1962, p. 460.

ROCHE J. et al., "Bibliographie sélective sur les famines récentes et la sécheresse au Sahel", *Environnement Africain*, vol. 2, 1975, p. 102-133.

TIMOTHY C.-W., "L'histoire socio-économique des peuples Baule, problèmes et perspectives de recherche", *Cahier d'Etudes Africaines*, 61-62, VXI (1-2), p. 397.

VERGNAULT M., BELMONT F., "Cartes et graphiques pour la recherche", Acte du *Colloque Géopoint : La carte pour qui ? Pourquoi ?*, Avignon, 1988.

4. Travaux ayant fait état des crises du passé (Sahel, ailleurs en Afrique et dans le Monde)

ALDIGE J., "La peste bovine en A.O.F. de 1915 à 1918", *B.C.E.H.S.*, Paris, 1978.

BAIERS S., "Economy, History and Development : Drought and the Sahelian economies of Niger", *African Economic History*, n° 1, Spring, 1976, p. 1-16.

BERNUS E.,
— "Sécheresses et famines chez les Touareg sahéliens", *Présence africaine*, I, 113, Paris, p. 65-77 ;
— "La sécheresse dans la tradition Touareg", *Colloque Nordeste-Sahel*, I.H.E.A.M., Paris, janv. 1986, 7 p. dact.

CHASTANET M., "Les crises de subsistance dans les villages Soninké du cercle de Bakel, 1858-1945", *C.E.A.*, 89-90, XXIII, (1-2), 1983, p. 5-36.

CISSOKO S.-M., "Famines et épidémies à Tombouctou et dans la boucle du Niger entre le XVIe et le XVIIIe siècles", *B.I.F.A.N.*, B, XXX, 3, 1968, p. 806-821.

CLAUDIAN J., "Réflexion sur le canibalisme de famine", *Cahier de Nutrition et de Diététique*, P.U.F., Paris, VIII, 4, 1973, p. 299-302.

DALBY D. et al.
— *Drought in Africa I*, (Report of the 1973 symposium), Center for African Studies/ S.O.A.S. (School of Oriental and African Studies), London, 1973 ;
— *Drought in Africa II*, International African Institute, London, 1977, 200 p.

DERRIENNIC H., *Famine et domination en Afrique : Paysans et éleveurs sous le joug*, Harmattan, 1977, 283 p.

DIAZ J., "Famine and Diseases in the History of Angola (1830-1930"), *Journal of African History*, XXII, 3, 1981, p. 394-398.

EGG J. et al., *Analyse descriptive de la famine des années 1931 au Niger et implications méthodologiques*, I.N.R.A., Paris, 1975, 70 p.

FUGLESTAD F., "La famine de 1931 au Niger : réflexion autour d'une catastrophe naturelle", *Revue Française d'Histoire d'Outre-Mer*, LXI, 222, 1974, p. 18-33.

GADO Boureima,
— *Sécheresses et famines au Sahel : les famines dans le Zarmatarey et le Songhay de 1880 à 1980*, Mémoire de Maîtrise, Universités de Niamey et Paris VII, 1983, 192 p.
— *Crises alimentaires et stratégies de subsistance au Sahel : approche méthodologique et perspectives de recherche*, Mémoire de D.E.A., Université de Paris VII, 1984, 30 p.

GOUBERT P., *Beauvais et le Beauvaisis : 1700-1730*, Editions de l'E.P.E.H., 1960, 647 p.

GREGORY J., PICHET V., "Pour une mise en contexte de la famine : le cas du Liptako Gourma", *Drought in Africa II*, I.A.I., London, 1977, p. 170-198.

Kongstom B., *Les grands bouleversements mondiaux*, Gouland, Paris, 1979, 336 p.

Lardinois R., "Une conjoncture de crise démographique en Inde du Sud au xixe siècle, la famine de 1876-78", *Population*, XXXVIII, 2, p. 371-404, 1982.

Laya D., "Mort de la brousse", *Environnement Africain*", Etudes et Recherches, n° 42, août 1979.

Leroy M., *Sécurité alimentaire au Niger*, Mémoire du C.H.E.A.M., Paris, 1949, 29 p. dact.

Malfroy J., "La peste bovine", *B.C.E.H.S.*, n° 1, Paris, 1927, p. 80-113.

Marchal J.-Y., *Chronique d'un cercle de l'A.O.F. : Ouahigouya (Haute-Volta)*, Travaux et Documents de l'O.R.S.T.O.M., n° 125, 1980, 215 p.

Marty P., "Les chroniques de Walata et de Néma", *Revue d'Etudes Islamiques*, t. I, 1927, p. 355-426 et 531-575.

M'Bokolo E.,
— "La peste bovine et les sociétés urbaines à Dakar : épidémie de 1914", *C.E.A.*, XXII, 2, Paris, 1982 ;
— "L'histoire des Famines", *Actuel Développement*, n° 68, Paris, 1985, p. 3-8.

Miller C.-J., "Famine in the Agricultural Marginal Zone of West-Central Africa", *J.A.H.*, XXIII, 1, 1982, p. 17-61.

Ortoli H., "Le gage des enfants au Soudan Français", *B.I.F.A.N.*, I, 1939, p. 313-324.

Rassily B., "Notes pour servir à la chronologie du Bassin et de l'arrière-pays de l'Est (Barani, Souri) et des cercles de San et Tominan", *B.I.F.A.N.*, XXX, IV, (3-4), p. 926.

Rosenstein D[r], "La psychologie de l'extrême famine", *Cahier de Nutrition et de Diététique*, VIII, 4, P.U.F., Paris, 1973, p. 291-299.

Salifou A., "Quand l'histoire se répète : la famine de 1931 au Niger", *Environnement Africain*, I, 2, 1975, p. 25-53.

Tymowski M., *Le développement et la régression chez les peuples de la boucle du Niger à l'époque précoloniale*, W.U.N., Varsovie, 1974, 152 p.

Van Apeldoorn J., "A Framework for Disaster Analysis", *Drought and famine in Nigeria*, Allen and Unwin, London, 1980.

Vincent F., *Histoire des Famines à Paris*, Editions Politiques, Economiques et Sociales, Paris, 1946, 200 p.

Watts M., *Silent Violence (Food, Famine and Peasantry in Northern Nigeria)*, University of California Press, Berkeley, 1983, 686 p.

Webster J.-B., (Ed.), *Chronology, Migration and Drought in Interlacustrine Africa*, Londres 1979, 345 p.

Wood A., "A Preliminary Chronology of Ethiopian Droughts", *Drought in Africa II*, Ed. by D. Dalby, I.A.I., London, 1977.

5. La faim dans le Monde : débat actuel (idéologique, politique), politique agricole des États

Banque Mondiale, *Le développement accéléré en Afrique du Sud du Sahara*, New-York, 1986.

Brun T., "Les vrais responsables de la famine", *C.J.N.*, n° 147, Paris, 1974, p. 8-15.

Castro J. De, *Géographie de la faim*, Seuil, Paris, 1964, 342 p.

CEPEDE M. et al., *La faim*, P.U.F., Collection "Que sais-je ?", Paris, 1967, 127 p.

CLUB DU SAHEL, C.I.L.S.S.,
— *Le Sahel face au futur*, Paris, 1987, 251 p. ;
— "La politique céréalière dans les pays du Sahel", Acte du *Colloque de Mendelo*, O.C.D.E., Paris, 1986, 572 p.

COMITE INFORMATION SAHEL, *Qui se nourrit de la famine au Sahel ?*, Maspéro, Paris, 1974, 280 p.

DUMONT R.,
— *L'Afrique étranglée*, Seuil, Paris, 1980, 282 p. ;
— *La croissance de la famine*, Seuil, Paris, 1980, 183 p. ;
— *Pour l'Afrique, j'accuse*, Plon, Paris, 456 p.

FOUGEYROLLAS P., "Le défi de la sécheresse et la lutte des classes en Afrique sahélienne", *Séminaire de réflexion sur les problèmes de l'environnement dans les zones arides*, Niamey, 1974, 17 p. dact.

GIRI J., *Le Sahel demain : catastrophe ou renaissance*, Karthala, Paris, 1983, 325 p.

INSTITUT DU SAHEL, C.I.L.S.S., *Bilan du développement économique des pays du C.I.L.S.S.*, Etudes et travaux de l'U.S.E.D., n° 2, Bamako, 1983.

KLATZMAN J., *Nourrir dix milliards d'hommes*, P.U.F., Paris, 1975, 290 p.

LECAILLON J., MORRISSON C., *Economic Policies and Agricultural Performance : the Case of Mali*, O.C.D.E., Paris, 1983, 175 p.

PONS R., *La prévision de la situation critique au Sahel : système et moyen d'alerte précoce*, O.C.D.E., Paris, 1986, 87 p.

"Réflexion sur les problèmes alimentaires en Afrique Noire", *Présence Africaine*, Revue culturelle du monde noir, Paris, 1980, 265 p.

SAOUMA E., "Afrique, éviter le naufrage", *Monde diplomatique*, janv. 1987, p. 18.

SURET-CANALE J., MOUCHEL J.-C., *La faim dans le monde*, Editions Sociales, Paris, 1975.

6. Le climat du Sahel : environnement, climat, désertification

AUBERVILLE A., "Les forêts de la colonie du Niger", *B.C.E.H.S.*, Paris, 1936.

BERNUS E., "Les problèmes de la désertification en Afrique sahélienne", *Présence Africaine*, IX, 1988, p. 113-138.

BONFILS M., *Halte à la désertification au Sahel*, Karthala, Paris, 1987, 263 p.

CADET L.-D., "Climatologie", *Encyclopédia Universalis*, vol. 4, p. 202-206, 1986.

CHAMARD P. et al., "La sécheresse en Afrique Occidentale", *Colloque Nordeste-Sahel*, I.H.E.A.L., Paris, 1986, 8 p. dact.

Colloque sur les phénomènes hydrologiques extrêmes : sécheresses et crises exceptionnelles : U.N.E.S.C.O., Paris, 1981.

CONSEIL NATIONAL DE DEVELOPPEMENT (C.N.D.)/AGENCE CANADIENNE DE DEVELOPPEMENT INTERNATIONAL (A.C.D.I.), Travaux du *Débat national sur la désertification*, Maradi, Niamey, mai 1984, 85 p. dact.

COPANS J. (dir. par), *Sécheresses et famines au Sahel*, Maspéro, Paris, 1975 : — Vol. I : *Ecologie, dénutrition, assistance*, 157 p. — Vol. II : *Paysans et nomades*, 144 p.

DELMONT C., "Paludisme et variations climatiques saisonnières en savane soudanienne d'Afrique de l'Ouest", *J.S.A.*, p. 118-133.

DOCUMENTATION FRANÇAISE, *La sécheresse en zone sahélienne*, Notes et Etudes Documentaires, n° 4116, Paris, sept. 1975, 76 p.

DUBIEF J., "Les pluies du Sahara", *Travaux de l'Institut de recherches Sahariennes*, t. IV, 7-23.

FOURNEAU L., "Le ravitaillement par le Bas-Niger", *B.C.A.F.*, n° 3, Renseignements coloniaux, Paris, 1905.

GROVE A.-T., "A Note on the remarkably low of Rainfall of the Sudan Zone in 1913", *Savana*, vol. 2, n° 2, 1973, p. 133-138.

HUBERT H., "Le desséchement de l'A.O.F.", *B.C.E.H.S./A.O.F.*, vol. 4, Paris, 1920.

NICHOLSON S., *Le Sahel : présentation du climat*, O.C.D.E./C.I.L.S.S., Paris, 1980, 89 p.

PLOTE H., *L'Afrique sahélienne se dessèche-t-elle ?*, B.R.G.M., Paris-Orléans, 1974, 170 p.

SIRCOULON J.,

— "Les données hydro-pluviométriques de la sécheresse récente en Afrique inter-tropicale : comparaison avec les sécheresses de 1913-1940", *Cahiers de l'O.R.S.T.O.M.* série "Hydrologie", XIII, 2 ;

— "Bilan hydro-pluviométrique de la sécheresse de 1968-1984 et comparaison avec les sécheresses des années 1910-1916 et 1940-1949", *Colloque Nordeste-Sahel*, I.H.E.A.M., Paris, 1986 ;

— "La sécheresse du point de vue climatique, hydrologique et agronomique", *Colloque Nordeste-Sahel*, I.H.E.A.M., Paris, 1986, 3 p. dact.

TOUPET C., "La désertification au Sud du Sahara", *Environnement Africain*, I, 2, Dakar, 1975, p. 7.

VILLATE Lt, "Le régime des eaux dans la région lacustre de Goundam", *La géographie*, t. XXX, n° 3, p. 161-187.

7. Agriculteurs et éleveurs du Sahel face à la sécheresse (rapports avec le milieu, systèmes de production, stratégies traditionnelles de survie)

A travers champs : dynamique des systèmes agraires, O.R.S.T.O.M./C.N.R.S., Paris, 1985, 297 p.

AUDETTE R., *Stockage traditionnel des céréales vivrières en milieu paysan au Niger*, Club du Sahel/O.C.D.E., Paris, 1980.

AUDETTE R., GROLLEAUD M., *Le stockage non étatique des grains dans les pays du Sahel*, Club du Sahel/O.C.D.E., Paris, 249 p.

BENOIT M. et al., *L'exploitation agricole familiale en afrique soudano-sahélienne*, P.U.F., Paris, 94 p.

BERNUS E.,

— "Les graines sauvages récoltées par les Touareg", *Encyclopédie Berbère*, n° 4, Aix-en-Provence, 1971 ;

— "Exploitation de l'espace de désertification en zone sahélienne", *Travaux de l'Institut de Géographie de Reims*, n° 39-40, 1979, p. 49-59 ;

— "Cueillette et exploitation des ressources spontanées au Sahel nigérien par les Kel Tamajek", *Cahiers de l'O.R.S.T.O.M.*, série Sc. H., IV, I, 1967, p. 31-52.

DUPRE G., GUILLAUME D., "L'évolution de l'agriculture dans l'Aribinda (Burkina-Faso) : 1875-1983", communication du *Colloque Nordeste-Sahel*, Paris, janv. 1986.

GALLAIS J.,

— *Pasteurs et éleveurs du Gourma*, C.N.R.S., Paris, 1975, 239 p. ;

— "La vie saisonnière au sud du Lac Débo", *Cahier d'Outre-Mer*, n° 2, 1958, p. 117.

GALLAIS J (dir. par), *Stratégies pastorales et agricoles des sahéliens durant la sécheresse 1969-1974*, Travaux et Documents de Géographie Tropicale, n° 30, 281 p.

LAYA D., "A l'écoute des paysans et éleveurs du Sahel", *Environnement Africain*, (numéro spécial sur la sécheresse), vol. I, n° 2, avril 1975.

LE BRIS M. et al., *Les enjeux fonciers en Afrique Noire*, Karthala/O.R.S.T.O.M., Paris, 1985.

LOVEJOY P., BAIER S., "The Desert Side Economy of central Soudan", *I.J.A.S.*, VIII, 4, 1975.

MARCHAL J.-Y., *La dynamique d'un espace soudano-sahélien (le cas du Yatenga)*, Travaux et Documents de l'O.R.S.T.O.M., 3 vol., n° 167, Paris, 1983.

MIRACLE M.-P., "Seasonal Hunger : a Vague Concept and an Unexplored Problem", *B.I.F.A.N.*, B, XXIII, (1-2), Dakar, 1961, p. 272-283.

OULD-CHEIK A.-W., *Les problèmes actuels du nomadisme sahélien*, Etudes et Travaux de l'U.S.E.D., n° 4, Institut du Sahel/C.I.L.S.S., Bamako, 1986.

RAULIN H., *La dynamique des techniques agraires en Afrique Tropicale*, C.N.R.S., Paris, 1967, 200 p.

REMY G., "Environnement et maladie au Sahel", *J.S.A.*, Paris, 1980, p. 49-77.

RICHARD P., "Drought and the Nigerian Farmers", *Journal of Arid Environments*, I, 1978, p. 165-194.

STENNING J., *Savana Nomads : a Study of the Wadabe Pastoral Fulani*, O.U.P., London, 1959, 245 p.

8. Le problème acridien

"Campagne d'urgence contre les acridiens du Niger", *Sahel* (organe d'information gouvernemental du Niger), sept. 1986.

COLENO P., "Contribution à l'étude des acridiens migrateurs du Soudan", *B.C.E.H.S./A.O.F.*, Paris, 1931, p. 249-277.

DESCAMPS M.,
— "Comportement du criquet migrateur africain en 1957 dans la partie septentrionale de son aire de grégarisation sur Niger (région de Niafunké)", *Locusta*, n° 8, 1961, p. 269 ;
— "Etude écologique du criquet migrateur africain", *Revue de pathologie végétale et d'entomologie de France*, t. XLI, (3-4), 1962.

GERDAT M., P.R.I.F.A.S., *Programme de Recherche Interdisciplinaire Français sur les Acridiens du Sahel*, Ministère de la Coopération, Paris, 1978.

GILLON Y., "Le risque acridien" (à paraître), *Les risques en agriculture*, ouvrage collectif en cours de l'O.R.S.T.O.M., 1988, 9 p. dact. et bibliographie.

LAUNOIS M.
— *Premier bilan de la situation acridienne en Afrique de l'Ouest*, O.C.D.E., Paris, 1987, 50 p. ;
— "Les criquets au Sahel en 1986", *Afrique Contemporaine*, n° 142, avril-mai-juin, 1987, p. 15-41 ;
— "Etude de la production des œufs d'Œdalus Sénégalensis au Niger", *B.I.F.A.N.*, série AT41, n° 1, 1979, p. 128-148 ;
— *Influence des facteurs pluviométriques sur l'évolution saisonnière du criquet migrateur en phase solitaire et sur sa grégarisation*, Thèse de Doctorat es-Sciences Naturelles, Université de Paris Sud (Orsay), 1974.

LEZIN D., BAMBA J.-Y., "Invasionde sautériaux, un péril jugulé", *Carrefour Africain* (organe d'information gouvernemental), n° 949, Ouagadougou, Burkina-Faso, août 1986.

MALLAMAIRE M., "La lutte conter le criquet pèlerin en A.O.F.", *Bulletin de protection des végétaux*, Haut Commissariat pour l'A.O.F., Dakar, 1958, 113 p.

MIGEON C. (Propos recueillis par), "Lutte anti-acridienne : un problème plus politique que biologique", (interview du secrétaire exécutif du C.I.L.S.S. Mr Brah Mahamane), *Carrefour Africain*, n° 949, août 1986.

RADAMU A., "Les criquets contre l'Afrique", extrait du *Sahel Dimanche* (organe d'information gouvernemental du Niger), Média France International, août 1986.

REBEYROLE Y.,
— "Afrique S.O.S. criquets", *Le Monde* du 11juin 1986 ;
— "La dernière plaie de l'Afrique", *Le Monde* du 23 juil. 1986.

SAUNION E. L., "Notice sur les acridiens migrateurs du Sénégal", *B.C.E.H.S./A.O.F.*, 1924, p. 189-219.

SEGELSTEIN R., "Le Sahel : la plaie des champs", *Afrique Import-Export*, n° 1, juin 1997, p. 18-45.

SYSTEME D'ALERTE PRECOCE (S.A.P.), Ministère de l'Administration Territoriale et du Développement à la Base, *Bulletin n° 1*, Bamako, Mali, juin 1986.

VAYSSIERE P., "Les sauterelles, fléau de notre domaine africain", *Monde colonial illustré*, n° 77, 1930.

9. Les questions démographiques

African Demographic History, — vcol. I, Edinburgh, 1977, 455 p. ; — vol. II, Edinburgh, 1981, 800 p.

AMIN S. (Ed.), *Modern Migration in Western Africa*, O.U.P., London, 1974, 426 p.

AMSELLE J.-L., *Les migrations africaines*, Maspéro, Paris, 1976, 126 p.

BAROU J., "L'émigration dans les villages du Niger", *C.E.A.*, XVI, (63-64), Paris, 1976, p. 627-632.

BRAS H., "Retour d'une population à l'état stable après une catastrophe", *Population*, 9, 5, 1969, p. 861-896.

BRENOIT-OULDALI A., *La démographie des pays du Sahel*, Club du Sahel/C.I.L.S.S., Paris, 1980, 101 p.

CALDWELL J.-C.,
— *Croissance démographique et évolution socio-économique en Afrique de l'Ouest*, The Population Council, New York, 1973 ;
— *The Sahelian Drought ant its Demographic Implications (La sécheresse dans le Sahel et ses conséquences démographiques)*, Cahier de Liaison Outre-Mer, n° 8, W.A.C.E., Washington, 1975.

CHATELAIN M., "L'exode des Zarma de l'Anzourou vers le Dallol Bosso", *B.C.E.H.S.*, IV, 2, 1921, p. 273-277.

CHRETIEN J.-P., "Démographie et écologie en Afrique Orientale à la fin du XIXe siècle", *Colloque sur le peuplement de l'Afrique jusqu'à la colonisation*, C.R.A., Paris, 1985.

CONDE, J., *Evaluation de l'impact démographique et de la santé des projets de développement*, Institut du Sahel, Bamako, 1985.

CORDELL D. et al., La démographie historique de l'Afrique coloniale : exemple de données et éléments critiques", Acte du *Colloque sur les sources de l'histoire démographique des pays du Sahel*, Dakar, Sénégal, mars 1987, 41 p. dact.

COULIBALY S., "Colonisation et migration en Haute-Volta : 1896-1946", *Démographie et sous-développement dans le Tiers-Monde*, Ed. by Grégory et al./C.D.A.S., 1986.

"Demain le Tiers-Monde : Population et Développement", *Revue Tiers-Monde*, t. XXIV, n° 94, avril 1983.

DIOP L.-M., "Le sous-peuplement de l'Afrique", *B.I.F.A.N.*, XXXX, 4, 1978, p. 718-863.

DUMONT R., "Le danger démographique", *Le Monde Diplomatique*, juil. 1987.

DUPAQUIER J., "Démographie", *Encyclopédia Universalis*, 1986, vol. 5, p. 1091-1098.

FAULKINGHAM H. et al., "Population Dynamics and Drought : a Village in Niger", *Population Studies*, XXXX, 1975, p. 463-478.

FIELOUX M., *Les sentiers de la nuit (migration rurale des Lobi de la Haute-Volta vers la Côte-d'Ivoire)*, Thèse de Doctorat de 3e cycle, E.P.H.E., VIe section, 1974.

GAUVREAU D. et al., *Démographie et sous-développement dans le Tiers-Monde*, C.D.A.S., Mc Gill University, 1986.

GERVAIS R., "Pour une problématique démographique des catastrophes naturelles : l'exemple du Niger (1969-1974)", *Démographie et sous-développement dans le Tiers-Monde*, C.D.A.S., 1986, p. 46-78.

GOUBERT P., *Beauvais et le Beauvaisis*, E.P.H.E., Paris, 1960, 633 p.

GREGORY J.-W. et al. (Ed.), "Démographie, impérialisme et sous-développement : le cas africain", *Démographie et sous-développement dans le Tiers-Monde*, Montréal, 1987.

Impact démographique de la santé sur les projets de développement, O.C.D.E./Institut du Sahel, Bamako, février 1985.

LA 363 TIERS-MONDE-AFRIQUE, Paris VII/C.N.R.S., *Histoire démographique : concept d'ethnie, recherches diverses*, Harmattan, Paris, 1985.

MEUVRET J., "Les crises de subsistance et la démographie dans l'ancien régime", *Population*, I? 4, 1946, p. 643-650.

PERROT C.-H., "La sensibilité des sociétés Akan aux fluctuations démographiques" *Colloque sur la population de l'Afrique jusqu'à la colonisation*, Paris, oct. 1985.

ROUCH J., "Problème relatif à l'étude des migrations traditionnelles et des migrations actuelles en Afrique Occidentale", *Bulletin de l'I.F.A.N.*, t. XXII, B, n° 3-4, 1960, p. 369-378.

SALAMONE M., "Early Expatriate Society in Northern Nigeria", *African Studies Review*, XXI, p. 39-54.

ZAHHARIAN M., *Migration in West Africa : Demographic Aspect*, O.U.P., 1982, 130 p.

10. Aide alimentaire : interventions des états, des O.N.G., institutions coloniales, post-coloniales

ARDITI E., *La commercialisation de céréales dans trois pays du Sahel (Burkina-Faso, Mali, Niger)*, La Documentation Française, Etudes et Documents, n° 41, 1980.

BESSIS S., *L'arme alimentaire*, Maspéro, Paris, 1983, 219 p.

BOYER J.,
— *Les sociétés de prévoyance, de secours et de prêt mutuel en Afrique Occidentale*, Domat, Paris, 1935 ;
— "Rôle des sociétés de prévoyance dans la mise en valeur de l'A.O.F.", *Cours de l'Ecole Supérieure Coloniale*, fév. 1944.

CARREFOUR INTERNATIONAL/SOLIDARITE CANADA SAHEL, *Colloque sur l'aide internationale et la coopération agro-alimentaire : bilan et stratégies nouvelles*, vol. I, Compte rendu du colloque de Montréal, fév. 1986, 66 p.

CLAY E. *et al.*, "Food as Aid : Food for Thought", *I.D.S. Bulletin*, vol. 14, n° 2, April 1983.

COLLINS *J. et al.*, *World Hunger : Twelve Myths*, Grove Press, New Yord, I.D.S., 1986.

Colloque sur les conséquences de la sécheresse sur les stratégies productives des fermiers et éleveurs sahéliens, I.R.S.H., Niamey, 1975.

ERARD P., MOUNIER F., *Les marchés de la faim (l'aide alimentaire en question)*, Editions de la Découverte, Paris, 1984, 368 p.

GENTIL D., *Les mouvements coopératifs dans l'Afrique de l'Ouest francophone : interventions de l'Etat ou organisation paysanne*, Thèse de Doctorat d'Etat, Ecole des Hautes Etudes en Sciences Sociales, Paris, 1984.

GEORGES S., *Comment meurt l'autre moitié du monde*, Robert Laffont, Paris, 400 p., 1975.

GUYER J.-I., "The Food Economy and French Colonial Rule in Central Cameroun", *J.A.H.*, XIX, 4, p. 577-597.

JOST S., *L'aide alimentaire au Sahel*, Club du Sahel/ C.I.L.S.S., Paris, 1988, 60 p.

MENDE J., *De l'aide à la recolonisation*, Seuil, Paris, 1974, 315 p.

MINISTERE DE LA COOPERATION, *Aide alimentaire en céréales dans les pays du Sahel*, Paris, 1978.

OFFICE NATIONAL INTERPROFESSIONNEL DES CEREALES, *L'aide alimentaire en céréales*, Paris, 1982, 30 p.

PISANI E., *La main et l'outil*, Robert Laffont, Paris, 1984.

Pour une aide alimentaire au service du développement, C.E.E., Bruxelles, 1983.

RAVIGNAN F. de, *La faim pourquoi ?*, Syros, Paris, 1983, 125 p.

SCHNEIDER H., *L'aide alimentaire pour le développement*, Centre de Développement de l'Organisation de Coopération et de Développement Economique, 1986, 152 p.

SOLAGRAL M., *L'aide alimentaire*, Syros, paris, 1984, 135 p.

SOW A., *Les S.I.P. au Sénégal des origines à 1947*, Thèse de Doctorat de 3e cycle, Université de Dakar, Sénégal, 1984.

URI P., FABRE R., *Aider le Tiers-Monde à se nourrir lui-même*, Economica, Paris, 1981.

YOU M., "Les sociétés indigènes de prévoyance", *Dépêche Coloniale*, n° 752, 1953.

11. Sources des données statistiques

22G20 : Statistiques de la population des colonies de l'A.O.F., Archives de Dakar (pour les années 1905-1908, puis pour 1916).

Carton n° 49 : Données démographiques et recensements des populations Outre-Mer, ex-Section Outre-Mer, Paris (rue Oudinot).

Carton n° 1037 : Recensement concernant l'A.O.F., 1936 : Statistiques et populations, ex-Section Outre-Mer, Paris (rue Oudinot).
Annuaire statistique de l'A.O.F., année 1948-49, Archives de Dakar.

Table des matières

Collection « Racines du Présent »

(suite)

GONIN Francine, *1972-1982. La logique de l'État africain.*
MENAHEM Nahum, *Israël. Tensions et discriminations communautaires.*
KAYYALI A.W., *Histoire de la Palestine, 1896-1940.*
TARDIEU Jean-Pierre, *Le destin des Noirs aux Indes de Castille, XVIe et XVIIIe s.*
RUSCIO Alain, *Dien Bien Phu, la fin d'une illusion.*
COQUERY-VIDROVITCH Catherine, FOREST Alain, WEISS Herbert (éds), Rébellions-révolution au Zaïre, 1963-1965, 2 tomes.
PIAULT Marc, *La colonisation, rupture ou parenthèse ?*
CHAGNOLLAUD Jean-Paul, *Israël-Palestine : imaginer la paix ?*
RUSCIO Alain, *La Première Guerre d'Indochine (bibliographie).*
TRIAUD Jean-Louis, *Tchad 1900-1902 ; une guerre franco-libyenne oubliée.*
BARRY Boubacar, *La Sénégambie du XVe au XIXe s.*
ROTHIOT Jean-Paul, *L'ascension d'un chef africain au début de la colonisation : Aouta le Conquérant (Niger).*
ZELTNER Jean-Claude, *Les pays du Tchad dans la tourmente, 1880-1903.*
PERRIER André, *Gabon, un réveil religieux en 1935-1937.*
UM NYOBE Ruben, *Écrits sous maquis.*
BATHILY Abdoulaye, *Les Portes de l'or. Le royaume de Galam de l'ère musulmane au temps des négriers.*
GREVOZ Daniel, *Sahara, 1830-1881.*
BRITSCH Jacques et Gabriel, *La mission Foureau-Lamy et l'arrivée des Français au Tchad, 1898-1900.* Carnet de route du lieutenant Gabriel Britisch.
ABADIE Jean-Claude et Françoise, *Sahara-Tchad, 1898-1900.* Carnet de route de Prosper Haller, médecin de la mission Foureau-Lamy.
NIAMKEY-KODJO Georges, *Fin de siècle en Côte d'Ivoire, 1894-1895.* La ville de Kong et Samori d'après le journal inédit du Français Georges Bailly.
ESSOMBA Joseph Marie, *Civilisation du fer et sociétés en Afrique centrale.*
ROUSSE-GROSSEAU Christiane, *Mission catholique et choc des modèles culturels en Afrique.*
PINIAU Bernard, *Congo-Zaïre, 1874-1981.*
MOLLION Pierre, *Sur les pistes de l'Oubangui-Chari au Tchad, 1890-1930.*
JOINT DAGUENET Roger, *Aux origines de l'implantation française en mer Rouge.*
KALCK Pierre, *Histoire centrafricaine, des origines à 1966.*
BARRY Boubacar, HARDING Leonhard, *Commerce et commerçants en Afrique de l'Ouest, Le Sénégal.*
HARDING Leonhard, KIPRE Pierre, *Commerce et commerçants en Afrique de l'Ouest, La côte d'Ivoire.*

AFRIQUE NOIRE

L'AFRIQUE A REFAIRE. Vers un impôt planétaire
Max LINIGER-GOUMAZ

Un tiers de siècle s'est écoulé depuis que les pays d'Afrique ont accédé à un semblant d'indépendance politique. D'innombrables projets ont alors envisagé de dépasser ce stade pour tenter d'atteindre l'indépendance économique. Mais l'Afrique accumule les échecs. Alors que pour la CEE on a suggéré la création d'un impôt européen, l'africaniste Max Liniger-Goumaz réunit une série de propositions en vue de la perception d'un «impôt planétaire» à destination du continent noir.

(159p., 85F) ISBN : 2-7384-1367-6

LA DEMOCRATURE. Dictature camouflée. Démocratie truquée.
Max LINIGER-GOUMAZ

Le concept de démocrature insiste sur le viol des règles démocratiques et des droits de l'homme. Il prend en compte la confusion entre monocéphalisme, pluralisme démocratique et alternance. Les autocrates qui gèrent les démocratures à l'ombre de leur armée, refusent de reconnaître que la liberté qu'ils prétendent assurer à leur peuple n'est rien sans les moyens de la liberté. Si la responsabilité des dictateurs africains et de leur peuple est évidente, les démocraties du Nord y sont aussi pour quelque chose.

(364p., 150F) ISBN : 2-7384-1324-2

LE LIBERALISME, NOUVEAU DEPART POUR L'AFRIQUE NOIRE
Mamadou KOULIBALY

Mamadou Koulibaly tente de détruire les superstitions qui ont étouffé l'économie africaine depuis 40 ans : système monétaire centralisé, zone franc intégrée, confiance au parti unique et à l'ordre public, écrasement de l'individu et de la propriété privée. Il nous montre également la voie du «nouveau départ» : des réformes institutionnelles qui conduisent à la libération des énergies individuelles, à l'élargissement de la communication, au dépérissement des privilèges et des interdits.

(Coll. Afrique 2000, 223 p., 120 F) ISBN : 2-7384-0866-4

JOURNAL D'UNE DEFAITE. Autour du référendum du 28 septembre 1958 en Afrique Noire
Ahmadou A. DICKO. Préface de Joseph Ki-Zerbo

Par le référendum de 1958, De Gaulle offrait aux Africains francophones par la voie du «oui» l'adhésion à la communauté franco-africaine ou par celle du «non», l'accession immédiate à l'indépendance. «Le journal d'une défaite» (c'est-à-dire le ralliement général au oui) est l'itinéraire d'un jeune militant de cette période et par-delà la défaite de la montée en puissance des idées qui deux ans après allait imposer l'indépendance.

(127p., 70F) ISBN : 2-7384-1696-9

DE L'OR DU NOIR A L'ARGENT DU BLANC.

Marc DEBREUILLE.

Ce récit examine certains regards portés sur l'Afrique.Sans complaisance, tous sont justifiés, tant ceux des blancs que ceux des noirs, chacun selon leur point de vue. Un témoignage sur la complexité du développement soulignant deux formes d'économies séparées par une distance culturelle qui va croissante.

(224p., 120F) ISBN : 2-7384-1401-10

CREER SON ENTREPRISE EN AFRIQUE

Institut du Développement

Cet ouvrage présente, sous la forme d'un récit vivant et facilement accessible, les différentes étapes de la création d'une petite entreprise dans un pays africain. l'accent est mis sur le créateur d'entreprise qui raconte son expérience.

Le récit est complété par un glossaire, des annexes techniques et chiffrées : étude de marché, données techniques de production, financement, dossier de présentation du projet.

(96 p., 60 F) ISBN : 2-7384-1330-7

LES TRANSPORTS EN AFRIQUE. XIXème-XXème siècles

Hélène d'ALMEDIA-TOPOR. Chantal CHANSON-JABEUR. Monique LAKROUM

La connaissance des transports en Afrique est déterminante pour saisir les échanges entre les hommes et la constitution des territoires. L'approche pluridisciplinaire et comparative sur ces transports offre une grande variété de méthodes et de sources d'information. La rencontre de chercheurs historiens, géographes mais aussi sociologues et économistes a permis de comparer les expériences et les démarches à travers l'ensemble du continent africain.

(Coll. Villes et entreprises, 364p., 210F) ISBN : 2-7384-1442-7

LA FORMATION DES CADRES AFRICAINS EN EUROPE DE L'EST DEPUIS 1918

Fafali KOUDAWO

«Envoyez vos étudiants à Paris, ils deviendront communistes. Envoyez-les à Moscou, ils deviendront capitalistes.» Une boutade réaliste des années 70.

L'ex-URSS a échoué dans les années 50 à former dans ses écoles des cadres africains, si bien que ceux qui prirent les rênes des indépendances furent des «produits de l'ouest».

Par la suite l'Est va s'efforcer de former des cadres africains au service de la Révolution. Quelles en furent les méthodes, leur efficacité et le résultat auprès des élites africaines concernées?

(224p., 140F) ISBN : 2-7384-1132-0

CIVILISATION DU FER ET SOCIETES EN AFRIQUE CENTRALE

Joseph Marie ESSOMBA

Il y a près de 3000 ans, la région du Cameroun méridonial était habitée par des groupes de population bantoue qui ont produit le fer de façon endogène. La production de fer a été dans cette région, comme partout ailleurs en Afrique centrale et dans le monde, un important facteur de développement des sociétés. Les données examinées dans cet ouvrage font apparaître le rôle joué par le fer sur le plan économique et social: dans l'agriculture, la chasse ou la guerre, et sur le plan culturel où il est le symbole de puissance et d'immortalité.

(Coll. Racines du présent, 699p., 320F) ISBN : 2-7384-1420-6

RENCONTRES FRANCO-ALLEMANDES SUR L'AFRIQUE. Lettres, Sciences Humaines et Sociales

Textes réunis par Hélène d'ALMEIDA-TOPOR et Janos RIESZ

Né d'une volonté de coopération dans le domaine des études africanistes entre les universités de Bayreuth et de Paris VII, cet ouvrage constitue avant tout un élément d'information, élaboré dans une optique pluridisciplinaire, sur les recherches menées dans ces deux institutions. Il est également le point de départ d'une réflexion comparative sur le développement de ces recherches en France et en Allemagne, leurs axes privilégiés, leurs antécédents, les discours qui les accompagnent. Les communications groupées dans le présent volume montrent à quel point la confrontation des approches, des sources et des méthodes s'est révélée fructueuse.

(Groupe Afrique Noire, Cahier N°13, 144p., 85F)

ISBN : 2-7384-1301-3

MISSION CATHOLIQUE ET CHOC DES MODELES CULTURELS EN AFRIQUE

Christianne ROUSSE-GROSSEAU

S'appuyant sur une documentation importante puisée dans les meilleures sources, cet important ouvrage décrit la rencontre entre deux cultures, l'une dominante, l'autre dominée entre deux religions, l'une à vocation universelle, l'autre enracinée dans des coutumes ancestrales. A travers l'évangélisation du Dahomey, les missionnaires ont-ils été les agents du colonialisme? L'Eglise est-elle liée absolument à la civilisation occidentale? Pour les Africains, l'adhésion au christianisme signifie-t-elle le rejet de leur identité culturelle? Autant de questions auxquelles C. Roussé-Grosseau nous offre des réponses nuancées.

(Coll. Racines du Présent, 390p., 190F) ISBN : 2-7384-1417-6

LA TERRE AFRICAINE ET SES RELIGIONS. (Réédition).

Louis-Vincent THOMAS. René LUNEAU.

L'Afrique, plus qu'un autre continent, était-elle promise à l'immuable? Tous les malheurs sont-ils arrivés avec l'étranger qui parlait une autre langue, prêchait un autre Dieu, disposait d'un pouvoir que personne jusqu'alors n'avait osé imaginer? Peut-être bien. Il a fallu se faire à sa présence, venir à son école, s'asseoir sur le banc de ses églises, en un mot changer de monde!

(335p., 165F) ISBN : 2-8502-162-7

L'ENSEIGNEMENT ISLAMIQUE EN AFRIQUE NOIRE

Seydou CISSE

Tenir compte de l'éducation musulmane fait partie des objectifs pour généraliser l'éducation de base au Mali, ainsi que dans d'autres pays africains. Pour atteindre ces objectifs, on se heurte à plusieurs difficultés, dont la principale est actuellement le manque d'investigations sur cette forme d'éducation. Seydou Cisse étudie ici le système éducatif musulman dans un contexte malien tant historique que pédagogique. Il examine sa philosophie à travers la pensée des grands hommes saints de l'Islam africain et apporte des réponses pertinentes à de nombreuses questions.

(220p., 120F) ISBN : 2-7384-1131-2

L'ECOLE DU SOUS-DEVELOPPEMENT. Gros plan sur l'enseignement secondaire en Afrique

Hilaire SIKOUNMO

Au Cameroun, le système scolaire «à la française», irréaliste, stagnant, imbibé de corruption, est évidemment inopérant voire nocif pour la jeunesse et pour le pays. Un choc salutaire s'imposait d'abord : lever le voile sur ce qui constitue concrètemnt cette «école du sous-développement» d'où sortent des milliers de diplômés promis au chômage. Il n'est pas possible à l'Afrique de retrouver le sens de l'initiative tant que la bataille de l'école ne sera pas envisagée et gagnée. Enracinement et déracinement, continuité et rupture : tel est le double mouvement inhérent à l'éducation. L'Afrique doit y venir.

(290p., 150F) ISBN : 2-7384-0865-6

LES JEUNES EN AFRIQUE.
Tome 1: Evolution et rôle (XIXè-XXè siècles)
Tome 2: La politique et la ville.

Hélène d'ALMEIDA-TOPOR. Catherine COQUERY-VIDROVITCH. Odile GOERG. Françoise GUITART.

L'explosion démographique, relativement récente, a fait de l'Afrique un continent jeune. L'afflux des jeunes y est devenu un fait majeur de notre temps. Le processus, qui va s'accentuant, est d'autant plus préoccupant que l'Afrique est confrontée à de multiples problèmes de développement. Or la montée de la jeunesse et ses implications ont été peu étudiées jusqu'à présent. Cet ouvrage est la somme des recherches menées par des spécialistes et des praticiens dans une optique pluridisciplinaire.

(Tome 1: 571p., 260F) ISBN : 2-7384-1657-8

(Tome 2: 526p., 280F) ISBN : 2-7384-1658-6

JEUNESSE MARGINALISEE. ESPOIR DE L'AFRIQUE. Un juge des enfants témoigne

R. Coppieter'st WALLANT. Préface de P. ERNY

Plus de 60% de l'Afrique noire a moins de 25 ans et les jeunes ruraux et urbains sont très majoritairement déscolarisés, désoeuvrés, marginalisés. Beaucoup sont en situation d'échec social et constituent en l'état une masse difficilement gérable mais aisément manipulable.

L'auteur analyse ici les causes de la délinquance juvénile urbaine, depuis le vagabondage jusqu'au crime. Il propose des solutions possibles de promotion de cette jeunesse délaissée et meurtrie.

(187p., 110F) ISBN : 2-7384-1259-9

PRIX DES EPOUSES, VALEUR DES SOEURS. Suivi de LES REPRESENTATIONS DE LA MALADIE.
Michèle DACHER

Le statut des femmes, les représentations de la maladie: deux thèmes majeurs qui font apparaître de larges facettes de la société goin du Burkina Faso.

Quoi de plus révélateur pour la compréhension d'une société que l'examen comparé des statuts, des rôles et images des hommes et des femmes? Quoi de plus exemplaire des modes de pensée de ce groupe que ses représentations de la maladie?

(Coll. Connaissance des hommes, 203p., 110F) ISBN : 2-7384-1280-7

GROSSESSE ET PETITE ENFANCE EN AFRIQUE NOIRE ET A MADAGASCAR
Collectif : O. JOURNET, M. CROS, B. RAVOLOLOMANGA, E. EWOMBE-MOUNDO, A. DUPUIS, D. JONCKERS, S. LALLEMAND.

Quelles sont les croyances relatives à la venue des enfants ? Comment s'y prend-on pour conjurer la stérilité ? Quels sont les rites qui protègent les grossesses en cours ? Les femmes enceintes ont-elles des envies ? Les hommes pratiquent-ils la couvade ?

Autant de questions auxquelles s'efforcent de répondre, à partir de lieux différents (Sénégal, Gabon, Burkina Faso, Mali et Madagascar), les auteurs de cet ouvrage.

(Coll. Connaissances des Hommes, 136 p., 75 F) ISBN : 2-7384-1123-1

LES ENFANTS DU SAHEL.
Sous la direction de Sophie BESSIS.

Les enfants du Sahel nous les avons vus, sur nos écrans de télévision, décharnés, la main tendue... A partir d'enquêtes réalisées par des journalistes africains, cet ouvrage est à la fois plus pessimiste et plus optimiste que les quelques clichés qui trainent dans notre imaginaire. Un livre pour tous ceux qui veulent non seulement aider ces enfants mais aussi mieux les connaître.

(175p., 85F) ISBN : 2-7384-1211-4

MEDECINE TRADITIONNELLE. Acteurs, itinéraires thérapeutiques
Pierre COPPO, Arouna KEITA

On dit généralement que la médecine traditionnelle constitue la principale source thérapeutique dans les pays en voie de développement, essentiellement dans les zones rurales. Seulement en cas d'échec on aurait recours à la médecine «occidentale». La sous-utilisation des services de santé est attribuée le plus souvent à la mauvaise qualité des soins prodigués. Mais il s'agit là d'impressions et non de données vérifiées. Cette étude sur les itinéraires thérapeutiques, les chemins parcourus par les malades et leur entourage dans la quête de solutions aux problèmes de santé, nous éclaire sur le fonctionnement de ces pratiques traditionnelles. Une attention particulière a été portée aux problèmes de santé maternelle et infantile.

(Editions E. En diffusion à L'Harmattan, 320p., 160F)

ISBN : 88-85326-00-5

www.ingramcontent.com/pod-product-compliance
Lightning Source LLC
LaVergne TN
LVHW010927051026
849532LV00003B/872